CW01496525

Publié par Mike Grenville,
Forest Row, RH18 5DX, England

www.renebesnard-ww1diary.org

ISBN-13: 978-1505246285

ISBN-10: 1505246288

Dedication

Pour ma mère Lilian Monique Armfield, et son frère Robert et aussi mon père Stephen Comyns Grenville, qui a vécu pendant la Seconde Guerre mondiale. Pour tous mes grands-parents qui ont vécu la Première Guerre mondiale.

Pour tous ceux qui travaillent pour créer la paix mondiale dans nos cœurs.

Les bénéfices provenant de la vente de ce livre seront reversés à: 'Médecins Sans Frontières' (Doctors without Borders): www.msf.org

Mike Grenville

CONTENTS

Préface

René Besnard est né le 20 Avril 1878 et décédé le 17 Décembre 1948, à son domicile à Nogent-sur-Marne, à l'âge de 71 ans. Il est enterré au cimetière du Père Lachaise au le tombeau de famille.

Au début de la Grande Guerre, croyant comme beaucoup d'autres, qu'elle ne durerait que quelques mois, René répondit à l'appel de l'armée française. Durant la majorité de la guerre, il était en poste dans le nord est de la France. Il a passé la première partie de la guerre comme brancardier et plus tard en tant que pilote. En Septembre 1917, il reçut la Croix de Guerre pour sa bravoure.

À la fin de 1914 quand il est devenu clair que la guerre allait se poursuivre un certain temps, René a décidé de tenir un journal personnel quotidien pour garder un souvenir de son expérience au front. Il en a ensuite fait écrit un livre relié de 738 pages.

Yvonne, la belle-soeur de René, qu'il appelle aussi Vonvon dans ce journal, était ma grand-mère. Elle mourut en 1945 avant que je sois né. Ma mère m'a transmis la copie originale du journal, manuscrite, ainsi que le centenaire de la guerre j'ai ressenti une responsabilité à les partager.

Ce journal est publié dans sa version française originale et en anglais intitulée 'Survived to tell the tale 1914-1918'. Je remercie Nichola Lewis pour son travail de rédaction à partir de la version originale, de recherches supplémentaires et la traduction en anglais.

Les photos présentées dans ce carnet apparaissent aussi dans l'original.

Il a été dit que la guerre, c'est à 90% crever d'ennui, à 9% crever de froid, et à 1% crever de peur, ce qui estclairement illustré dans ce journal!

Mike Grenville

www.renebesnard-ww1diary.org

Couvercle peint à la main d'origine

AVANT-PROPOS

Pourquoi ai-je écrit ces lignes – ces notes journalières pour mieux dire qui sont arrivées à a constituer un véritable volume. A vrai dire je n'en sais rien – je crois me rappeler que c'est en un jour d'ennui et même de cafard comme il s'en est tout produit un jour où je n'avais rien à faire que j'ai senti le besoin de me rappeler autrement que par la seule pensée ce que j'avais déjà fait. Il m'est alors resté une espèce de manie de consigner chaque jour les menus fait d'une journée plus ou moins bien remplie. je me souviens aussi qu'un de mes camarades m'avait dit qu'il agissait d'une manière pas banale. Chaque fois que sa femme lui écrivait elle laissait dans sa correspondance un page en blanc sur laquelle à son tour il lui narrait ce qu'il avait fait depuis sa dernière missive. J'avais trouvé cela pas bête et j'avais pensé que plus tard il serait bien heureux de relire ses lettres en famille. Mais il lui est arrivé avoir plusieurs correspondances perdues et c'est pourquoi j'ai préféré garder sur moi toutes les notes que j'ai prises.

Pourquoi maintenant n'ai-je commencé ce journal qu'à la date du 29 Décembre 1914 alors que je suis parti de chez moi le 3 Août de la même année? Oh la raison en est bien simple. J'ai fait à ce moment ce qu'on fait tous les bons stratèges en Chambre de l'arrière. Je me suis dit que si horrible que pouvait être une guerre, il était impossible avec les engins que nous possessions quelle puisse durer longtemps. Je me disais c'est l'affaire de trois mais tout au plus nous abattrons les Boches de suite et en moins de six mois tout sera terminé. Oh! Quelle erreur j'ai fait. Quand je pense que cet enfer a duré cinquante-quatre mois quel bail. Faut-il tout de même que les hommes soient fous. Enfin c'est fait et il n'y a plus à y revenir.

Mon journal n'est destiné à personne d'autre que moi-même mais j'aime à le relire souvent car j'avoue que si parfois j'ai hier pleuré, j'ai souvent aussi bien ri.

Pour donner un commencement logique à mon bouquin voici en quelques mots très rapides ce que j'ai fait depuis le début.

Le 3 Août 1914, je pars avec quelques voisins le cœur bien gros comme l'on pense à l'embarquement du port à Charenton. Là je retrouve quelques camarades de l'active qui comme moi se dirigent sur le dépôt de d'Auxerre. Le voyage est relativement rapide. Le 4 au matin nous arrivons en gare d'Auxerre au moment où s'embarque le 4ème de ligne – régiment d'active de notre 37ème territorial. Nous allons à la caserne. On n'a pas le temps de s'occuper de nous et l'on nous dit de revenir le lendemain matin. Nous sommes descendus dans un hôtel de la ville et toute la journée les conversations vont leur train. La réflexion qui nous semble logique est la suivante. Nous sommes territoriaux ce qui veut certainement dire: Gardiens du territoire conquis sur les boches. Donc nous resterons ici peut-être un certain temps avant que l'on eu besoin de nous. Hélas comme nous avons vite déchantés.

Le lendemain matin nous arrivons à la caserne Vauban au moment où on sort notre régiment de réserve le 204ème qui s'embarque pour la frontière. On nous habille tant bien que mal et l'on nous donne surtout un fusil car nous apprenons que nous embarquerons à notre tour demain matin à la première heure et pour une destination inconnue. Et bien c'est gai.

Rentrés à l'hôtel nous y faisais des paquets de nos effets civiles et nous les laissons au patron qui nous les gardera jusqu'à notre retour, si toutefois nous revenons.

Le lendemain matin nous quittons la caserne en rangs serrés et allons nous embarquer à la gare. Toute la journée nous voyageons en wagons à bestiaux naturellement. La nuit vient puis le jour se lève. À 4 heures nous arrêtons en gare de Malesherbes. Où diable pourrons-nous aller dans cette direction. La journée se passe à voyager toujours très lentement puis la nuit vient encore. De nouveau le jour se lève et à 6 heures on nous fait débarquer à Épinal. Harassés par ce voyage on nous fait aller à pieds au fort d'Uxegney un des forts d'Épinal. Là nous restons un mois à faire l'exercice et du tir. Puis un beau jour on nous fait aller au village de Golbey où l'on nous apprend à faire des tranchées. Puis nous allons par étapes dans des petits pays tels que Chavelot et Le Prey. À Chavelot nous sommes affectés paraît-il à la défense du Grand Couronné de Nancy.

Quelle idiotie. Quand on pense que l'on nous fait monter des gardes en pleins champs à découvert et par tous les temps alors que c'est à faire si l'on entend le canon. Au mois de Novembre en parle sérieusement de nous faire aller de l'avant pour soutenir les troupes d'active dans le secteur de Lorraine. A ce moment, on constitue le corps des brancardiers de régiment à raison de 4 par compagnie. Je suis pris d'office comme ayant été musicien dans l'active. Du premier coup je pense que c'est un filon car pour l'instant il n'y a plus pour moi de gardes à monter et notre travail consiste à passer  le matin la visite des malades avec le Major et à faire les pansements en suite.

C'est en effet un filon pour l'instant mais plus tard comme il m'a fallu souvent déchanter. J'ai la chance d'être très habile aux pansements et cela me vaut d'être nommé chef de mon groupe de brancardiers – au fait ce n'est qu'un titre honorifique, car je fais le travail tout comme les

3

autres. Nous nous traînons toujours de village en village et je m'arrive ainsi au 29 Décembre date à laquelle je commence mes notes.

J'ai dans ces notes tracé mon emploi du temps tout simplement jour par jour et des fois heure par heure. Si j'ai fait parfois quelques remarques désobligeantes sur certains chefs, c'est que j'étais exaspéré de voir des galons si mal portés. En tous cas je l'ai fait avec discrétion mais cela n'empêche que ce que n'ai pas voulu écrire restera pour toujours lire gravé dans ma mémoire.

René Besnard

MES NOTES DE 1914 à 1919

29 Décembre, 1914

Journée calme. Le matin exercice. Le soir douches à Rambervillers. Je ne puis toujours pas bouger avec mon entorse. On nous apprend que nous partons après-demain pour La Chapelle St Meurthe.

30 Décembre 1914.

Repos toute la journée en prévision du départ de demain qui est tout-à-fait officiel. Mon entorse va un peu mieux.

31 Décembre 1914.

7 heures du matin. Je monte dans la voiture médicale. Il gèle. Il fait très froid. Je me couvre comme je peux avec mon couvre – puis nous traversons Saint Benoît et entrons dans la forêt de Sainte Barbe. Nous allons à la Chapelle St Meurthe.

La route à travers la forêt est merveilleuse. Des descentes avec des ravines superbes. Partout des débris de vêtements boches et français. Mon ami Lièvre quitte la mitraille et rentre avec nous. Cela me fait plaisir. Après une route de plus en plus jolie, nous dépassons les bois et nous arrivons à Thiaville où nous laissons Les 5ème et 6ème Cies À 1200 mètres nous arrivons à la Chapelle St Meurthe. Ces deux derniers pays n'ont pas souffert.

Nous somme cantonnés dans une usine fabrique de papiers. Celle ci à été occupée trois semaines par les Boches mais rien n'a été détruit car on prétend que l'usine est Boche elle-même mais ce n'est pas certain. Comme cantonnement c'est éloigné du pays et plutôt mal, il paraît que l'on va rester 10 jours ici. Le canon tonne pas mal et cela me paraît pas très loin.

1er Janvier 1915.

Hier au soir nous avons fait de feu aussi nous avons massé la nuit dans la fumée. La nuit on a entendu le canon puis une fusillade pas très loin mais on en connaît pas le résultat. Avec mon entorse je reste là. Les camarades sont allés faire des tranchées. On nous apporte des cigares du chocolat et on nous promet un petit déjeuner de jour de l'an. Pauvre jour de l'an. Le premier que depuis 36 ans je ne passe pas en famille. A 10 heures en plus de l'ordinaire nous avons eu: Du jambon crû, deux pommes, une mandarine, un chocolat, du tabac, un cigare, un demi litre de vin, un quart de champagne. Cette petite fête m'a paru plutôt funèbre. D'une part je ne puis comprendre en la circonstance présente que l'on nous fasse faire une libation quelconque. D'autre part, cette petite orgie forcée me fait trop penser à notre réunion familiale de chaque année où tout le monde présente cette formule des meilleurs souhaits. Que cela me semble triste aujourd'hui. Le capitaine par la voix du rapport nous à adressé des souhaits. Bien aimable mais il aurait pu le faire lui-même. Le tantôt, mes camarades sont retournés aux travaux de tranchées. Que je voudrais que cette journée soit passée. J'en ai des larmes plein les yeux. 8 heures du soir – la journée s'est passée sans incident.

2 Janvier 1915.

Lendemain de fête (Oh ironie) Journée calme. Je soigne toujours mon entorse, qui va un peu mieux, pendant que les autres sont aux tranchées. À une heure on annonce une revue de cantonnement du Général Franckfort. À deux heures il n'est pas encore venu. Les autres sont allés chercher de la paille pour être un peu mieux couché. Ce n'est pas dommage. J'ai essayé de mettre mes chaussures – cela ne va trop mal mais ce n'est pas encore cela. Je sais qu'il me faut encore du repos. On en prendra. Il fait soleil. Cela fait du bien. On nous a donné de la paille propre. C'est un peu moins sale.

3 Janvier 1915

Hier au soir à 8 heures, le cuisinier est rentré ivre. Quelle comédie. Puis plusieurs se sont mis à ronfler de façon que personne pourrait dormir. Quel vacarme cela a fait pendant une demi-heure. Pas de lettres non plus qu'hier car la poste avait repos pour le 1er. Aussi j'espère bien en avoir ce soir. Journée encore calme. Mon entorse va mieux. Les hommes ont fait ce matin de l'école de section. Tantôt ils sont à faire des tranchées et ce soir à 7 heures ils vont les occuper. Je me suis fait couper la barbe hier et les cheveux aujourd'hui. Histoire de passer le temps. Le commandant sort d'ici pour visiter les cantonnements. Il a attrapé chaque homme qui était là malade. Mais moi grâce à mon brassard brancardier il m'a excusé car mon rôle est de rester ici. Cela se trouve bien. Ce soir la pluie est tombée tellement fort que l'occupation des tranchées a été supprimée. Nous avons eu des lettres. J'en ai eu cinq pour ma part.

4 Janvier 1915

Aujourd'hui repos. À 9 heures en sortant de l'infirmerie me faire panser mon pied j'apprends qu'il y une revue par le Colonel du 141ème d'active. Nous l'avons attendu. Nous l'avons aperçu de loin mais il n'est pas venu jusqu'à nous. Le tantôt encore repos. Beaucoup jouent aux cartes pour passer le temps mail la plupart pensent et s'ennuient. Cela se voit bien.

5 Janvier 1915

Journée bien calme. Tranchées. Mon entorse va mieux. J'ai pu me chausser un peu. On soulève la question du travail des brancardiers. Un de nos camarades vient d'aller voir les autorités. Personne n'a pu le renseigner d'une façon définitive. Aussi nous attendons la solution désirée. Espérons qu'elle nous sera favorable.

6 Janvier 1915

Décision du rapport. Les brancardiers prendront la garde comme planton au poste de police. Deux par jour. Ils devront aller aux travaux et exercices de la Cie. Merci bien. C'est loin d'être ce que nous attendions. En attendant je soigne toujours mon entorse. Depuis ce matin il pleut sans discontinuer. Temps triste. Au l'ennui ferme.

7 Janvier 1915

La pluie continue de tomber sans cesse. Ce matin repos car les camarades relèvent de garde. Cet après-midi par la pluie battante ils sont allés aux travaux de tranchées. Les brancardiers marchent aussi mais à titre médical. Ils sont chargés de porter secours aux hommes qui pourraient se blesser. J'ai toujours mon entorse aussi j'en profite pour rester bien tranquille. C'est ce que j'ai le mieux à faire.

8 Janvier 1915

Il ne cesse de pleuvoir. Je soigne toujours mon entorse qui va tout-de-même mieux. Les hommes plantent des sapins sur les tranchées. À par cela journée calme.

9 Janvier 1915

Encore de la pluie ce matin. Tantôt le soleil se montre un peu. Cela va-t'il durer. Il fait un peu plus froid. Mon entorse va réellement mieux aujourd'hui. Je vais aller demain prendre la garde au poste de police comme brancardier. les hommes plantent toujours des sapins sur les tranchées. L'ennui est toujours grand. Nous n'avons pas d'ordre pour partir demain comme on le croyait. On parle de rester six jours encore ici.

10 Janvier 1915

J'ai été de garde toute la journée comme planton-brancardier. J'ai conduit un télégraphiste à l'infirmerie pour se faire mettre de la teinture d'iode. Il a fait froid. Je suis resté chaussé toute la journée et le soir mon pied était enflé; Je n'ai pu supporter mon bandage pour la nuit. J'ai peu dormi à cause du va-et-vient du poste et d'une véritable tempête de vent et d'eau.

11 Janvier 1915

Ce matin à 6 heures j'ai quitté mon planton et suis rentré coucher à l'usine toujours sous la pluie battante. À 9 heures revue d'armes. Je vais à l'infirmerie me faire un massage pendant ce temps-la. La revue est retardée et je rentre juste pour la passer.

Le lieutenant me demande des nouvelles de mon entorse. Je l'informe qu'il me faut encore plusieurs jours de repos. Il ne répond rien. Je suis fatigué de ma garde et de ma nuit blanche. Je vais en profiter pour me reposer car il y a repos tantôt pour tout le monde.

12 Janvier 1915

Journée calme mais quelle tristesse – temps gris et toujours de la pluie. Les hommes vont aux tranchées malgré le mauvais temps. Je soigne toujours mon entorse mais bon Dieu que je m'ennuie. J'ai à moitié attrapé froid un peu comme tout le monde à cause de la grande humidité qui règne dans notre usine. Quand tout cela finira-t'il.

13 Janvier 1915

Hier au soir nous n'avons pu dormir avant 10 heures tellement tout le monde toussait. Notre cantonnement est humide au possible et les malades sont de plus en plus nombreux tous les jours. Aujourd'hui le temps est gris et l'attend de la neige. Douce perspective. Je soigne toujours mon entorse. Mais cela va tout de même un peu mieux.

14 Janvier 1915

Un incident notable a marqué la journée. À deux heures, quatre ouvriers qui au poste dit Pont de la Meurthe réparaient une passerelle que l'ennemi avait fait sauter, sont tombés à l'eau. On a aussitôt couru chercher le Docteur et les brancardiers (moi de nombre) mais il était trop tard. Un a été sauvé par un pêcheur qui lui a tendu une perche. Un autre s'est sauvé tout seul. Les deux derniers entraînés par le courant n'aient pu être sauvés et on certainement péris. Nous avons avec le Major exploré la rive mais sans succès. Cela a été un gros émoi qui a fait les frais de la conversation de toute la soirée.

15 Janvier 1915

Journée calme. Ce matin repos pour la section qui était de garde hier. Ce tantôt les hommes sont allés aux tranchées mais ont dû revenir vers 2 heures et demie à cause de la pluie qui tombe toujours. Le bruit court que nous devons partir mardi prochain. Les uns disent pour aller de l'avant, les autres pour retourner au secteur d'Épinal. Au fond personne ne sait rien au juste.

16 Janvier 1915

Le matin tout travail impossible tellement il pleut. Le tantôt les hommes vont aux tranchées mais reviennent de bonne heure sous une véritable avalanche de grêle et de pluie. L'ordinaire n'ayant pas été épatant, je suis monté le soir au village avec deux amis pour manger des pommes de terre frites.

17 Janvier 1915

C'est Dimanche. Il y a repos. Le matin un revue d'outils pas bien sérieuse. Depuis ce matin deux heures la neige n'a pas cessé de tomber. La campagne est merveilleuse. Les bois de sapin qui nous entourent ont un aspect grandiose. Mais bon Dieu il ne fait pas chaud. Le tantôt mous restons à l'usine et tâchons de nous réchauffer comme nous pouvons.

18 Janvier 1915

Ce matin impossible d'emmener les hommes aux tranchées tellement la neige tombait. Au loin on a entendu assez longtemps le canon et de la fusillade.

Ce matin je suis allé voir le Major pour me faire exempter de sac en prévision du retour sur Épinal. En fait D'Épinal, j'apprends qu'officiellement nous partons mercredi matin à 6 heures et demi pour Raon, l'Étape, Neufmaisons, et Pexonne. C'est à dire à une quinzaine de kilomètres plus en avant. Voilà un coup de théâtre auquel nous étions loin de nous attendre.

Ce tantôt il fait beau soleil et les hommes sont aux tranchées. Dans le pays on dit qu'il va geler. Pardessus la neige cela fera bien.

19 Janvier 1915

Journée du plus calme. Repos pour les préparatifs de départ. On veut me faire partir à 4 heures, quarante cinq, avec le campement mais je ne veux pas partir avant 6 heures – c'est-à-dire avec la voiture médicale.

20 Janvier 1915

À 6 heures départ. Tout est blanc de neige et la nuit encore très noire. La route est intenable tellement cela glisse. Avec mon entorse je fais très attention. Nous traversons Thiaville et nous arrivons à la Neuville-les-Raon, puis nous traversons Raon-l'Étape. Il fait jour maintenant. La Neuville-les-Raon a souffert mais beaucoup de maisons sont debout.

Raon-l'Étape a souffert surtout au centre de la ville où beaucoup de maisons sont détruites. Après Raon, nous traversons la forêt de Petit et Grand Reclos. Spectacle idéal et merveilleux. Au moins 20 centimètres de neige sur les sapins et sur les routes. À chaque instant la route tourne pour 4 kilomètres de montée et on découvre de nouveaux paysages. Puis on redescend et 2 kilomètres plus loin on quitte les bois et c'est la plaine. On commence à entendre le canon.

On arrive à Neufmaisons où nous laissons une Cie. Enfin nous arrivons à 10 heures et demie à Pexonne. La ville a été occupée 6 semaines mais a peu souffert à part la gare. En arrivant je prends le planton-brancardier à la police puis je remplace un camarade (Gérard) à la garde car il est souffrant.

Quelle neige. Sauf en Suisse, jamais je n'en ai tant vu. Je prends 2 heures de faction de jour, de 1 à 3 – puis 2 heures et quart de nuit de 3 à 5 et quart. À 4 heures le vent s'élève et il ne fait pas chaud. Je suis tout courbaturé car j'ai à peine dormi.

21 Janvier 1915

Revue de garde à 7 heures. On nous apprend que nous partons demain à l'est de Badonviller pour prendre des avant-postes. Le soir on fête le départ en prenant le thé. Bonne nuit dans le foin d'une grange. Il a un peu dégelé. Il fait très sale.

22 Janvier 1915

Levé à 7 heures et demie. Cela va un peu mieux. Je suis moins courbaturé. À 10 heures nous partons. Je quitte momentanément mon emploi de brancardier pour reprendre du service actif aux avant-postes. Je marche sac au dos avec les camarades. Nous traversons Peuviller peu détruit. Ensuite Badonviller qui a très souffert. Au centre de la ville il ne reste plus rien. Nous entrons dans la forêt de Bousson.

Beaucoup de neige. La route est un verglas. On ne tient pas debout. Nous souffrons beaucoup pour marcher. Nous arrivons à notre poste une noire tanière. Un trou pavé en terre. Une sentinelle à fourrier. Les boches sont à 1200 mètres et à un endroit à 200 mètres seulement.

Avec nous nous avons le 309ème d'Infanterie et le 70ème Alpin. Il fait très froid. Nous sommes exactement à la Chapelotte ainsi nommé à cause d'une petite chapelle en plein bois. La Chapelotte est une partie des bois appartenant à Monsieur Cartier-Bresson Maire de ceux pays au bas des Côteaux et où il a ses usines de fils.

Je prends la garde de 8 heures quarante-cinq à 10 heures. À 9 heures et quart un homme s'avance sur moi l'air dégagé. Je crie «Halte-là. Qui vive!» L'homme fait une chute et tombe assis par terre tellement le terrain est glissant. Je renouvelle ma question. L'on me répond. «France.» et mon lieutenant me reconnaît car c'est lui qui vient visiter notre poste. Je cause un bon moment avec lui. À six heures je rentre et vais essayer de dormir. la pièce est pleine de fumée du feu que l'on a fait au fond. La planche est bien dure. Harassé de fatigue je m'endors mais pas pour longtemps. Autour de nous coups de feu presque constamment.

23 Janvier 1915

Aujourd'hui un mois que nous avons quitté la redoute de la Service. À 7 heures je me lève tout glacé. Je vais me débarbouiller un peu plus loin dans un ruisseau. Avec un camarade nous allons fusil sur le bras nous balader aux environs. Mais il faut faire très attention. À 9 heures et demie nous déjeunons, puis à 10 heures nous changeons le poste.

Nous voici tout à fait en haut de la montagne – vue splendide sur toute la vallée pleine de neige. Comme abri un trou et des branches de sapin où passent l'air et la fumée du feu de bois que nous avons fait. En sentinelle on met une peau de mouton sur soi pour avoir moins froid. On nous fait armer nos fusils. Cela bataille autour de nous; Ce sont paraît-t'il les Chasseurs Alpins en reconnaissance. L'ennemi est en effet tout près. Le soir étant de sentinelle vers 9 heures et quart. Vive fusillade à environ 1200 mètres. Encore les Alpins dans une tranchée qui font des leurs. Impossible de dormir de la nuit car nous sommes assis sur un planche en guise de banc et malgré le feu il fait très froid.

24 Janvier 1915

Le jour vient. À 7 heures on nous apporte le café mais il fait froid car les cuisines sont à 1800 mètres. Vers les 8 heures encore une fusillade mais ce coup-ci pas à plus de 500 à 600 mètres. On fait attention et l'on se tient prêts. Au bout d'un quart d'heure cela cesse. À une heure quarante cinq, nous partons encadrés par le 309ème. On nous fait partir par un sentier montant au moins à 30% à travers la neige et des ornières de boue.

Le paysage est idéal de beauté mais nous suons sang et eau. Les sacs sont plus que lourds. À la première pose nous n'en pouvons déjà plus. Toujours la forêt par des chemins défoncés et dégoûtants. Plus de 10 centimètres de neige. Enfin nous débouchons du bois et arrivons droit à Fennevillers. Puis sans pose nous allons à Pexonne distant de un kilomètre environ. En arrivant je me lave à grande eau ce qui me fait du bien. Puis nous dînons. Buvons du thé et à 7 heures et demie je me couche.

25 Janvier 1915

Je me lève à 7 heures et quart. J'ai dormi comme un loir dans le foin mais je suis encore bien courbaturé. Je cire mes souliers et nettoie mon fusil. Puis je fais la lessive de deux mouchoirs et enfin je me débarbouille. Impossible d'avoir du tabac. Enfin je trouve un paquet de 2ème zone au prix de 0,63. C'est toujours cela. Puis nous déjeunons avec de la morue et les pommes de terre. Je vais écrire quelques lettres chez une brave femme de la maison.

Le tantôt on doit aller aux tranchées. Je vais tâcher de m'en dispenser. Je ne sais si je vais pouvoir. J'y suis arrivé. Je suis resté. Dans la soirée on nous dit que la 4ème section de chez nous partie du rendez-vous des chasseurs avec une section du 309ème a été rencontrée par des boches. Un du 309ème y serait resté. La 4ème section ne rentre en effet qu'à 9 heures du soir. Nous aurions des nouvelles demain.

26 Janvier 1915

Levé à 7 heures. Nous partons de nouveau pour La Chapelotte. À 11 heures et demi, nous nous arrêtons au rendez-vous des Chasseurs pour saluer la dépouille de frérot ce malheureux du 309ème qui a en effet péri sous les balles allemands dans la patrouille qu'il faisait avec les nôtres du 37ème, 4ème section. Le commandant du 309ème fait un allocution bien sentie sur le sort du défunt. Puis les prières sont dites en plein air par un prêtre-brancardier. Ce qui fait dire à un de nos camarades (Jubin) «Dis donc toi Besnard le brancardier, si un de nous venait à calencher est-ce que tu nous ferais le coup du goupillon.» Puis nous défilons baïonnette au canon. Nous allons reprendre comme deux jours auparavant le poste de plus élevé. La nuit n'est pas très froide et nous avons un bon feu. Mais naturellement impossible de dormir. Chose extraordinaire pas un seul coup de fusil de toute la journée ni de toute la nuit.

27 Janvier 1915

Donc nuit calme. À 8 heures nous voyons partir une patrouille de 5-Chasseurs Alpins. À 9 heures une fusillade très nourrie éclate près de nous. Une heure après je vois revenir un des 5-Chasseurs Alpins et à grands pas. Je l'interroge. Ils ont été attaqués par une quarantaine de Boches et ont dû se replier derrière des sapins. Heureusement pas de mal. Il va prendre des ordres de son Sous-lieutenant. Maintenant c'est une canonnade ininterrompue sur [...] – de grosses pièces. À 11 onze heures nous redescendons en grand poste passer la nuit. Pas grand' chose dans la journée. Corvée de bois – soupe – et coucher. Puis la garde de 2 heures à 3 heures du matin par un froid terrible.

28 Janvier 1915

Levé à 8 heures. Quel froid. Quelle neige. Nous déjeunons à 9 heures puis avec quelques camarades nous prenons nos fusils et allons faire une excursion dans la montagne à la «Pierre à Cheval». De la pointe de vue superbe. On voit Allarmont où sont les Boches et il faut se cacher pour n'être pas vu d'eux. On parle de repartir Samedi pour Épinal. Si seulement cela était vrai. À deux heures nous repartons pour Pexonne par la grand' route. Jusqu'à Badonviller. Cela va bien mais de là à Pexonne la route n'est pas qu'un verglas. Impossible de se tenir debout. On avance bien péniblement. À 4 heures moins 10, nous arrivons. À 8 heures couchés dans le foin après avoir pris du thé. Journée froide. 17° en dessous de zéro.

29 Janvier 1915

Le matin repos. Je me lève à 7 heures. Je demande à parler au Capitaine pour la question des brancardiers qui m'intéresse toujours. Impossible de le voir. Le tantôt tranchées. Il fait beau soleil aussi j'y vais. En route je cause au Capitaine et je lui déclare que je tiens essentiellement à remplir mon emploi de brancardier. Il est très gentil avec moi et me promet d'en parler au Commandant. Le soir nous sommes de garde aux issues. Je prends la faction de 11 heures à 2 heures par une nuit douce et très claire. Puis je vais me recoucher.

30 Janvier 1915

Je me lève à 7 heures. Préparatifs de départ. À 10 heures en route pour la Chapelotte. La neige tombe à gros flocons. La veille nous avons entendue une vive fusillade. C'était le 309ème pris avec les nôtres dans une reconnaissance. Deux du 30ème sont tombés morts et un autre est blessé. Un rendez-vous des Chasseurs même cérémonie que l'avant-veille. Le Commandant du 309ème fait une allocution sur le corps du malheureux que l'on a enterré là. L'autre est enterré du matin à Escombes où il est tombé. Baïonnettes au Canon nous défilons devant le corps sous le neige qui tombe à gros flocons et au son des marmites qui grondent très fort et pas loin de nous. Nous changeons d'endroit. Nous allons à la «Vierge de Clarisse» poste sur la route où n'avons qu'à prendre la garde en surveillant tout un secteur. Le soleil à fait son apparition. Il fait très beau mais froid, et que de neige. Le canon ne cesse de gronder. Il paraît maintenant que nous allons faire encore ce service-là dix jours de plus.

31 Janvier 1915

Nuit superbe – lune merveilleuse et décors féeriques. Nous sommes 5 qui allons en réserve en rendez-vous des Chasseurs. Là rien à faire. Une heure de garde en tout pour 24 heures. J'ai attrapé un rhume. À 3 heures, quarante-cinq, deux escouades de chez nous sont envoyés en reconnaissance pour protéger ceux qui font les tranchées. On se sert les mains on se souhaitant bonne chance car on ne sait ce qui peut arriver.

1er Février 1915

À 11 heures la patrouille rentre sans avoir rien vu. Nous en sommes fort heureux. Les malheureux sont esquintés et trempés car la neige n'a pas décessé depuis la veille au soir. À midi nous partons pour Pexonne. Le chemin est dur bien que la neige tombe à gros flocons.

Cependant le temps s'est radouci et il dégèle. Nous arrivons à 2 heures. Le soir nous nous cotisons et nous faisons des crêpes car c'est la Chandeleur. À 8 heures et demie nous nous couchons.

2 Février 1915

Ce matin je me lève à 7 heures. Je prends un bon café au lait. je suis fort enrhumé. Heureusement nous avons repos toute la journée. il fait un soleil splendide et même chaud. Seulement dehors un verglas à ne pas tenir debout. Le tantôt on se repose; On en à besoin. On ne prépare pour le départ de demain matin. le soir nous faisons un brûlot. À huit heures nous nous couchons.

3 Février 1915

À 7 heures je me lève. Un bon café au lait. Hourrahh!!!! Nous obtenons satisfaction pou les brancardiers. Le Major, Chef du 309ème nous fait laisser là fusils et baïonnette et nous reprenons le brassard. Sac au dos nous partons derrière la Cie . Cette fois nous allons à Allencombe poste dangereux par excellence. Très près des Boches et au fond d'une vallée. il faut faire très attention.

Je ne prends plus de garde. Nous sommes dans un abri assez grand. Cela va peut-être aller. À 9 heures et demie, la sentinelle nous appelle. À deux pas de nous une vive fusillade accompagnée du canon qui n'a pas cessé de toute la journée.

4 Février 1915

La nuit s'est passée à peu près mais j'ai beaucoup toussé. Je me lève à 7 heures puis je flâne un peu et je vais toucher l'ordinaire pour rendre service à ma cause. À une heure mes camarades vont occuper divers autre postes. Mais un autre brancardier et moi nous restons au poste d'Allencombe pour assurer le service.

Partout autour de nous canonnades et fusillade n'arrêtent pas. Malgré cela la journée se passe sans incident.

5 Février 1915

Je tousse une partie de la nuit et en un peu de fièvre. À 7 heures je me lève et flâne un peu. Je n'en ai que cela à faire. Nos camarades ont raté un beau coup. Douze Boches sont passés près d'eux mais ils ont tiré trop tôt et ils ont fui. À 2 heures nous repartons pour Pexonne par un temps boueux et lourd. En route on nous apprend que nous devons retourner au moins une fois encore à la Chapelotte ce qui ne nous enthousiasme pas. Nous arrivons et nous nous reposons. Le soir thé et à 8 heures coucher.

6 Février 1915

À 7 heures je me lève. Je suis mal fichu par le rhume. Heureusement nous avons repos. Je fais un peu la lessive et reprise des chaussettes – Ah! Doux métier. Après le déjeuner je fais ma correspondance ce que me fasse un agréable moment.

7 Février 1915

Levé à 7 heures. À 10 heures départ pour la Chapelotte. Je suis délégué pour rester brancardier au rendez-vous des Chasseurs. Nous arrivons. Le canon tonne très fort et les obus sifflent en dessus de no têtes. La fusillade éclate de toute part. Nous nous tenons prêts.

8 Février 1915

Nous avons dormi au son du canon. Une reconnaissance est partie. Le tantôt résultat: 3 tués et 7 blessés au 309ème. Deux de la 5ème Cie du 37ème disparus – un sergent et un homme. J'apprends que le m[atin] nous retournons direction Épinal. Quelle veine.

9 Février 1915

Nous apprenons que deux Cies Allemands ont occupé Angomont hier tantôt mais elles en ont était chassées ensuite. Un obus à éclaté à 30 mètres d'un de nos petits postes. Heureusement personne n'a été blessé. À 2 heures en route pour Pexonne. À 4 heures nous arrivons puis repos la soirée.

10 Février 1915

Levé à 7 heures. Préparatifs de départ pour demain matin. Repos toute la journée. On s'ennuie plutôt.

11 Février 1915

Départ à 8 heures. Il fait un soleil superbe. À la première pose, je colle mon sac dans la voiture. Comme cela, cela va. Nous arrivons à 11 heures à Bertrichamps pour y cantonner. La route a été plutôt dure parce que boueuse. Le soir on s'offre une petite ribouldingue par plaisir.

12 Février 1915

Départ à 6 heures et demie. 26 kilomètres à faire. Temps superbe. Il a gelé un peu. Nous partons et je colle encore mon sac à la voiture. Nous passons par le fameux Col de la Chipotte. Que de tombes le long de la route et que cela sent mauvais. Il y a des morts enterrés à fleur de terre.

Il fait très frais sous bois et la route monte tout le temps. Nous arrivons pour cantonner à Vannecourt gros village où il y a déjà un bataillon du 58ème. Nous sommes couchés dans une écurie avec chevaux, vaches et poules. En route nous avons reçu les félicitations du Général [Coffinant].

13 Février 1915

À 6 heures et demie, départ. Le temps est doux. Encore 28 kilomètres à faire. Mon sac va encore à la voiture. La route est dure. Vers 9 heures et demie, après avoir traversé Longchamps, la pluie nous prend. Le vent s'emmêle. Cela va de pis en pis. À un kilomètre de Golbey, la grande halte en pleine pluie. Il y a des murmures. À midi et demie nous repartons sous la pluie battante et avec un vent à ne pas tenir debout. C'est très pénible. On passe la revue à Golbey devant le Général Franckfort.

Enfin nous avons fait 65 kilomètres en trois jours. Nous sommes absolument éreintés. On nous annonce deux jours de repos. Ce n'est pas de trop.

14 Février 1915

J'ai passé une assez bonne nuit. Une excellente nouvelle. On désarme les brancardiers. A 9 heures je vais à Golbey au bureau du Colonel et confie mon fusil. On me remet un sabre série Z. Je suis heureux. Il y a longtemps que j'attendais cela. Sans doute j'espacerai les notes de mes impressions car nous devons rester ici de 20 à 40 jours. Je les reprendrai quand nous repartirons car je présume qu'ici la vie sera ce qu'elle était avant notre départ. C'est à dire bien calme. Il fait dehors un temps splendide. Un peu de vent mais un soleil radieux.

15 Février 1915

Je suis désigné comme brancardier de la 3ème section et détaché à la 12ème escouade. Cela m'ennuie de quitter de bons camarades auxquelles je suis habitué depuis 6 mois et demie. J'attrape un rhume carabiné.

16 Février 1915

Je suis à Chavelot. De bons camarades heureusement.

17 Février 1915

Je suis de planton-brancardier. Je trouve un lit dans une chambre à deux lits. Cinq sous par nuit. Ce n'est pas cher.

18 Février 1915

Vie calme. On me laisse tranquille et je ne fais plus rien. il est question de départ prochain. On nous fait préparer et on se tient prêt.

26 Février 1915

À 11 heures nous recevons l'ordre de partir à 2 heures pour aller coucher à Golbey le soir. J'ai mal aux dents et cela m'ennuie un peu. Nous avons touché des tentes portatives. Le soir à Golbey je dîne avec mes camarades. Nous couchons dans une grange ouverte à tous les vents. il gèle plus de -10 degrés de froid.

27 Février 1915

À 7 heures, vingt, départ. En route pour Vannecourt et sac au dos – 26 kilomètres par un temps boueux. Le tantôt nous arrivons plutôt un peu éreintés. Le soir à neuf nous achetons un lapin et nous faisons une petite nouba. Cela nous a coûté 12 sous chacun. J'ai toujours mal aux dents.

28 Février 1915

Départ à 7 heures et demie. Nous allons à Moyen. 24 kilomètres à faire et le temps est aux giboulées. Toujours mal aux dents. La route est dure.

En arrivant mon ami Schmuff nous trouve un lit pour nous deux à 5 mètres du cantonnement. Chambre superbe et patronne très avenante. Il ya un trou d'obus dans la chambre. Nous le bouchons avec de la paille. Nous sommes harassés par la fatigue. À 7 heures nous nous couchons. on dit qu'on va rester 20 jours ici.

1er Mars 1915

À 7 heures je me lève. J'ai bien dormi mais j'ai de plus en plus mal aux dents. Pourvu que je n'ai rien de grave Grand Dieu. Mon ami nous fait un superbe chocolat que nous mangeons de bon appétit. Il fait un temps horrible. Du vent, de la pluie, de la neige et froid avec tout cela. Heureusement aujourd'hui il y a repos. La journée se passe à peu près.

2 Mars 1915

Un ordre pour les brancardiers. Nous devons tous les matins assister à la visite médicale et faire les pansements nécessaires. Tant mieux. Cela me passe un moment car tout le reste de la journée rien à faire.

Toujours mal aux dents, mais cela ne m'empêche pas de prendre encore un bon chocolat. Pour les autres exercices sans importance pour la journée.

3 Mars 1915

Bonne nuit et bon café au lait ce matin/ Mes dents vont un peu mieux. Visite médicale puis le restant du jour, repos. Le soir un incident. À La Chapelle et à Badonviller il y a eu paraît-il un engagement assez vif où notre 1er Bataillon a dû cerner une Cie Boche. Aussi nous sommes en cantonnement d'alerte. Les sacs sont bouclés et nous nous tenons prêts à partir. Quel ennui. On était si bien ici. Je regretterai certainement mon lit.

4 Mars 1915

Nous ne sommes pas partis dans la nuit. Il paraît que l'incident de La Chapelotte à bien tourné pour nous. Je me lève et vais à la visite. Il faut se tenir prêt quand même. le tantôt on ne fait à peu près rien. il fait un temps magnifique un temps de printemps. Je me repose au soleil.

5 Mars 1915

Après une bonne nuit, je me lève à 6 heures, quarante-cinq. Un bon chocolat et je vais à la visite. Les Majors nous recommandent de dire à tous les hommes de porter des ceintures de flanelle car il y a une épidémie de maux de reins dans le pays. Puis nous devons aussi recommander à ceux qui ne sont pas soignés de faire très attention car il y a beaucoup de blennorragies. Je crois que l'alerte est passée car la consigne se relâche un peu. Changement brusque de température. Le ciel est gris et le vent très froid. Pour moi toujours repos pour l'après-midi.

6 Mars 1915

Bonne nuit. Bon café au lait. pas de courrier et on ne sait pourquoi. Journée bien calme. Pluie l'après-midi. Tout le monde reste là. Demain je suis de planton.

7 Mars 1915

Je suis de planton. Il pleut toute la journée. je m'ennuie.

8 Mars 1915

Je relève de garde. Le temps a changé dans la nuit. Tout est couvert de neige et il fait très froid.

9 Mars 1915

Gelée terrible. 9° en dessous de zéro. Toujours mon service d'Infirmière et le tantôt repos.

10 Mars 1915

Froid terrible et neige. Les camarades ne peuvent même pas aller aux travaux. Toujours même travail.

11 Mars 1915

Journée superbe. il dégèle. il fait presque chaud. Toujours même travail.

12 Mars 1915

Un peu de pluie. Temps maussade. Toujours pas plus à faire.

13 Mars 1915

Une course à faire pour le Major à Rambervillers. je me propose. 34 kilomètres en vélo par une route dégoutante. (Et quel vélo.) Le soir je suis plutôt fatigué.

14 Mars 1915

De la pluie sans arrêt. Après l'Infirmerie, je déjeune et vais à la messe. Le tantôt je reste dans ma chambre à lire et à écrire.

15 Mars 1915

Pas de changement. On reste toujours là.

16 Mars 1915

Toujours pareil.

17 Mars 1915

À une heure et demie, ordre de quitter Moyen à 6 heures. À 7 heures nous partons pour Chenevières où nous arrivons à 10 dix heures. On s'organise. À 4 heures – alerte!! À 5 heures, quarante-cinq en route pour Thiébauménil. où nous arrivons à 8 heures du soir. Nous passons la nuit là.

18 Mars 1915

À 11 heures départ pour Bénaménil. Cela sent le Boche. Nous arrivons à midi. Toute la journée défilent les troupes. 27ème l'infanterie. 6ème Hussard de l'Artillerie.

19 Mars 1915

Des troupes et encore des troupes. Mal logés. Je cherche le Major du 6ème Hussard qui me reçoit à 7 heures et demi dans son lit. Très gentil garçon. Le tantôt travaux. Je reste là.

20 Mars 1915

C'est la même chose qu'hier. Le canon tonne fort. Le 10ème Hussard revient de patrouille aven un tué et un lieutenant blessé. Le tantôt travaux. Je reste

21 Mars 1915

C'est Dimanche. On ne dirait pas. Les hommes travaillent au son du canon. Le soir travaux de nuit. Deux brancardiers seulement y vont. Moi je reste. Il y rentrent à minuit et demi. Tout s'est bien passé.

22 Mars 1915

J'accompagne ma section de garde dans un vieux Moulin. L'droit est silencieux. Seulement le canon sonne de toutes parts. Les obus nous sifflent au-dessus de la tête. On finit par n'y faire même plus attention. Depuis trois jours il fait un véritable temps de printemps. C'est un délice. C'est maronnant d'être ici.

23 Mars 1915

Journée calme. Toujours pareil. Le canon sonne fort. Le soir nous couchons à quatre à l'infirmerie sur les brancards. Aussi nous sommes tranquilles et c'est plus propre.

24 Mars 1915

Journée à peu près calme. Mais à 8 heures du soir on vient nous prévenir que nous partons à 10 heures, quarante-cinq pour Ogéviller, 24 kilomètres de là. On ne sait pour quoi faire.

25 Mars 1915

Nous sommes arrivés à Ogeviller hier au soir à minuit, dix, et étions couchés à une heure. Ogeviller est un village moyen d'où l'on doit prendre les avant-postes. À 10 heures je vais prendre le planton-brancardier. Pas grande chose à faire. Je m'ennuie plutôt. Il a plu toute la journée.

26 Mars 1915

Il fait beau. À 10 heures je relève la garde. Puis je viens à l'infirmerie où je me repose. Le soir de 8 à 12 heures travaux le nuit. Je ne sais si je vais y aller.

27 Mars 1915

Je ne suis pas allé aux travaux de nuit hier. Le soir on va aux avant-postes à Herbeviller. Je reste au service de l'infirmerie.

28 Mars 1915

Nous sommes arrivés à Herbeviller hier au soir à 8 heures et demi. Nos camarades de relève nous attendaient pour nous monter le poste de secours. C'est un vaste café avec 4 chambres à notre disposition. Nous avons couchés sur des sommiers et à l'abri du froid. Les hommes prennent des avant-postes et des tranchées. Moi je reste à la disposition du Major.

29 Mars 1915

Bonne nuit. Aujourd'hui journée calme. Nous sommes avec un tout jeune Major de Dragons très gentil. Nos hommes travaillent ferme et sont fatigués. Le canon tonne sans arrêt tout près de nous. Il fait très froid. Ce soir nous retournons à Ogeviller.

30 Mars 1915

Hier au soir au moment de partir on nous a amené un Dragon le mollet traversé d'une balle. Ce sont nos camarades le relève qui s'en occupés. Nous sommes rentrés à 10 heuresdu soir par un grand froid. Ce matin la visite. Beaucoup de malades car les hommes ont un dur travail à fournir pour toute la journée. Le tantôt je me repose. Partie de cartes. il pleut. Cela va radoucir la température.

31 Mars 1915

Je me lève à 5 heures, quarante-cinq pour prendre le planton. Il neige à plein et fait froid. Je m'ennuie plutôt. À 7 heures et demi, nous partons pour Herbeviller.

1er Avril 1915

Hier au soir en arrivant on nous a fait faire un poste de secours à l'autre bout du pays car les nôtres devrait attaquer sur Domèvre. À une heure deux blessés d'un coup de baïonnette. Puis ce matin deux morts du 12ème Dragon. Espérons que ce sera tout pour la journée. Il fait un temps superbe. C'est vraiment triste d'être encore là à cette époque de l'année.

2 Avril 1915

Nous repartons ce soir pour Ogéviller. Hier au soir à 9 heures nous avons embarqués les deux Dragons morts en voiture et en clair de lune. Ce n'était pas gai. Pour le Vendredi Saint, nous avons fait maigre. Morue et pommes de terre le matin et le soir.

3 Avril 1915

De retour à Ogeviller. Pas grand' chose de nouveau. Demain Pâques.

4 Avril 1915

Aujourd'hui Pâques. On ne s'en douterait guère. La pluie et le canon ne décessent pas. Que de regrets en pensant aux fêtes de famille. Le programme est changé. Nous ne partons pas ce soir à Herbeviller. J'ai attrapé un gros rhume étant le planton au poste de police.

5 Avril 1915

Toujours la même vie. Nous devons partir demain soir pour Saint-Martin.

6 Avril 1915

Pas de changement. Nous partons seulement le 8 à Saint-Martin.

7 Avril 1915

Rien de nouveau. Départ demain pour Saint-Martin le pays des marmites.

8 Avril 1915

Rien de nouveau on part bien ce soir à 7 heures pour Saint-Martin.

9 Avril 1915

Hier au soir à 7 heures nous sommes partis pour Saint-Martin par la pluie battante et par la nuit noire. De la boue et de l'eau plus haut que la cheville – 4 kilomètres ainsi. En arrivant nos camarades vont dans les tranchées et nous à l'infirmerie qui est en Presbytère. Nous sommes très bien. Il y a un piano et des sommiers pour se coucher.

Après une bonne nuit nous sommes levés à 7 heures. On nous prévient qu'il faut chaque jour deux brancardiers dans les tranchées. Deux de nos camarades y vont. La prochaine fois ce sera mon tour. Quel pays. Les marmites tombent tout près de nous. Il est vrai que nous sommes très près des Boches. Ceux qui reviennent des tranchées sont ignobles à voir. Couverts de boue du haut en bas. Ils sont dans l'eau jusqu'aux genoux et cela sans exagération. Le service ici n'est pas gai.

10 Avril 1915

L'aube est chargée pour les brancardiers et c'est moi qui suis allé aux tranchées hier au soir. Et bien c'est gai. Un kilomètre avec de la boue par dessus les pieds pour arriver au bois. Une fois là je vois le Capitaine dans un gourbi infecte. Moi je couche sur de la paille pourrie dans un gourbi encore bien plus infecte. L'eau me tombe sur le ventre. Naturellement je sois peu très froid surtout aux pieds.

À 7 heures du matin je suis relevé par un camarade. Obligé de laver mes chaussures en rentrant et de prendre un bain de pieds tellement j'ai de boue. Tantôt je me repose. Ce soir nous partons pour 4 jours à Fréménil.

11 Avril 1915

Hier au soir nous avons quitté Saint-Martin à 10 heures et sommes arrivés à Fréménil à minuit et demi – 6 kilomètres. Nous étions couchés à une heure et demie. Là l'infirmerie est au 217ème. Obligés de coucher dans la grange. Le sommeil m'empoigne et je dors bien. Levé à 7 heures et demie. J'assiste à la visite à 8 heures avec un Major pas commode. Les hommes ont repos. Le temps est à peu près beau et je vais écrire au soleil au milieu d'un pré. Le canon tonne de plus en plus fort. C'est surtout nous qui tirons.

12 Avril 1915

Repos – Fréménil n'est pas un beau patelin et l'on n'y est pas bien. À 8 heures du soir je ramasse avec mon camarade et collègue Verport, un artilleur qui est tombé du cheval. Il a la jambe toute tournée.

13 Avril 1915

Toujours au repos. Rien à faire. Notre artillerie arrose littéralement les Boches d'obus.

14 Avril 1915

Je vais porter le rapport médical à Ogéviller. J'en profite pour me refaire un peu en mangeant au restaurant. Ce soir nous partons pour Saint-Martin.

15 Avril 1915

Hier au soir nous sommes arrivés à Saint-Martin à 8 heures. J'ai couché à l'infirmerie et je suis de garde médicale de 7 heures du matin à 7 heures du soir. Le bois à beaucoup séché et l'on enfonce beaucoup moins dans la boue. Le canon tonne pas mal tout autour de nous mais rien n'éclate près de nous. J'ai causé longtemps avec mon Capitaine. Un des mes camarades (Jarret) a tué une martre et ses trois petits. Il a vendue au Capitaine. je l'ai aidé à la dépouiller.

16 Avril 1915

Nous repartons ce soir à Ogeviller. Le canon tonne toujours très fort mais rien d'anormale.

17 Avril 1915

De retour à Ogeviller. Le soir à 5 heures une attaque terrible sur Saint-Martin. Le La canonnade est vraiment effrayante. Un des nôtres es tué. Puis 5 blessés du 17ème Chasseurs et du 217ème Infanterie. À 24 heures près nous l'avons échappé belle car Saint-Martin est bombardé de fond en combles.

18 Avril 1915

L'attaque d'hier a été terrible. Nous avons fait 40 tués et 7 prisonniers dont 3 blessés et un mort parmi ces Services. Ce matin on a amené à Ogeviller 4 des prisonniers. Ce sont des Saxons. Ils sont loin d'être maigre et n'ont pas souffert comme le disent les journaux. Nous ne repartons pas à Saint-Martin demain.

19 Avril 1915

Après la tempête un peu de calme. La bataille continue mais moins forte. Encore quelques blessés chez les 17ème chasseurs à cheval. Mais nous avons gagné la partie car les Boches sont repoussés.

20 Avril 1915

Ce soir je pars accompagner une centaine d'hommes pour les travaux de nuit devant Chazelles sur une crête dans une plaine. Il y a du risque. Aujourd'hui mon anniversaire. Jour de mes 37 ans.

21 Avril 1915

Tout s'est bien passé. 3000 travailleurs en tout pour faire des tranchées. Cela a été fait rapidement. Nous avons essuyé une fusillade au début et c'est tout. Seulement je suis esquinté car c'est une nuit blanche. Tantôt je me repose.

22 Avril 1915

Aujourd'hui 12 ans de mariage. Je ne pensais pas passer cet anniversaire ici. Je ne fais aucune fête car je n'ai pas le cœur à cela. Ce soir je dois retourner accompagner les travaux de tranchées. À 5 heures les travaux sont décommandés.

23 Avril 1915

Je suis le planton pour toute la journée. Il pleut sans décesser depuis hier. Pas de travaux encore ce soir car on prévoit une attaque. On verra bien.

24 Avril 1915

L'attaque prévue hier s'est fait ce soir. À 9 heures et demie. Le canon a tonné et ainsi jusqu'à 2 heures ce matin. Les Boches ont attaqué sur Domjevin, St. Martin et Domèvre. Pas de tués ni de blessés de notre côté. Par contre l'ennemi a subi des pertes importantes et on nous descend des blessés à Domjevin. On nous amène à Ogeviller 5 prisonniers Saxons. Beaux gars bien râblés qui n'ont pas l'air d'avoir souffert de la faim.

25 Avril 1915

Hier au soir à 11 heures nous sommes partis à Saint-Martin comme renfort. Deux de mes collègues sont dans les tranchées. Ce sera mon tour demain. On nous a amené in prisonnier blessé Boche que nous avons soigné. Une balle en retour dans l'épaule. Beau garçon – 33 ans – épicier en gros à Dresde. Bonne famille. Éducation et discipline parfaite. Nous avons une mort d'une balle dans l'œil. C'est un père de 4 enfants de la 6ème Cie. Le tantôt j'ai dû, avec un camarade, transporter à Herbeviller un Dragon blessé à la cuisse. le bombardement continue toujours avec beaucoup d'intensité. Nous avons été planqués 4 fois en route par les obus. Nous étions visés.

26 Avril 1915

Hier au soir à 10 heures et à une heure du matin ordre nous a été donné de nous mettre à l'abri dans des caves tellement le bombardement faisait rage. C'était effrayant. la maison tremblait sur sa base. Aujourd'hui je suis dans une tranchée qui est une véritable taupinière. Un petit village creusé sous terre. Là il y a moins de danger que dans les pays. On est à l'abri et heureusement car les obus tombent très près de nous. Malgré tout je dors car je suis esquinté.

27 Avril 1915

Revenus au village la relève a été hier au soir très difficile car nous étions vises par les obus. Au moment de la soupe obligé de transporter un blessé d'une entorse à Herbeviller. Le tantôt se passe à peu près et nous faisons du piano. Vers 4 heures les Boches tirent des obus incendiaires sur Herbeviller et met le feu à une maison. On l'éteint au bout de 2 heures. Ensuite calme plat jusqu'à 9 heures – puis bombardement furieux. À 11 heures nous nous couchons. À 2 heures du matin nouveau bombardement très fort mais nous ne descendons pas à la cave. Tant pis nous verrons bien. Au bout d'une heure tout rentre dans le calme.

28 Avril 1915

Journée à peu près passable. 3 bombardements dan la journée et 2 la nuit. Aucune victime. Les nôtres savent répondre convenablement.

29 Avril 1915

124 obus ont été jetés par les Boches sur Herbeviller. Par des bombes incendiaires, ils ont mis le feu en trois endroits différents. Nous ont été obligés de se réfugier à Ogeviller. Deux chasseurs à pied de blessés. L'un traversé de part en part au dessus de cœur. L'autre dans les reins par éclat d'obus. Le soir et la nuit bombardement habituel.

30 Avril 1915

Encore un feu à Herbeviller. Ce soir je suis de service dans la tranchée. Bombardement infernal toute la journée.

1er Mai 1915

Dans la tranchée. Les Boches mettent le feu à Fréménil. Ils nous bombardent nos tranchées de première ligne. Un Dragon tué et un blessé. Le soir on va chercher le tué. C'est horrible. Il est enfoui sous les décombres. La tête seule dépasse. Et de la tête les yeux sont crevés et le nez, la bouche et le menton manquent. De 8 heures du soir à une heure du matin on ramène des morceaux. Plus d'abdomen. On remet boyaux et matières à peu près en place. Avec une pelle on sectionne une jambe dont on ne peut avoir que la moitié. Le tout avec la terre forme une masse immonde. On met cela sur un brancard puis dans un drap et en route pour Ogéviller où les restes seront mis en terre demain matin à 7 heures. C'est vraiment horrible à voir. Le soir un orage avec gros coups de tonnerre mais ce n'est rien à côté du canon.

2 Mai 1915

Bombardement intense avec pièces de 210 sur Ogéviller. Une femme est tuée et mise en pièces par un obus. Puis une femme et une fillette sont blessées. Cela s'appelle paraît-il un victoire Boche.

3 Mai 1915

Toujours du bombardement un peu partout mais sans résultat appréciable. Le soir un orage assez violent. Je porte le rapport médical à Ogéviller. Il fait très chaud.

4 Mai 1915

À 11 heures du matin bombardement très vif qui se rapproche de nous. Nous ramassons à deux mètres des éclats gros comme la main. Le soir et la nuit sont calmes.

5 Mai 1915

Journée calme – très calme même. Qu'est-ce que cela peut cacher.

6 Mai 1915

Journée plus calme qu'hier encore. On se demande ci cela ne cache pas un nouvelle attaque. Mais non rien ne se manifeste.

7 Mai 1915

Cela y est. À 5 heures bombardement en plein milieu de la ville. le matin nous avions eu un avertissement. j'avais dû attendre une demi-heure avant d'aller porter le rapport à Ogéviller. À 5 heures j'étais allé chercher la soupe. Les bombes sont tombées 2 fois devant moi. Pour aller de la cuisine à l'infirmerie j'ai dû pour faire 100 mètres me cacher quatre fois dans une grange. Il n'y a pas eu d'accident

8 Mai 1915

Encore un bombardement dans l'après-midi mais moins intense que la veille. Je suis monté aux taupinières le soir à 9 heures et demie, et 11 heures 2 attaques aux fusils.et aux canons sans aucun résultat. Le tantôt un de nos avions a survolé onze fois les lignes allemandes et a chaque voyage un de nos pièces de marine installée aux Bois des Railleux leur tirait dessus dans la direction de la ligne Boche du chemin de fer d'Avricourt. Nous ne connaissons pas encore les résultats.

9 Mai 1915

Passé la journée aux taupinières. Journée calme pour un beau temps. Je me repose au soleil. Pas de bombes. Le soir je redescends à 8 heures et demie.

10 Mai 1915

Calme assez plat. Peu de bombes et surtout pas très près de nous. Temps merveilleux. Les Boches tirent ferme sur un de nos avions qui fait une superbe randonnée sur leurs lignes.

11 Mai 1915

Journée semblable à la précédente. Bombardement de 18 obus sur Herbeviller. Un blessé. Temps merveilleux.

12 Mai 1915

Cela bombarde toujours mais pas excessivement. Ce soir je vais aux taupinières pour 24 heures. La journée se passe à peu près. Le tantôt séance de musique piano et chant.

13 Mai 1915

Je suis aux taupinières. Hier au soir à 9 heures et demie, le canon a tonné très fort et nous avons cru à une véritable attaque. Cependant la nuit a été à peu près tranquille. Demain soir nous partons au repos pour 4 jours à Bénaménil. Il fait très beau encore. Aujourd'hui jour de l'ascension, a eu lieu au bois Venkel une messe dite en plein air par l'aumônier du 17ème Chasseurs. Fichel un capitaine d'artillerie – épatant – 32 ans y assistait. Il commande les batteries de 75. Pendant la messe on est venu le chercher. Il est parti, a donné des ordres, puis est revenu. Un moment après nos 75 tapaient sans interruption sur les Boches. Pendant ce temps le Capitaine Fichel communiait. Ensuite il a fait de l'assistance et est allé voir le résultat de son tir.

14 Mai 1915

Hier au soir je suis descendu des taupinières. À minuit un bombardement fou de notre part. À chaque instant nous attendions à ce que l'on vienne nous chercher car il doit certainement y avoir de la casse. Voici ce qui s'est passé. Les Boches ont voulu reprendre Reillon. On les a laissé avancer puis nous avons détruit le village par le bombardement. Il n'est autant dire rien resté et les Boches qui n'ont pas été tués ont du s'enfuir. Rien de notre côté. Ce soir nous partons pour 4 jours à Bénaménil et un repos.

15 Mai 1915

Nous sommes arrivés hier au soir à Bénaménil à minuit. Ici c'est le repos complet. je suis allé dans un bois de sapins pour écrire tranquillement. Je me nourris à mes frais pour me refaire l'estomac – œufs et légumes verts.

16 Mai 1915

C'est dimanche. Encore repos. Je suis allé à la grande messe dite par l'aumônier du 12ème Dragon puis jouée et chantée par plusieurs de mes amis. Le tantôt je vais dormir sur l'herbe toute une partie de l'après-midi.

17 Mai 1915

Il pleut sans cesse et nous partons ce soir pour les tranchées. Le tantôt un orage. À 6 heures et demie du soir nous quittons Bénaménil après avoir marché trois heures et demie et nous sommes perdu 2 fois dans les champs sous la pluie et de la boue jusqu'a mi-jambe. Nous sommes arrivés dans une tranchée à la côté – 300 – Dormi sur la terre enveloppé dans mon couvre-pieds. Il fait très frais. On voit les Boches devant nous.

18 Mai 1915

Journée calme dans la tranchée de Vého. Un bombardement au loin. Le soir partis à 9 heures pour Domjevin et Blémerey. Trois heures et demie pour faire 10 kilomètres – arrêt à chaque instant. Repérés par fusées lumineuses – puis canons et fusils. Rentrés esquintés à une heure du matin. Couché à deux heures. Dormi d'un bon sommeil.

19 Mai 1915

Levé à 7 heures. Puis la visite à 8 heures. on entend le canon à peine de temps en temps. Le tantôt un peu de musique avec Pousot (camarade brancardier – professeur de chant à Paris). En somme journée de repos. le soir après dîner encore musique et chant jusqu'à 10 heures.

20 Mai 1915

Journée calme. Point de bombardement. Le tantôt l'aumônier nous prévient que le Colonel du 17ème Chasseurs à Cheval viendra à 4 heures et demie pour qu'on lui passe une heure de musique. Il nous demande d'organiser un petit concert. immédiatement on se met en branle. Tout un concert est organisé. Au programme:

Sidi Brahim

Le Chant du Nautonier

Valse Arabesque

Vision Fugitive

Le Veau d'Or

Le Clarion

Camarade

La Petite Agathe

Le Petit Paquet

Chœurs et enfin on les aura – chœur où les 10 officiers présents chantent à tue-tête avec nous. Puis la Marseillaise chantée par tout le monde debout et découverts. Remerciements du Colonel puis envoi de sa part de deux bouteilles de champagne – marque Amiot que nous buvons aussitôt.

Le soir je monte aux taupinières. Mais arrivé là, je reçois l'ordre d'aller seul à l'appui – 5. L'endroit est dangereux. J'ai un abri assez grand à côté du Lieutenant. Devant moi, la tranchée où sont les hommes. Le réseau de fils de fer . . . puis les Boches. Je me couche à 10 heures et demie. Au milieu de la nuit je suis réveillé par une fusillade très vive. Quelques coups de feu de notre côté mais très peu. Seulement sur Domèvre -sur-Vezouze on a l'idée d'un massacre. Par là il doit certainement y avoir de la casse. Un peu de canon mais pas beaucoup. Vaincu par la fatigue je m'endors.

21 Mai 1915

Réveillé à 4 heures du matin pour le café. Je me rendors jusqu'à 8 heures. Le ciel gris se dégage un peu. Très peu de canon. Journée à peu près calme. Ravitaillement nul. Sans le secours d'un camarade ordonnance du lieutenant qui m'offre les restes de son officier, je passerais la journée sans manger. Il ne faut pas être fier à la guerre. j'ai écrit et surtout beaucoup lu. Je me suis couché à 10 heures. À cette heure-là quelques coups de fusil mai très peu. Après j'ai dormi d'un bon sommeil.

22 Mai 1915

Réveillé à 4 heures, 20 pour le café. Nuit calme et sans incidents. Seulement quelques coups de fusil lancés par des sentinelles avancées. Je me recouche jusqu'à 6 heures et demie. Il fait un temps superbe et un soleil merveilleux. L'après-midi est si chaud au je suis obligé de rester dans mon gourbi. Dans l'après-midi de violents coups de canon. C'est Saint-Martin que l'on bombarde en dessous de nous. le soir je quitte les tranchées. En rentrant à 9 heures et demie j'apprends que nous avons un Caporal-mitrailleur blessé par un éclat d'obus au-dessus de la cheville. Le soir tout est calme;

23 Mai 1915

Réveillé à 7 heures, vingt. Je suis chargé par le major de faire la visite des cantonnements et de veiller à ce que tout soit propre. Je fais ma visite et la refais à nouveau avec le Major à 10 heures. Tout s'est bien passé. Le tantôt un peu de fusillade. À « heures on nous amène un Chasseur à Cheval blessé. Il a le troisième doigt de la main gauche complètement coupé. Il souffre horriblement. Il a reçu une balle à moins de 10 mètres. Un de mes amis télégraphiste m'informe que l'Italie doit marcher demain. Le soir est calme.

24 Mai 1915

Le matin levé de bonne heure après une nuit tranquille. Visite du cantonnement où je donne des ordres qui sont bien exécutés. À 10 et demie, nouvelle visite avec le Major qui est satisfait. À ce moment, le télégraphiste m'apprend que l'Italie a déclaré la guerre à l'Autriche et qu'elle est en marche. Les nouvelles de la veille étaient donc vraies.

Le soir séance pas ordinaire. En raison de la marche de l'Italie et sur l'ordre du Général Varin, on a pendant 20 minutes sonné la cloche à Saint-Martin et dans tous les pays d'alentours. Puis à la même heure les hommes dans les tranchées ont crié: «Vive l'Italie. Vive la France!» Ils ont ensuite fait des feux de salve sur les tranchées Boches. Puis à tue-tête entonné La Marseillaise devant l'ennemi. Nous les entendions à 3 kilomètres. De là les Boches les on donc certainement entendu en face, et l'effet moral a dû être drôle chez eux. Il est certain que nous devons considérer comme une très grand victoire diplomatique d'être arrivés à détourner un allié d'Allemagne pour le mettre de notre côté.

Naturellement et comme il fallait s'y attendre, un moment après, nous étions gratifiés de quelques obus mais sans aucun dommage. Le soir nous apprenons que dans notre Régiment nous avons eu avant hier deux morts et un blessé. Puis hier un infirmier tué – un blessé, et un blessé de Dragons.

D'autre part ils ont dans la journée d'hier mis le feu à Herbeviller et à Féménil et nous leur avons mis feu à Aménoncourt. Nous ne connaissons pas le dégât que nous avons pu leur faire en hommes mais il y en a certainement eu. Ne serait-c que par nos feux à salve et nos canons et surtout notre pièce de marine qui à tiré. Le soir tout est rentré dans un calme relatif – à peine quelques coups – le fusil de temps en temps. Et la nuit a été calme car contrairement à ce que nous attendions nous n'avons pas été dérangés.

25 Mai 1915

Journée calme. À peine un peu de bombardement. Je passe ma journée à lire et écrire sous un grand frêne dans le jardin. Le soir un peu de piano.

26 Mai 1915

Matinée calme. L'après-midi bombardement sur Herbeviller mais sans dégâts. Puis ensuite sur Ogeviller. Là il y a eu deux soldats et un civil de tués et un civil de blessé. Le soir le bombardement a recommencé mais moins furieux et sans aucun résultat. La nuit une fusillade assez intense qui a pu faire croire à une attaque mais il n'en a rien été.

27 Mai 1915

Le matin je suis allé à Ogéviller porter le rapport médical. Il y a eu en effet du dégât par les obus la veille. Malgré un petit bombardement j'ai pu rester sain et sauf en Vého. Le tantôt nous avons eu un petit concert avec chant. le temps est très orageux et tout couvert. Il va pleuvoir sans doute. La nuit a été calme.

28 Mai 1915

Journée calme. J'ai copié une délicieuse petite berceuse que j'ai envoyée à Mary. Le tantôt concert vocal et instrumental très intéressant. Peu de bombardement dans la journée. Ce soir je vais à l'appui 5 pour 48 heures.

29 Mai 1915

Je suis à l'appui-5. Je me suis levé à 4 heures et demie pour laisser dormir quelques Dragons qui avaient passé la nuit en reconnaissance. nous avons été arrosés de 77 toute la matinée. L'ordonnance de mon Lieutenant a failli être atteinte. L'après-midi est calme. Le soir il doit avoir une grande reconnaissance jusque chez les Boches. On me dit de me tenir prêt. À minuit je me couche car on a encore rien signalé. Tout est calme. Je couche dans mon abri avec un Adjudant chef de Dragons.

30 Mai 1915

Deuxième journée de tranchées. Un peu de bombardement mais peu. Journée passée à lire et à service. Le soir je redescends à 9 heures et quart, sans autre incident.

31 Mai 1915

Journée à peu près calme. Concert l'après-midi.

1èr Juin 1915

Après la visite je suis allé conduire avec un camarade un blessé du 6ème Série (à la jambe) jusqu'à Ogéviller. Il faisait très chaud. Nous sommes restés à Ogéviller où nous avons fait un bon déjeuner. Nous sommes rentrés à 2 heures et demie. Puis j'ai écrit à l'ombre et me suis reposé. nous avons eu très peu de bombardement. Par contre nous avons tapé pas mal surtout nos 75. Pas de dégât chez nous.

2 Juin 1915

Aujourd'hui bombardement assez intense sur Domjevin et Vého, mais rein sur nous. le tantôt repos à lire et à écrire dans le jardin. Le soir je monte à l'appui-5 où je suis bien reçu par l'Adjudant chef du 31ème Dragon. Comme il y a encore une forte reconnaissance nous attendons les évènements et nous causons ensemble très amicalement. Nous nous couchons à une heure du matin. Un peu après une fusillade, mais un peu loin. D'ailleurs on ne nous a pas dérangés.

3 Juin 1915

Réveillé à 3 heures puis à 4 heures. Levé à 7 heures. J'ai aidé l'Adjudant Chef puis mon Lieutenant à fabriquer une table et un banc. Cela a passé l'après-midi. Du bombardement au loin mais rein sur nous. le soir je suis redescendu à 9 heures et demie. Dîner en arrivant puis partie de cares jusqu'à 11 heures. Coucher et nuit très calme. Dernière heure – grave accident à Lunéville. La 12ème Cie du 37ème partie aux bains. Dans la caserne de Lunéville un taube jette quatre bombes. Deux n'éclatent pas – deux autres nous tuent 9 hommes et en blessent douze.

4 Juin 1915

Matinée assez calme. À 4 heures grand concert en présence du Colonel du 31ème Dragon (un Américain – Washington) du Lieutenant Colonel du 8ème Dragon. Puis de nombreux officiers et les infirmiers et les brancardiers. Au programme:

Aubade du Roi d'Ys
Le Chant de l'Alouette
Le Canon
Valse Arabesque
Le Cor
L'Allusion
Brigitte
Hérodiade Vinon
Going to Teperare
Pauvre Fou
Missouri
Les Forgerons
A une Femme

Stances de Lakmé
Le Chant du Nantonier
Le Satyre de l'Escalier
La Puce
Les Enfants
Le Crucifix
La Marseillaise

À la fin le Colonel nous a offert de la bière et nous a demandé de faire un nouveau concert pour lundi prochain auquel sera convié le Général Varin.

5 Juin 1915

Journée assez calme. Peu de canon – presque pas même. Mauvaise nouvelle qui malgré tout n'est pas encore confirmée. Les Russes reçoivent une tripotée et Przemysl serait repris par les Boches. Il faut attendre à demain la confirmation.

6 Juin 1915

Matinée assez calme. À 10 heures j'ai pris un bain dans la rivière. Dix minutes après quelques obus éclataient du côté d'où je rodais. C'est dimanche. Il fait un temps merveilleux. J'écris en bras de chemise dans le jardin. C'est dur d'être là par ce temps-ci. Soirée calme – nuit le même.

7 Juin 1915

Matinée à peu près calme sauf à un moment un bombardement assez intense sur les Bois des Haies d'Albe. Mais pas de casse. Depuis le déjeuner calme plat. On entend plus rien. Je lis et écris dans le jardin où il fait très chaud malgré une petite brise; Le tantôt grand concert sous la présidence du Général Varin et du Colonel Washington. Très réuni. Au programme:

Sambre-et-Meuse
Dors Bébé
Conférence
L'Allusion
Berceuse
Le Chant du Nantonier

On Entend le Canon
Air de Joseph
Calme en Mer
L'Alouette
Les Enfants
Les Blés
Going to Teperare
Le Tango
Position Intéressante
Il y a des Espions
Aubade du Roi d'Ys
Hérodiade Vinon

René Besnard et Camarades

Ballade de Chopin
À une Femme
Le Canon
Le Codicille de Me Mauser
Les Ombres
Le Crucifix
La Marseillaise

À l'issue du concert on nous à offert de la bière. Le Général Varin nous informe que la maladie du Roi de Grèce est due à un cop de couteau qu'il a reçu par un Grec partisan de la guerre. Il nous dit aussi que la Roumanie va marcher incessamment. Il remercie chacun de nous avec un mot aimable pout tout le monde. Il était venu ne voulant rester qu'un quart d'heure et il es resté un heure et demi, c'est à dire jusqu'à la fin. Il est parti avec l'espoir de renouveler ces concerts.

La soirée est calme puis vers 11 heures violente fusillade depuis le Bois de la Haie d'Albe jusqu'a Domèvre. Quinze coups de canon de notre part arrêtent le tout immédiatement. Puis nos 75 donnent ensuite et tout rentre dans le calme.

8 Juin 1915

Ce matin nous sommes allés à trois avec notre brancard-roulant jusqu'à Ogéviller pour conduire un malade. Il y avait au moins 50° et la route est en plein soleil. 12 kilomètres aller et retour. Nous avons fait à Ogéviller un bon déjeuner pendant lequel il a fait un orage qui a à peine abattu la poussière de la route. nous sommes rentrés à trois heures et demie. La soirée s'est passée à peu près. Il a fait dans la nuit un violent orage qui dans le temps m'avait impressionné, mais maintenant c'est un joujou à côté du canon. la nuit ensuite a été calme.

9 Juin 1915

Ce matin je suis réveillé à 6 heures par la visite d'un camarade. Mon ancien Caporal qui m'annonce qu'il vient d'être nommé Sergent. la chose me fait bien plaisir car celui-là le méritait; À la visite je m'enfonce 4 massages et frictions puis un pansement à l'iodoforme. Le tantôt est tranquille. je lis et écris dans le jardin car il fait très lourd. Ce soir je vais à l'appui 5.

À 7 heures quarante cinq, départ avec M. Roger aussi adjudant d'il y a 8 jours qui vient d'être nommé Sous-lieutenant. C'est un charmant garçon je pourrais dire un véritable ami. Il prend le service à la place du Sous-lieutenant Couhaud. Celui est parti avec un autre faire la bouche à Lunéville depuis deux jours et est rentré à 8 heures dans un état tel qu'il n'a pu marcher aux tranchées. Quel exemple. Dans mon abri je suis avec mon camarade. Monsieur Roger vient nous causer jusqu'a 10 heures et demie. À 11 heures coucher. Puis nuit calme.

10 Juin 1915

À 3 heures, vingt du matin je me lève faire un peu de place aux Dragons qui ont passés la nuit dehors. Toute la journée nous en avons eu qui sont venus aussi à tour de rôle. nous avons été pas mal bombardés mais pas de très près. Le temps est très lourd et je crois que c'est pour cette cause que je souffre énormément d'une douleur dans la jambe droite. Le tantôt je me repose un peu pour parfaire la nuit précédente qui a été un peu courte. À 6 heures un violent orage. Le ciel flamboie et est tout illuminé. J'ai passé un bon moment à lire et a écrire. Il est 10 heures et demie et je me couche.

11 Juin 1915

La nuit a été calme et bonne. Je me suis levé à 5 heures. Il faisait déjà très chaud à cette heure-là. Vers 8 heures les Boches on recommencé à nous canarder et les obus ne nous passaient pas à plus de 2 mètres au-dessus de la tête. Mais heureusement personne n'a été atteint. Il fait une chaleur lourde insensée. J'ai une douleur dans les reins et les cuisses qui me font bien souffrir. Pour passer mon tems je lis beaucoup et j'écris. À 9 heures je descends de l'appui 5.

Après avoir lu un peu à 10 dix heures je vais pour monter me coucher. À ce moment arrive un jeune Sous-lieutenant de Dragons souffrant horriblement d'une brûlure à la main qu'il vient de se faire en essayant une fusée dans les tranchées. Nous le pansons avec le Major et de ce fait je monte me coucher à 11 heures et demie. Nuit calme.

12 Juin 1915

Journée calme. Levé à 6 heures. Travaux de couture et mise en ordre de mes affaires. Après le déjeuner j'écris tout l'après-midi. Pas de bombardement du tout de la journée. À 8 heures du soir nous avons une forte pièce qui a tiré du bois des Railleux, mais nous n'en connaissons pas le résultat. Ensuite nuit calme.

13 Juin 1915

Aujourd'hui Dimanche, je suis allé ce matin à la messe à 7 heures. Elle était dite par un jeune abbé-aumônier de Dragons que nous connaissons et qui est en ce moment-ci en service avec nous à Saint-Martin. Toujours très peu de bombardement. Il fait encore lourd et très chaud. L'après-midi se passe tranquille. Le soir on annonce une attaque pour la nuit. Il va falloir ouvrir l'œil. En attendant après la soupe nous allons à trois cueillir des cerises. À minuit pas mal de fusil et de canon de notre part. Par contre les Boches n'ont pas répondu un seul coup.

14 Juin 1915

Matinée calme. Après la soupe du matin cueillette des cerises. Puis le Major Lalley nous a emmenés auprès des batteries de 120 pour nous photographier. À 4 heures je suis allé prendre un bain dans la rivière. C'était bien bon. Le soir j'ai été piqué au poignet et mon bras et enflé. Espérons que cela ne sera rien. Soirée calme. Nuit calme.

15 Juin 1915

Ce matin mon bras est enflé. Je ne sais ce que cela est. Nous avons assisté à un combat d'avions. C'était fort intéressant. Le temps s'est rafraîchi. Il fait un peu de vent frais et il fait très bon dans le jardin où je lis et j'écris. il paraît que de nouvelles forces sont massées du côté de Vého. Principalement de la Coloniale. On doit faire une attaque par ici ces jours-ci. En tout cas pour l'instant tout est bien calme. Le soir on nous annonce qu'il va y avoir un prise d'armes – or il n'en est rien et la nuit est très calme.

16 Juin 1915

Ce matin après la visite nous avons eu la visite d'un Médecin-chef à 5 galons qui est venu inspecter les cantonnements, les tranchées et l'infirmerie. Il paraît satisfait. À une heure nous avons lancé un vingtaine de coups de canon sur l'ennemi. En ce moment ils nous répondent. Cela passe au dessus de nous mais tombe très loin. À chaque fois nous répondons.

Ils viennent de s'en prendre à Blémerey. Un blessé. puis à Ogéviller une femme et 6 chevaux de tués. puis une femme blessée. D'autre part il paraît que nous avons mis le feu à Igney dans l'après-midi. Le soir quelques coups de fusil puis la nuit calme.

17 Juin 1915

Hier avec un camarade (Dupas) nous nous sommes fait une petite chambre à part dans l'infirmerie. C'est beaucoup plus sain beaucoup plus tranquille et nous avons bien dormi.

Vers 7 heures un taube a lancé une bombe sur nos lignes mais sans résultat heureusement. L'après-midi je lis et j'écris dans le jardin. Ensuite nous dînons au jardin. Le soir je monte à l'appui 5. La soirée est d'abord tranquille puis au milieu de la nuit une vive fusillade où nous devons reculer. Cela s'entend au son des fusils. Puis presque aussitôt nos canons tonnent sur le Bois de la Haie d'Albe et repoussent l'attaque. Puis tout rentre dans le calme.

18 Juin 1915

Le reste de la nuit s'est bien passé. Réveillé à 2 heures du matin. Je me lève à 7 heures seulement. À 8 heures un taube survole nos lignes et lance un bombe à 100 mètres de nous dans un petit bois. Pas de dégâts heureusement. il a dû aussi en lancer une sur Domjevin car cela flambe de ce côté. Nos canons tonnent furieusement pas très loin. mais eux ne répondent pas. Vers 10 heures c'est à peu près calme.

Dans l'après-midi nous essuyons un bombardement surtout sur l'appui 6 à notre gauche puis sur un petit boqueteau où se trouve un officierd'artillerie-observateur. On ne signale aucun dégât. Notre artillerie les réduit immédiatement en silence. La soirée se passe à peu près et la nuit est tranquille.

19 Juin 1915

Levé à 5 heures et demie. Vers 7 heures nous sommes de nouveau bombardés. Puis c'est le tour du poste d'observation où un obus s'éclate au pied. Puis enfin le tour de l'appui 6. Tout à coup de la tranchée de cet appui nous voyons sauter un membre bras où jambe. Un moment après le téléphone du poste de Commandement nous apprend qu'à l'appui 6 six hommes du 217ème viennent d'être tués. C'est bien cela que nous avions vu. Nos canons tonnent à ce moment et tout de nouveau rentre dans le calme.

À 10 heures on nous annonce que nous ne serons pas relevés ce soir mais au contraire renforcés par une autre Cie car on à l'intention d'attaquer ce soir et de forcer Chazelles. Les bureaux de Cie ont paraît-il chargé les voitures prêt à partir pour parer à toute éventualité. Espérons que tout se passera bien. Toute l'après-midi notre artillerie agace l'ennemi coup par coup. Celui-ci ne répond pas.

7 heures. Ordre est donné aux hommes de se tenir prêts et équipés dans la tranchée. Personne ne songe à dormir. 9 heures un peu de salve qui ne cesse plus – direction Reillon, Leintrey et la côte, 303. Dix heures – même fusillade sur le Bois les Haies d'Albe. Le canon sonne très peu et coup-par-coup. C'est infernal. Quatre batteries de 75, 90 et 120 à la fois. On dirait un immense orage qui ne décesse pas. La fusillade continue. Les balles et les obus nous sifflent sur la tête. Quelle boucherie.

20 Juin 1915

Une heure du matin Les Allemands font une contre attaque. Nous les repoussons par deux attaques à la baïonnette et par l'artillerie qui n'a pas encore cessé. On entend les cris des Allemands et on les sent faiblir – 2 heures – la bataille se ralentie quelque peu et le jour vient – 3 heures – notre canon cesse un peu. À ce moment nous savons que nous avons chez les territoriaux un tué au 37ème et un blessé au 81ème. Au 217ème le Capitaine seul est blessé. Le 223ème a de nombreux blessés. À ce moment l'ennemi canonne à son tour car nous avons réussi à prendre La Côte 303 et Reillon et Leintrey. Ils bombardent Saint-Martin. Un obus tombe sur les artilleurs entrain de dormir et en tue trois et un blesse 5. Au fond nous croyions n'avoir presque rien devant nous et nous nous sommes quelque peu trompés. L'affaire à été chaude.

Six heures de bombardement ennemi continue toujours et nous ne répondons autant dire pas – juste le 75 qui marche. Il faut croire que leur tir est sans dégâts pour que l'on s'y intéresse aussi peu.

Midi l'ennemi contre-attaque ferme. 2 heures – notre artillerie donne très fort à son tour. Puis on entend les mitrailleuses. 4 heures – l'ennemi revient en forces suffisantes – contre-attaque de plus en plus et reprend une partie de la Côte que nous avions conquise dans la nuit précédente. Nous avons de nombreux blessés. 4 heures et demie – le bombardement continue très fort. 5 heures – Les Chasseurs-cyclistes viennent de reprendre la tranchée à la baïonnette. Ils piquent les Boches un à un sans merci.

6 heures – Deux Cies nous arrivent en renfort. Elles franchissent la tranchée reconquise et filent à toute allure sur la route de Gondrexon. Les Boches sont en ce moment repoussés très loin. 8 heures – nous occupons les Amienbois, les Rémabois et Gondrexon. Nous serons obligés momentanément de laisser ce village car nous ne sommes plus en forces suffisante pour le tenir. Le but est dépassé mais quelle boucherie. Il a encore fallu deux attaques à la baïonnette pour en arriver là.

Dans la soirée une bien triste nouvelle nous arrive. Petit, l'infirmier de la 5ème Cie, a été tué hier à Herbeviller en ramassant un blessé. Il était avec nous depuis le début de la compagne. C'était un charmant camarade. Le canon a à peu près cessé.

21 Juin 1915

La nuit a été relativement calme. Quelque peu de fusil et pas mal de shrapnels de la part des Boches. Nous répondons mais notre artillerie s'est de beaucoup allongée. nos hommes sont sur la lisière du Rémabois et se fortifient. Les Boches arrosent l'ancienne tranchée tant qu'ils peuvent. Nous avons ramassé une pièce de 75 qui tire ferme.

Midi – tout est calme. J'apprends qu'hier dans la nuit, St. martin a été fortement bombardé. Trois artilleurs tués et 5 blessés. Un a l'abdomen complètement arraché et meurt un quart d'heure après seulement. Un autre a le crâne ouvert et est mort sur le coup. Un n'a pas moins de 29 blessures. Il faut une heure et demie pou le panser. À 9 heures je suis remplacé dans la tranchée et bien content de redescendre un peu au village.

22 Juin 1915

Hier au soir je me suis couché à 10 heures et ai dormi un peu. À minuit nous sommes réveillés. La bataille recommence furieuse. Nous nous rendons maîtres de Gondrexon et d'une partie de Leintrey. Mais à quel prix encore. Vers 10 heures l'ennemi bombarde Herbeviller et Ogéviller. À Herbeviller un des nôtres est tué par un obus (5ème Cie).À Ogéviller un dragon et 6 chevaux de tués. Ils attaquent les bouts de pays pour nous empêcher d'amener des renforts mais cela est inutile. Nous avons paraît-il ici ce qu'il faut.

Notre médecin-Chef, Monsieur Chênebis, nous dit avoir une lettre par laquelle il considère officielle la nouvelle qu'il reçoit de la signature de la paix pour Juillet – c'est à dire le mois prochain. S'il pouvait avoir raison – c'est un monsieur pas commode mais très sérieux et qui ne dit rien à la légère.

Une de nos batteries de 120 donne furieusement des 4 pièces sans arrêt. Il doit encore se passer quelque chose. Un quart d'heure après un peu de calme. La pluie tombe depuis ce matin 10 heures. Cela change un peu. un peu de calme. Nous consolidons nos positions.

23 Juin 1915

La nuit a été bonne. Plusieurs attaques ont été repoussées du côté de Domèvre. Nos troupes sont allées jusqu'à Gondrexon et se consolident dans ce village. Encore un peu et sous peu nous aurons repoussés les Boches à la frontière de notre côté. Ce matin c'est plus calme. – peu de canon. Il est vrai que le temps a changé et gêne peut-être un peu. À midi c'est le deuxième orage que nous avons depuis ce matin et la pluie ne décesse pas.

Nous apprenons que le défaut de qualité de nos obus nous à fait sauter une pièce de marine et une pièce de 120. C'est vraiment dommage. Mais aussi pourquoi vois t'on des notaires fabriquer des obus dans nos usines pendant que tant de gens de métier servaient là bien mieux à leur affaire. Mais il ne m'appartient pas de juger ce fait. Je le constate et c'est tout.

Le canon s'est tu à peu près. Cela fait du bien. Nous venons de recevoir 27 obus lancés sur les batteries de 120. Huit n'ont pas éclatés. Quelle camelote – c'est pire que nous. Ils ont du acheter cela en Amérique. Minuit – canon et fusillade formidable et au loin. Les Boches nous contre-attaquent sur les Bois de Rémabois. Ils en sont quittes pour recevoir une formidable pile. À une heure et demie, tout rentre dans le calme.

24 Juin 1915

Jour de la St Jean. Fête de ma sœur et de mon neveu. Je leur écris à cette occasion. Je n'ai pu le faire avant. Par dessus l'attaque de la nuit c'est à peu près calme sauf quelques coups de 75, auxquels l'ennemi ne répond pas. À une heure ils se vengent en nous bombardant Domjevin. Les obus passent en-dessus de ma tête pendant que j'écris dans le jardin. Nos 75 leur répondent d'une façon très avantageuse. À cinq heures un raid très impressionnant de 5 avions en dessus de nous. Puis tout paraît assez calme.

25 Juin 1915

À une heure, quarante-cinq, je suis réveille par un potin infernal. Je sors dans le jardin pour me rendre compte. Les Boches arrosent nos tranchées d'obus et nous leur répondons. Puis les fusils tapent très fort. Ce sont les Boches qui nous ont contre-attaqués par 7 fois. par 7 fois ils ont été repoussés et nous avons conservé nos positions. le nombre de leurs morts est très grand mais not pertes sont sérieuses aussi.

À la visite avec le Major Lally du 12ème Dragon j'ai fait une étude sur un de ses hommes atteint du Ténia. Étude intéressante au plus haut point mais pas très propre.

À deux heures une nouvelle sur télégraphe. Dans quatre jours nous devons prendre l'offensive générale. Il serait temps. Tout le monde est las et voudrait voir bientôt se terminer la guerre. En ce moment-ci tout est calme. Sur le soir un peu de canon et de fusil mais peu. Vers minuit encore une contre-attaque où les Boches sont tout à fait tombés à côté. Le reste de la nuit est calme.

26 Juin 1915

Ce matin nous avons été bombardés à Saint-Martin du côté du Moulin et avec les 77, mais sans aucun dégât d'aucune sorte. Maintenant c'est notre tour et les 75 et les 120 donnent sur une de leur batterie que nous avons découverte. Une demi-heure après c'est à peu près calme. Le tantôt ils arrosent de shrapnels nos tranchées de l'appui 5 où je vais ce soir.

Le soir un beau raid d'avions en dessus du lignes ennemies. Ils tirent dessus mais sont mien loin du but. Le soir je monte à l'appui 5. Tout va à peu près. Vers 9 heures, une forte fusillade éclate en avant de nous. C'est une forte reconnaissance des Boches. Peu après nos 75 la dissipent. La nuit se passe à peu près bien. Quelques coups de canon et c'est tout.

27 Juin 1915

Levé à 6 heures. Les Boches arrosent de shrapnels l'appui 6. Huit obus lancés hier de notre côté n'ont pas éclatés. Ce sont des 77 à fusée en aluminium. Quelle camelote décidément. De temps en temps nos 75 leur répondent d'un air énervé puis ils se taisent aussitôt.

L'après-midi est d'un calme relatif. Le canon donne coup par coup et à intervalles espacés. La nuit est de même.

28 Juin 1915

Il y a longtemps que nous n'avons pas eu une matinée aussi calme. Si l'on [n']était pas dans les tranchées on aurait du mal parfois à se croire en guerre. Il paraît que nous devons retourner sous peu ce soir – même peut-être à Ogéviller pour organiser et prendre un nouveau service. Si cela est, ce sera fort regrettable, car nous sommes bien habitués maintenant à Saint-Martin malgré les dangers que l'on y court. On saura tantôt ce qui va être décidé. À 4 heures quelques obus tombent autour de nous. Ce sont des 77. Un n'éclate pas. À 9 heures et demie, je quitte l'appui 5 pour Saint-Martin. Nous n'allons certainement pas à Ogéviller ce soir car on nous averti qu'une attaque doit avoir lieu à 10 heures. Les nôtres doivent chercher à occuper Leintrey et les Rémabois. À 10 précises c'est une pluie d'obus sans interruption sur l'ennemi. Seulement contrairement à la dernière fois l'ennemi répond et même fermement. À 2 heures du matin le bombardement cesse de part et d'autre. Nous pouvons aller dormir tranquille.

29 Juin 1915

Ce matin au réveil tout est calme. Nous nous informons les nôtres qui devaient être 6,000 pour l'attaque n'étaient qu'un bataillon soit 1,000 hommes. Ils ont été tellement arrosés d'obus qu'ils n'ont pu sortir de la tranchée et par conséquent l'attaque prévue n'a pas pu avoir lieu. Tout est donc à recommencer de ce côté. Le temps est lourd – les canons ont cessé leur concert est tout est calme. On doit recommencer l'attaque ce soir. À 11 onze heures un peu de canon puis plus rien. La nuit est calme.

30 Juin 1915

L'attaque n'a pas eu lieu et l'on ne sait pourquoi. Il doit y avoir certaines forces devant nous et pourtant ce n'est pas ce que disent les derniers prisonniers qui ont été interrogés. Ceux-ci sont contents d'être pris et voudraient voir finir la guerre. Ils en ont assez et ne peuvent sentir leur Colonel qu'ils disent peureux et ne cherchant qu'à se cacher. Il avait paraît-il demandé à être renvoyer à l'arrière mais cela lui a été refusé. Ils se planquent beaucoup de notre artillerie qui leur fait énormément de mal. Il a plu jusqu'à midi et le temps est très lourd. Pas un coup de canon. Tout est très calme. L'après-midi je suis allé accompagner des camarades à la pêche pour passer mon temps. Le soir calme plat ainsi que toute la nuit.

1er Juillet 1915

Matinée bien calme. À peine un coup de canon de temps en temps nous fait voir que nos hommes sommes en guerre. Quel calme auprès de la semaine dernière. Quand en finirons-nous donc mon Dieu. À 4 heures et demie, un combat d'avions en face de nous mais sans résultat. Aussitôt après une très forte canonnade avec réponse de l'ennemi indiquant le prélude d'une attaque. Dix minutes après plus rien. Ensuite le soir et la nuit calme complet.

2 Juillet 1915

Le temps est au beau avec un peu de vent frais. Pas un seul coup de canon. Ce n'est pas la guerre, c'est la campagne. Toute la journée est ainsi. Le soir notre Major est allé à l'appoint 5 pour voir les postes. Nous l'avons attendu puis nous sommes restés à causer avec lui jusqu'à minuit et demie tout en buvant de la bière. Tout était toujours très calme.

3 Juillet 1915

Ce matin encore du calme quand à 7 heures un avion boche est venu jeter deux bombes au dessus et à gauche de Herbeviller. Je ne crois pas qu'il ait eu du dégât. Le tantôt calme plat.

4 Juillet 1915

Ce matin à 10 heures bombardement intense du village. Nous avons eu un mort en 81ème territorial et 5 blessés du 4ème et 12ème Dragons. Sous les obus nous sommes allés chercher les malheureux puis les avons pansés. Nous avons risqué gros. Les blessures sont profondes. Quel ouvrage. Un peu avant il paraît que nous avions touché Cirey et Avricourt. Aussi cela a été leur vengeance. Vers midi-et-demie nous avons déjeuné notre ouvrage fini.

Tantôt c'est à peu près calme. Nous avons lavé l'infirmerie. on pataugeait dans le long changé de chemises toutes maculées. Le Capitaine du 81ème très brave homme est venu voir son homme s'est agenouillé auprès de lui puis l'a embrassé. Le soir je monte à l'appui 5. Généralement nous sommes encore violemment bombardés.

À 10 heures mon adjudant vient me chercher et me dit que son frère est blessé. J'y vais, arrosé d'obus, et je trouve son frère et un Dragon blessés tous deux. Je fais un pansement rapide à chacun puis nous nous disposons à emporter celui de chez nous. À peine à 20 mètres nous sommes arrosés à nouveau et à tel point que nous devons regagner notre abri à reculons avec notre blessé. Nous ne pouvons faire deux mètres sans être obligés de nous plaquer à terre. Nous attendons un bon moment que le bombardement se passe puis il nous arrive du renfort de l'infirmerie et nos camarades emmènent les blessés. À une heure je prends un peu de repos.

5 Juillet 1915

Depuis ce matin c'est un peu plus calme. Ma fesse me fait toujours mal. Si je ne suis pas trop dérangé je tâcherai de reposer un peu cet après-midi. J'ai pu reposer une heure environ. À 4 heures un avion survole nos lignes et tâche de découvrir nos pièces de 155 qui leur font tant de mal sur Avricourt. Ils ont encore mis le feu à Ogéviller. Puis bombardement à Saint-Martin qui a fait 7 blessés mais peu grièvement heureusement. À quatre fois dans la nuit nos tranchées ont été bombardées mais sans résultat.

6 Juillet 1915

Depuis ce matin c'est un peu plus calme sauf nos 155 qui bombardent toujours et fait du dégât. Un avion est encore venu pour les repérer mais nous ne l'avons pas laissé s'annoncer. Toujours du canon mai pas sur nous. Le temps est à l'orage et l'on ne distingue guère le canon du tonnerre. À 9 heures nous descendons de l'appui 5. À 11 heures un orage effrayant. J'apprends qu'à Fréménil il y a eu 9 hommes de tués dans la journée par le bombardement. La nuit est à peu près calme.

7 Juillet 1915

Au réveil je vais dans l'intérieur du village et constate que celui-ci est aux trois quarts ravagé par le dernier bombardement. Il fait un vent épouvantable. il y a des permissions de huit jours. Le premier détachement de huit hommes part demain matin. je pense que mon tour viendra bientôt. Pas de bombardement de près avant-hier. En ce moment-ci c'est calme.

8 Juillet 1915

Du nouveau ceux qui devraient partir en permission sont restés là ce matin. Il est fort probable que sous deux jours nous allons tous aller à l'arrière pour six semaines et tout le Régiment prendra à tour de rôle huit jours de repos. Mais je sais cela que par indiscrétion et il n'y a encore rien d'officiel. Depuis ce matin pas un seul coup de canon. Cela semble bizarre mais rudement bon.

J'ai causé un peut tôt. À 3 heures on vient nous prévenir qu'il y a un mort à la Haie d'Albe. On nous l'amène. Nous allons au devant. Il a été frappé par une balle tirée par un Boche en face de lui au moment où il descendait dans la tranchée. Il a été, traversé d'une épaule à l'autre. Son Capitaine (Major Legaut) (7ème Cie) l'a embrassé en pleurant et lui a fermé les yeux et la bouche. Nous l'avons transporté à l'église où l'enterrement aura lieu demain matin. le reste de la journée est calme et la nuit aussi.

9 Juillet 1915

Ce matin à 9 heures nous allons à l'enterrement du malheureux tombé hier. Son Capitaine fait un discours très simple mais bien senti. Tout est calme. Nous déjeunons. À peine fini à 11 heures et demie, bombardement de 10 gros obus. Nous avons un blessé. Un éclat dans l'épaule gauche faisant toute saillie et sur une longueur de 15 centimètres environ. Il souffre beaucoup car l'éclat n'est pas ressorti. À 3 heures on l'embarque en voiture ainsi qu'un autre qui dans la nuit précédente a été légèrement blessé au côté droit. À 4 heures une réserve de 20,000 cartouches éclate à notre appui 6. C'est un obus Boche qui les a entamées. Il n'y a pas d'accident pour cela. À 10 heures – violente fusillade et canonnade. Les Boches font une attaque sur la côte 303. Le canon dure deux heures sans décesser. Puis peu à peu le calme renaît.

10 Juillet 1915

À 8 heures gros émoi – encore un bombardement. Mais non, ce sont les artilleurs qui fait sauter un 77 non-éclaté la veille. La matinée est calme. Nous serons ce soir aller passer 48 heures dans les abris des bois de la Rognelle à 500 mètres de l'appui 5. Je ne sais encore si j'y vais. Je le saurai tout à l'heure. À 11 heures et demie, je reçois l'ordre d'y aller avec un camarade. Nous arrivons en pleine nuit dans des infects baraquements en planches. On nous loge 120 au lieu de 30 à l'intérieur. Beaucoup vont coucher dehors. Je couche à même la terre dure. Tout est calme.

11 Juillet 1915

Nous sommes au milieu des bois et des osiers. Pas de bombardement. Tout va à peu près. Je suis éreinté par une mauvaise nuit. On ne sait pour combien de temps nous sommes là. je serai peut-être remplacé ce soir. Tantôt le Commandant est arrivé à Saint-Martin et loge à l'infirmerie. À 4 heures et demie, les porteurs de soupe sont repérés et en ce moment-ci les Boches leur tapent dessus à coups d'obus. On ne signale rien. Le soir je redescends au village pour prendre un repos de 24 heures. La nuit est calme.

12 Juillet 1915

J'ai passé une bonne nuit et me suis bien reposé. Il fait un sale temps et il va pleuvoir. Beaucoup de vent. C'est le climat de Lorraine. Peu de canon depuis ce matin. Ce soir je remonte dans les bois. Ce soir nous allons manger un lièvre pris en collet que l'on nous a apporté. C'est un vrai régal en ce moment-ci. À 7 heures et quart, je me dispose à partir quand nous sommes bombardés sur la route de Blémerey. J'attends trois quarts d'heure avant de partir. Le soir grâce à l'amabilité de camarades, je couche dans une véritable hutte de sauvages en plein bois. Hutte faite de branches et de roseaux et j'y ai bien dormi. La nuit un peu de canon.

13 Juillet 1915

De la pluie tant et plus. On ne sait où semettre. Un peu de bombardement qui passe au dessus de nos têtes. Après le déjeuner je dors un peu dans le gourbi pour passer le temps et tromper mon ennui. Je compte être relevé ce soir vers 8 heures et demie. Le soir nous sommes relevés et nous faisons pour rentrer à Saint-Martin. Trois quarts d'heure de chemin sous la pluie battante. Bien heureux de rentrer un peu en sec. La nuit est bonne et je dors bien.

14 Juillet 1915

Fête Nationale. Qui n'aurait jamais pensé que nous serions encore là à cette époque. Depuis ce matin il ne pleut plus. Beaucoup de vent mais parfois il fait soleil. Cela remet un peu. Pas de bombardement pour ainsi dire. Quelques rares coups de temps à autre et c'est tout. Je vais ce soir à l'appui 5 ou 6. Espérons que tout se passera bien.

15 Juillet 1915

Nous avons passé la nuit à l'appui 5 avec 4 brancardiers du 223ème. la nuit a été calme. Au réveil de la pluie et depuis cela n'a pas décessé. La matinée a été tranquille mais depuis midi l'artillerie tire pas mal de part et d'autre et pas très loin de nous. À 4 heures et demie, nous apercevons une trentaine de Boches qui le fusil à la main s'avancent sur nos lignes. Nous comprenons qu'il s'agit d'une attaque et immédiatement nous prenons nos dispositions. La bataille se déroule furieuse à deux pas de nous. À 8 heures on vient pour nous relever. Nous comprenons que notre devoir nous impose de rester là et nous restons jusqu'à 3 heures et demie le matin. À une heure et demie, l'attaque est plus que furieuse et les mitrailleuses donnent à qui mieux mieux. Je me refuse à en décrire le résultat. À 3 heures et demie je redescends au village prendre un peu de repos.

16 Juillet 1915

À la bataille succède un calme relatif. Ce soir je vais de nouveau à l'appui 5. Espérons que tout se passera bien. Je ne suis pas allé à l'appui 5 mais aux camfouines où j'ai attendu les hommes jusqu'à 11 heures, dix il fait un vent effroyable. Peu de canon.

17 Juillet 1915

La nuit s'est passée avec un véritable ouragan. À 6 heures du matin obligés de tendre des toiles sous notre hutte tellement la pluie tombait. La pluie a à nouveau tombé dans la journée en assez grande quantité. À 5 heures nous pensons encore à une attaque tellement le canon donne fort. Il n'en est rien pourtant. À 8 heures je redescends au village pour 24 heures.

18 Juillet 1915

J'ai dîné hier au soir en rentrant à 9 heures. Passé une bonne nuit. J'ai employé toute la matinée à me nettoyer. Il paraît que la classe 1899 va nous quitter dans deux ou trois jours pour renforcer la Réserve. On parle aussi d'aller au repos mais on ne sait encore quand. Ce soir je vais aux camfouines des bois de la Raguelle.

19 Juillet 1915

J'ai passé la nuit dans une véritable hutte de sauvages où j'ai eu bien froid. J'ai assisté à 7 heures et demie, à la visite en pleine air et en pleins bois du Médecin Major Fayot. Puis je suis descendu à Saint-Martin pour y chercher les médicaments nécessaires et j'en ai profité pour déjeuner sur place. Là j'ai appris que la classe 1899 nous quitte cemain pour aller à St. Clément rejoindre le 222ème de réserve. C'est triste pour beaucoup de se quitter ainsi après un an de combats en commun. D'autre part j'y apprends aussi que nous quittons demain Saint-Martin pour aller 4 jours aux points d'appui 11 et 14. Puis 4 jours ailleurs et ainsi jusqu'au 5 Août. À midi, vint cinq, on me dit que l'on part ce soir au lieu de demain. À 3 heures et quart, le Lieutenant me fait demander pour lui fournir l'état des malades et me dit que la Cie va aux tranchées ce soir. C'est à n'y rien comprendre tellement les ordres sont contradictoires.

Il fait un temps superbe. Cela fait du bien après ces derniers jours. 6 heures et demie du soir – jamais je n'ai vécu un pareil moment. La classe 1899 s'en va. Mon camarade Schumpff nous quitte. Je l'embrasse sur les deux joues comme si c'était mon frère. Officiers et soldats tout le monde pleure on peut dire à chaudes larmes. Le Lieutenant Payen fait une courte allocution mais ne peut continuer tellement l'émotion l'étreint. Et pendant ce temps la mitraille boche nous passe au dessus de la tête tant qu'elle peut. Non jamais je n'oublierai l'émotion que l'on éprouve à quitter ses frères d'armes. Le soir je redescends au village et j'ai la satisfaction de faire dîner mon camarade Schumpff auprès de moi. De même il couche à côté de moi.

20 Juillet 1915

Sainte Marguerite – Fête de ma femme. Drôle de fête cette année que d'être aussi loin l'un de l'autre. Ce matin je me suis levé à 4 heures pour accompagner mon bon camarade Schumpff. Puis nous nous sommes séparés les larmes aux yeux. Le train de vie habituel a repris. Tantôt je prépare mes affaires car nous partons ce soir à la tranchée de Vého pour 4 jours. Espérons que tout se passera bien.

21 Juillet 1915

Après un peu de repos toute la journée nous avons construit un abri contre le bombardement car ici le village est loin d'être épargné. Je crois qu'il reste en tout 4 maisons debout. En effet nous avons été gratifiés de quelques obus dans l'après-midi. À trois heures on nous prévient qu'il y a un blessé et un mort à l'appui 10. L'endroit est très dangereux. On va pour chercher le blessé mais il y a contre ordre car celui-ci n'a presque rien et demande à rester dans la tranchée. Pour le mort on ira le chercher dans la nuit.

À 5 heures on nous prévient que nous allons faire une attaque aux gaz asphyxiants pour reprendre un blockhaus en face. À 6 heures l'artillerie donne – c'est effrayant et ainsi jusqu'a 10 du soir. À 11 onze heures on va chercher le mort car tout est à peu près calme.

22 Juillet 1915

Résultat du combat d'hier au soir. Des morts et des blessés mais le blockhaus n'est pas repris. Il paraît que l'ennemi est retranché dans des abris de 6 à 7 mètres de profondeur. Donc si cela est vrai il n'y a rien à faire. Ce soir je dois monter à l'appui 12. Espérons que toute se passera bien. Il fait un peu de vent mais très beau temps. À 8 heures je monte à l'appui 12. Ce sont des tranchées –abri d'assez de repos. Mon poste de secours est loin de la Cie. Je dors tout en abri peu clos mais pas froid. La nuit est calme.

23 Juillet 1915

Au réveil je vais voir les lieux où je suis. Quel joli mais dangereux paysage. À mes pieds la forêt de Parroy et la ligne Lunéville, Deutsch, Avricourt, Diritz. Puis Emberménil et au dessus un grand bois où sont les Boches. Un boyau où l'on est obligé de passer courbé en deux pou ne pas être vu rejoint la Cie.

Il pleut depuis ce matin sans décesser, et la boue nous vient au dessus des souliers. Des officiers supérieurs du 2ème Corps viennent de reconnaître nos tranchées. Ils vont sans doute prendre notre place demain. Il paraît que l'on veut absolument prendre la Côte d'Igney. Ils feront bien d'attendre que nous soyons partis. Nous avons un poste d'observateur d'artillerie juste en face de notre porte de secours. Peu de canon ce matin quelques obus encore sur Vého et en face de nous sur des travailleurs mais en tant peu de chose. De la pluie tout l'après-midi. À 8 heures du soir sans s'y attendre, nous faisons une attaque aux canons et aux fusils. Cela dure environ deux heures mais l'attaque n'est pas n'est pas franche. les canons contre leur habitude ne tirent guère que coup par coup et la fusillade n'est pas très nourrie. Je pense que l'on fait plutôt une diversion par ici pour permettre de mieux attaquer ailleurs. Fatigué je me couche car cela ne tonne plus.

24 Juillet 1915

Je me lève à 8 heures et demie, car je suis éreinté. Il fait à peu près beau du moment mais on sent qu'il va encore pleuvoir. Le combat d'hier au soir n'a paraît-il donné aucun résultat. Vraiment cela ne valait pas la peine de faire tuer les hommes et en blesser d'autres. Le canon donne coup par coup et a intervalles assez espacés. Ce soir nous devons partir pour 4 jours à Ogéviller. À 8 heures et demie, nous partons. Nous l'échappons belle. En arrivant au village de Vého un marmite arrive en plein sur la Cie. Aussitôt tout le monde se couche à terre et ... la bombe tombe sans éclater à 20 mètres de là derrière une haie. Aussitôt nous reprenons notre marche rapide et sans incidents nous arrivons à Ogéviller à minuit et quart à notre ancienne infirmerie.

25 Juillet 1915

Levé un peu tard. Soins de propreté dont j'ai grand besoin. Visite. Je suis détaché-infirmier pour 4 jours ici avec le Major Fayot (monsieur pas commode). Il crie tout le temps mais n'est pas méchant malgré cela. Tout est calme ici. Il y a encore quelques civiles et cela fait du bien de voir un peu de monde. Il pleut presque toute la journée. Le soir avec un camarade nous allons acheter des vivres et nous trouvons une bonne femme qui nous fait à dîner. Ensuite une partie de cartes et nous nous couchons.

26 Juillet 1915

Ce matin levé à 6 heures. Café au lait à 7 heures. Puis la visite à 7 heures et demie. Elle se passe bien. Nous touchons notre ordinaire particulier et nous faisons faire notre popote chez une brave femme qui en plus nous fournit le vin, des légumes et de la salade. Cela nous remet un peu. Mais ce qui fait certainement le plus de bien c'est de ne plus entendre le canon que dans le lointain. Ce repos moral est encore meilleur que le repos physique. Si cela pourrait seulement continuer. Le soir nous dînons bien et nous nous couchons ensuite.

27 Juillet 1915

Nuit calme. Au réveil, la visite. À 11 heures à 7 nous nous offrons un bon déjeuner avec un lapin. Cela fait du bien de se refaire un peu. Le temps est très lourd et il pleut constamment. On se repose. Journée calme en général.

28 Juillet 1915

On nous averti que nous partons ce soir pour les bois. Il fait beau heureusement. La journée se passe bien. À 7 heures du soir nous mettons sac au dos et nous partons pour les bois. Arrivés à un petit bois pas très fourni on fait laisser les sacs et nous partons à quatre kilomètres aux tranchées de première ligne à un rien de Leintrey occupé par les Boches. nos hommes travaillent là à l'agrandissement d'un boyau. Nous nous surveillons.Deux obus sans résultat pendant le travail. À 2 heures du matin nous quittons la place et sommes à trois heures dans les bois. Là le ciel pour ciel et la terre pour matelas. Malgré tout, la fatigue l'emporte et je dors.

29 Juillet 1915

Je me suis éveillé à 7 heures et demie. J'ai un fort mal de dents ce qui m'ennuie beaucoup. Il fait beau mais on est mal reposés. On cherche à organiser un couchage potable si possible. Après le déjeuner tout le monde fait la sieste. Ce soir même manège. Un peu de bombardement à 10 heures et quelques hommes de blessé au Bois Jeanne d'Arc. Il fait heureusement un temps superbe. Après-midi calme. J'ai toujours mal aux dents. Ce soir je ne vais pas aux travaux de nuit. Il ne faut que deux brancardiers pour assurer le service. À 9 heures je me couche.

30 Juillet 1915

La nuit a été à peu près bonne et cela m'a reposé. Le lieutenant m'attrape pour ne pas être allé aux travaux hier au soir. Il faut y aller ce soir. J'ai toujours mal aux dents mai un peu moins. le temps se maintient en beau. Canonnade un peu vive ce matin aux alentours. Tantôt c'est un peu plus calme. À 7 heures et demie nous accompagnons les hommes aux travaux dans un endroit plutôt dangereux – à 200 à 300 mètres des Boches. je m'étends dans un champ en plein air où j'ai bien froid. À 3 heures nous rentrons. À 4 heures nous nous couchons. La canonnade a été assez vive pendant toute la nuit.

31 Juillet 1915

Levé à 8 heures. Quatre heures de sommeil. Cela n'est pas beaucoup. La visite, puis le déjeuner. Un peu de canon. Le temps à l'air de se fâcher. Pourvu qu'il ne pleuve pas. Il n'a pas plu et le temps se dégage. À 7 heures et demie, départ pour les travaux et même séance que la veille. Couché par terre en attendant 2 heures du matin. À 3 heures on rentre. On prend le café. On se couche un peu.

1er Août 1915

Les jours s'écoulent. Bientôt un an de guerre et nous sommes moins avancés qu'au début. Combien de temps cela va-t'il encore durer. La visite puis le déjeuner. Ce soir nous allons cantonner à Reillon pour 4 jours. Je ne sais si je vais aux tranchées. Peu de canon depuis ce matin. Le temps se fâche un peu. Du vent qui fait que cela va sans doute se maintenir. À 7 et demie, nous partons pour Reillon sac au dos et très vite et nous arrivons à 8 heures et demi. Aussitôt on va dans la tranchée de seconde ligne. Je suis avec mon camarade un peu à l'arrière dans un abri fait de quelques planches. Par terre un peu de paille. Nous sommes en nage et ainsi couverts de sueur nous nous endormons quand même.

2 Août 1915

Il y a un an c'était la mobilisation. À 2 heures du matin un orage du diable. L'eau pénètre dans notre abri. Au jour nous en cherchons un autre. Un peu plus loin nous trouvons creusé dans la terre une sorte de niche avec un peu de paille où il pleut un peu moins. Niche où je ne voudrais pas mettre mon chien de peur de le faire crever. Il pleut sans cesse et nous nous tenons là tapis et transis de froid. Cette tranchée est une de celles que nous avons reprise aux Boches il y a six semaines lors de l'attaque avec succès de la côte 303.

Je dois être relevé ce soir et aller 24 heures à Reillon. Ce ne sera pas dommage. Ici on ne peut bouger. À nos pieds Leintrey et les Rémabois entièrement occupés par les Boches. On ne peut sortir le bout de son nez sans être vu. Pas mal de bombardement autour de nous mais par intermittence seulement. Il y a aussi de temps en temps une mitrailleuse boche qui tire très vite mai je ne sais sur quoi.

Si seulement il faisait beau. À 2 heures on nous averti qu'un de nos bons camarades avec lequel nous étions depuis le début de la campagne est tué d'un éclat d'obus au bois Boué. Le soir la nouvelle se confirme et à 8 heures et demie on vient nous chercher pour aller le ramasser. Nous partons à 4 brancardiers sous la conduite de notre Lieutenant. L'endroit est dangereux et à 300 mètres des Boches. Nous y allons en silence. Nous trouvons le malheureux qui est port en plein sommeil tué dans un abri où il reposait. Un éclat d'obus lui a traversé la cuisse, a coupé l'artère iliaque et a perforé les intestins. L'hémorragie s'est produite interne et externe. Il n'est même pas changé. Nous le sortons du trou avec beaucoup de difficulté. Nous le transportons avec beaucoup de mal car il est lourd et la route est longue et très glissante. Enfin nous arrivons tout en sueur. Le docteur fait son constat puis nous aidons le Capitaine et le Lieutenant à faire l'itinéraire de ses affaires. Enfin nous dînons et nous couchons. Il est une heure du matin.

3 Août 1915

Je me lève à 7 heures et demie avec mal à la tête. Nous nous occupons du malheureux d'hier creusons la fosse et le mettons en bière. On l'enterre ce soir à 4 heures. il pleut toute la matinée. Ce son des pluies d'orage. Sur la question canon c'est à peu près calme. À quatre heures nous sommes allés enterrer notre camarade sous la pluie battante dans un cimetière fait dans un jardin à 500 mètres de là. Nous l'avons porté à six et j'y étais du côté de la tête. C'était très lourd et cela sentait bien fort. Notre Capitaine a fait un petit discours bien senti, puis six minutes après tout était terminé. Le soir à été calme et nous avons pu reposer.

4 Août 1915

Un an de la déclaration de guerre. Dieu que c'est long. La pluie qui est tombée toute la nuit a fini par cesser. C'est à peu près calme. la journée se passe sans incidents. Beaucoup d'avions survolent le village. À la soupe un peu de bombardement mais par sur nous. La nuit est calme.

5 Août 1915

Il ne pleut pas mais le temps est lourd. Il paraît que nous partons ce soir pour 4 jours de repos à Fréménil où Ogéviller on ne sait encore au juste; un peu de canon pas loin de nous. À 9 heures du soir nous partons pour 4 jours à Ogéviller. Repos bien gagné une fois de plus. La route est longue et la marche pénible. Nous faisons halte pour manger la soupe à Domjevin à 10 heures et demie. Nous arrivons sans incidents mais esquintés à Ogéviller à une heure du matin. Nous nous couchons.

6 Août 1915

À 7 heures je me lève. On nous change l'infirmerie de place et nous habitons dans une maison très propre. À 8 heures le Docteur Lemoine m'emmène avec lui en voiture passer la visite à Féménil. Cela me distrait. C'est très gentil à lui. Le tantôt j'écris tranquillement. À minuit on nous fait lever brusquement. Il y a une attaque et où: À Vého et Reillon. Exactement à l'endroit où nous étions il y a deux jours. À deux heures nous recouchons.

7 Août 1915

Le reste de la nuit a été tranquille. Les Boches sont tombés sur un marche nous a-l'on dit. Je vais encore à Fréménil avec le Docteur. Nous allons aller herboriser. Nous herborisons jusqu'à 6 heures et demie. Le soir et la nuit sont calmes

8 Août 1915

C'est Dimanche. Les quelques paysans qui restent encore ici le respectent. Ils se mettent propre et vont à la messe. J'ai ce matin demandé une permission au Capitaine pour les premiers jours de Septembre et il me l'a accordée. Il m'a dit de le lui rappeler courant du mois. Il fait très beau mais un peu lourd. C'est calme. La journée se passe bien. Le soir J'ai un accès de fièvre dû sans doute au temps chaud et changeant. je prends en me couchant un verre de vin chaud avec quatre morceaux de sucre.

9 Août 1915

Cela va un peu mieux mais je suis fatigué. il fait très chaud. Au moins 50 degrés au soleil. Ce soir nous quittons Ogéviller pour Saint-Martin et je prends je crois le service dans les Bois de la Haie d'Albe. En ce moment –ci tout est calme. À 7 heures et demie départ. Marche mouvementé car il fait très lourd. et nous arrivons péniblement au Bois de la Haie d'Albe à 10 du soir. Le Capitaine de Dragons qui commande le poste nous informe qu'il nous faut suivre une reconnaissance de ses hommes à minuit, 45. À l'heure dite nous partons avec 15 hommes. Un Maréchal-des-Logis et un adjudant commandent la reconnaissance. À 300 mètres de là ce dernier se perd et ne peut retrouver son chemin dans les bois. Deus heures après nous rentrons sans avoir rien fait. Ce n'est plutôt pas réussi.

10 Août 1915

À 3 heures et demie du matin, nous nous couchons pour ne nous relever qu'à 10 heures. Peu après éclate un orage assez violent et il pleut dans notre abri. Toute la journée il en est ainsi. On nous avertit que la reconnaissance recommence ce soir et que nous y allons encore. Nous reposons dans notre abri sur un véritable fumier. À minuit et quart, nous partons. Cette fois le chemin est repéré ce qui n'empêche pas le Chef de se tromper encore deux fois. La reconnaissance a lieu dans de bonnes conditions. Nous attendions à l'orée du bois et il n'y a eu aucun accident. À 4 heures nous rentrons nous coucher.

11 Août 1915

À 8 heures je me lève. le temps paraît vouloir se mettre au beau. un peu de soleil et nous en profitons pour faire sécher nos affaires. Ce soir nous partons pour Herbeviller deux où quatre jours on ne sait encore au juste. Un peu de canon et de fusil de temps en temps mais rien de bien extraordinaire. Quel métier. Quand cela va-t'il donc finir.

À 8 heures nous partons pour 4 jours à Herbeviller où, après avoir mangé la soupe en route à Saint-Martin, nous arrivons à 10 heures. Enfin je couche sur un bon sommier et un bon matelas.

12 Août 1915

Levé à 7 heures. La visite Puis je vais porter le rapport à Saint-Martin. En rentrant j'apprends que mes camarades et moi nous avons par la voix du rapport les félicitations de nos chefs et ce dans la teneur suivante:

«*Félicitations aux Brancardiers Besnard, Dupas, Verport et Chêne pour le dévouement dont ils ont fait preuve en accompagnant pendant deux nuits successives une reconnaissance sur les lignes ennemies. Le Sous-lieutenant joint ses félicitations personnelles à celle du Capitaine commandant le point d'appui.*»

Vraiment pour une fois nous ne l'avons pas volé. Il fait beau. Je lave capote et linge. Du canon au loin mais calme ici. Le tantôt rien d'anormal. Le soir une partie de cartes avec tasse de thé.

13 Août 1915

Levé à 7 heures et il pleut. À 8 heures la visite. Rien d'anormal. Le tantôt je passe mon temps à écrire. C'est calme. Le soir avec un camarade j'accompagne une trentaine d'hommes qui vont faire des travaux à 500 mètres de Domèvre. Il pleut tellement fort et il fait si noir que l'on ne voit pas à deux mètres devant soi et les hommes ne peuvent seulement donner un coup de pelle ou de pioche. Aussi à 10 heures repartons et à 10 heures quarante cinq nous sommes rentrés. Nous avons reçu la pluie trois quarts d'heure sur le dos – aussi nous sommes frais en rentrant et je me couche à minuit de fort bon cœur.

14 Août 1915

À la pluie a suscité un fort soleil mais beaucoup de vent. J'ai chipé des coliques pour avoir trop mangé de mirabelles – peut-être 150 – en deux jours. Tout est calme. L'Après-midi se passe bien et la soirée aussi.

15 Août 1915

Jour de fête. On ne le dirait vraiment pas. Il a plu une partie de la nuit et encore ce matin. En ce moment cela se tient à peu près Ce soir nous quittons Herbeviller à 6 heures pour aller passer 48 heures à la Haie d'Albe. À 6 heures nous partons pour les bois. Il fait chaud à marcher et la route est dure. À 8 heures nous arrivons et nous couchons. À 10 heures et demie – vive fusillade et canon sans interruption. Il y a attaque à l'appui 4 (nous sommes au 2) puis sur Reillon. Nous avons à côté de nous une batterie qui n'a pas cessé de tirer de 10 du soir à 3 heures du matin. À 3 heures tout rentre dans le calme.

16 Août 1915

Levé à 5 heures et demie pour le café. Le temps est très lourd. Nous avons de la pluie puis du soleil. À 9 heures je vais chercher la soupe à Saint-Martin à près de 3 kilomètres de là. Cela me passe un moment mais le chemin est bien mauvais. Le temps est calme. Encore du canon au milieu de la nuit mais beaucoup moins que la veille.

17 Août 1915

La nuit s'est malgré tout bien passée. levé à 5 heures et demie pour le café. Le temps est beau. Ce soir nous allons pour 4 jours au repos à Fréménil. À 11 heures les Boches lancent 15 obus sur Herbeviller mais sans aucun dommage. Nous ripostons ferme et une seule batterie pas bien loin de nous lance 29 coups en 30 secondes. En ce moment-ci c'est calme.

À 10 heures à l'entrée de Fréménil nous attendons une heure et demie en pleins champs car nous bombardons Avricourt et l'on craint des représailles. À plus de minuit nous nous couchons

18 Août 1915

À 2 heures nouveau bombardement. À 6 heures nous nous levons on s'entête de ce rôle poufs. Heureusement il fait beau. Je vais au bord de la rivière et je me repose en écrivant. La soirée est calme. Le soir je me couche à 8 heures et demie. Un peu de canon dans la nuit.

19 Août 1915

Levé à 6 heures et demie. pas grand chose à faire. La visite à 9 heures. Ce soir nous accompagnons des travaux auprès de Leintrey. Le tantôt je vais dans une vaste prairie au bord le l'eau et j'écris paisiblement.

À 7 heures nous partons aux travaux à l'appui 10 bis. À 150 mètres au dessus de Domjevin, un malade. Je le mène à Domjevin avec un camarade. Nous rejoignons ensuite. En route nous croisons un mort et quatre blessés de l'appui 16. Nous sommes bombardés toute la nuit. Pas d'accidents heureusement. Nous rentrons à 4 heures, prenons le café et je vais me coucher.

20 Août 1915

À 7 heures je me lève. La visite puis le déjeuner. Le tantôt je vais au bord de l'eau dans la prairie. Cela bombarde toujours un peu. La soirée est calme et je répare mes forces par une bonne nuit de repos.

21 Août 1915

Levé à 5 heures, quarante pour accompagner un camarade qui part en permission. on le regarde partir le cœur un peu gros mais malgré tout sa joie fait plaisir. Le tantôt est calme. À 6 heures et demie du soir nous partons pour les tranchées de Reillon où nous arrivons fort tard. Toute la nuit bombardement des Boches sur nos tranchées. Cela devient vraiment déprimant.

22 Août 1915

J'ai bien peu dormi. Cela bombarde toujours. En plus de cela il pleut par intervalles et l'eau pénètre dans notre abri. 48 heures ainsi dans l'humidité. Le tantôt beaucoup de vent mais moins de pluie ce qui n'est pas dommage. Le bombardement n'a guère cessé. À 11 heures du soir cela tape très fort.

23 Août 1915

Toute la nuit cela a tapé ferme et principalement à trois heures du matin. Levé à 7 heures, quarante-cinq après avoir peu dormi. Un brouillard intense qui se lève vers 9 heures et ensuite un chaud et bon soleil. J'écris dans le verger à l'ombre d'un prunier. Toujours du bombardement mais un peu plus loin de nous.

Il fait un temps merveilleux aussi l'on se repose. À 8 heures je suis relevé et je redescends à Reillon pour 48 heures.

24 Août 1915

J'ai passé une bonne nuit de repos. Après la visite je vais faire une course à Domjevin. Là y apprends qu'un malheureux accident est arrivé à une équipe de grenadiers. Une grenade a éclaté dans la tranchée et il y a ' morts et plusieurs blessés. Les morts sont affreusement mutilés. Pas un de notre Cie n'a été touché. C'est un accident idiot.

Cela bombarde toujours. Il fait un temps superbe. La soirée se passe à peu près.

25 Août 1915

Des camarades vont à l'enterrement des tués d'hier à Domjevin. Cela nous réveille et nous force à nous lever un peu de bonne heure. la matinée allait à peu près lorsqu'à 10 heures nous avons été bombardés dans le pays. Pas d'accident heureusement. Le tantôt cela bombarde toujours tout autour sur les tranchées. Un peu de vent mais très beau temps. À 9 heures travaux de nuit mais je n'y vais pas car ce n'est pas mon tour. J'en profite pour aller directement en bois Sans-nom. En route avec mon Caporal-infirmier nous rencontrons un artilleur qui vient de se broyer un doigt en manouvrant la culasse d'un canon de 75 qui tirait sur Avricourt. À la faveur de la lune il lui fait un pansement. À 9 heures et demie nous arrivons. À 10 heures nous nous couchons.

26 Août 1915

Levé à 7 heures. Il fait très beau. Le canon tire pas mal autour de nous/la visite puis la soupe. Le tantôt il fait très chaud et l'on se repose. C'est un peu plus calme. À 7 heures et demie, on va aux tranchées de nuit au bois rectangulaire près du Bois Zeppelin. La lune est tellement claire que l'on se croirait en plein jour. Ce n'est pas avantageux car les Bouches nous voient un peu trop. Cependant comme ils travaillent en face à 450 mètres de nous ils nous laissent à peu près tranquille. À 4 heures du matin nous rentrons. Tout s'est bien passé.

27 Août 1915

Levé à 8 heures. Cela ne me fait pas beaucoup de sommeil. Il fait un temps superbe. Le canon tonne peu et l'on est à peu près tranquille. Je suis esquinté. Je vais tâcher de reposer un peu. J'écris dehors. Le soir travaux de nuit. Nous partons à 7 heures et demie pour le bois Zeppelin par un clair de lune superbe. Là-bas pas d'incidents. À 50 mètres de nous un Boche est dans un trou de marmite depuis le 15 Juillet. Jour de l'attaque de c côté. Il est à moitié desséché et il est infecte.

Plus loin dans un réseau de fils de fer un autre est couché sur le ventre. On lui a planté un piquet dans le derrière. Pourquoi ce peu de respect? C'était un ennemi c'est vrai mais c'était avant tout un être humain et de plus un brave puisqu'il s'est battu et est tombé en première ligne. On pourrait vraiment bien donner une sépulture quelconque à ces malheureux. À 2 heures moins 5 nous repartons et à ce moment précis nos pièces tirent sur l'ennemi. Ceux-ci répondent et les éclats sifflent au dessus de nos têtes. Nous avons grande hâte de rentrer. À 4 heures nous sommes de retour.

28 Août 1915

Couchés à 5 heures. Levés à 7 heures, quarante-cinq. Peu de repos. La matinée se passe à peu près. Après le déjeuner je vais dormir – deux heures. Il fait très beau mais très lourd. Ce soir travaux

29 Août 1915

Mes camarades sont rentrés à 3 heures du matin après avoir essuyé forts obus. un quart d'heure après éclate un fort orage et à midi cela tome encore. Tout est inondé autour de nous. Ce soir nous partons pour Bénaménil, mais il paraît que de là on va encore faire des travaux. C'est exagéré car tous les hommes sont esquintés. En ce moment ci c'est calme, je pars de neuf à 2 heures et demie avec un camarade. En route nous trouvons une voiture et nous sommes de bonne heure à Bénaménil. Les hommes vont aux travaux de nuit mais nous pas. Le soir je couche dans une grange.

30 Août 1915

J'ai bien dormi malgré les puces. Nous avons une bonne femme qui nous fait la tambouille. Toujours un sale temps. Il pleut à chaque instant. En principe rien à faire – repos. Le soir travaux de nuit mais pas pour nous. À 8 heures du soir un semblant d'attaque au loin mais cela n'a pas de suite.

31 Août 1915

Levé à 7 heures. Départ de permissionnaires à 8 heures. On les envie. La visite – 65 malades esquintés et tous reconnus. Le tantôt je vais à Ogéviller chercher un képi et je reviens in voiture. Cela change un peu. Il fait très beau et tout est calme. Le soir dîner confortable et coucher. Cela tape pas très loin de nous.

1er Septembre 1915

Nuit froide qui m'a donné des coliques. Au réveil brouillard intense et froid très vif mais très beau temps aussitôt le soleil levé. Je vais voir un Caporal-infirmier qui est dentiste et je me fais soigner une dent. Bon déjeuner. C'est calme. Un accident à Lunéville. Un avion lance des bombes. 40 morts et 60 blessés. L'après-midi se passe bien ainsi que la nuit.

2 Septembre 1915

Levé à 6 heures. Notre Caporal-infirmier (Debout) va pour quelques jours à Remiremont faire des études sur les gaz asphyxiants. C'est moi qui le remplace pendant ce temps. Ce matin la visite avec 37 malades. Nous partons ce soir pour l'appui 16 mais en ma qualité d'infirmier je compte rester ce soir à Vého avec deux brancardiers. Un peu de pluie par instants et beaucoup de vent. À 6 heures nous partons pour Vého. À 9 heures je me couche au milieu du pétard infernal des rats.

3 Septembre 1915

Levé à 6 heures, quarante-cinq sans avoir autant dire dormi. À 8 heures la visite. Il ne faut pas que j'oublie que je suis infirmier. La matinée se passe à peu près. À midi on me demande une équipe de deux brancardiers pour aller chercher deux blessés entre les appuis 16 et 18. On les apporte. Je les panse avec le Docteur Lemoine. L'une a une blessure à la tête et au thorax. L'autre une blessure à l'épaule, à la hanche et au pied. Je reste auprès d'eux pour les garder. Ce n'est pas gai car ils souffrent horriblement et se plaignent à qui mieux mieux. Une piqure de morphine les a un peu soulagé, mais pas pour très longtemps. Pendant ce temps le pays est bombardé à plusieurs reprises. Jusqu'à présent on ne signale pas d'accident. Il pleut. C'est un peu plus calme. À 6 heures et demie, je quitte mon poste pour aller dîner. J'ai très mal à la tête assourdis que je suis par les plaintes des malheureux. Je dîne et me couche. Encore du canon. À 4 heures moins un quart, je me lève pour prendre in comprimé d'aspirine tellement j'ai mal à la tête. Il pleut à verse.

4 Septembre 1915

Je me lève à 7 heures et prends encore un comprimé d'aspirine. Il pleut toujours et cela évite le canon. La visite. On est un peu plus tranquille pour le moment. La soirée se passe à peu près. La nuit est presque calme.

5 Septembre 1915

Levé à 6 heures. La visite. Le temps se lève un peu. Immédiatement canon. À 11 heures obligés de se fourrer dans les caves. Pas de dégâts. L'Après-midi va à peu près. Le soir nous buvons une tasse de thé en compagnie du docteur Lemoine. Le soir cela va.

6 Septembre 1915

À 3 heures du matin nous sommes réveillés par un bombardement formidable. Puis cela se calme. Levé à 7 heures. La visite. Tout va à peu près. À 2 heures nous bombardons ferme et les autres refoulent. Nous sommes obligés de nous mettre dans les caves où nous recevons des 88 dont les éclats viennent jusqu'à nous. À 5 heures nouveau bombardement. Mon Caporal-infirmier est rentré.

Le soir nous prenons une infusion de menthe avec le docteur.

7 Septembre 1915

À 3 heures et demie, du matin nous bombardons ferme. Impossible de dormir. À 6 heures je me lève. À 8 heures et demie, la visite. Le temps est merveilleux aussi cela bombarde de part et d'autre. Jusqu'à présent pas d'ennuis. Tout va à peu près. L'Après-midi je lis et j'écris. Le soir le Docteur vient nous voir et prend le café avec nous. Il reste à causer jusqu'à 10 heures et demie.

8 Septembre 1915

À 2 heures et demie du matin nous bombardons mais de façon telle que je vais dehors pour voir ce qui se passe. Les Boches refoulent vraiment peu relativement. Je me recouche et le lève vers 7 heures. La visite un peu tard. À peine fini le déjeuner le Docteur m'emmène avec lui pour faire de la photo. Le canon fait rage par instant.

À 4 heures bombardement de tous le pays. Notre infirmerie y passe comme les autres maisons. J'ai eu juste le temps de me réfugier dans une cave. Un obus est venu à deux mètres de moi. Un mur les pavés de la cour les carreaux qui restaient, les volets tout a volé en éclats. Cela s'appelle voir la mort de près. J'ai eu l'impression que la maison me descendait toute entière sur la tête. À 100 mètres de nous un mitrailleur du 217ème est tué d'un éclat d'obus.

Enfin cela se calme un peu et à 7 heures et demie nous partons pour les tranchées de l'appui 16 Bis. La relève se fait sans encombre.

9 Septembre 1915

La nuit s'est passée à peu près. Le bombardement n'a pas été très intensif. À 9 heures cela recommence et il me faut aller avec un camarade chercher de pour les autres. Nous y allons. En revenant nous restons plus de deux heures dans un petit bois car nous sommes bombardés sans interruption à un rien de nous. Nous risquons la mort vingt fois. Enfin nous arrivons à notre poste. Le bombardement fait rage de part et d'autre. Avec cela le temps est splendide. Encore du bombardement tout l'après-midi. Le soir cela se calme.

10 Septembre 1915

À une heure de bombardement de notre part. L'ennemi répond peu. De 6 à 8 heures nous tirons ferme du Bois des Pailleux. Puis de 8 heures à midi cela devient infernal. Nous recevons des obus en quantité. Nos tranchées sont bouleversées. Notre abri craque mais résiste quand même jusqu'à présent. Plusieurs morts et blessés au 87ème. Dans l'Après-midi, les Boches tirent un peu moins mais c'est nous qui recommençons. Nous sommes relevés ce soir. Pourvu que tout se passe bien. À 10 heures la relève. On bute dans les trous d'obus à chaque pas. Tout va bien malgré cela. Arrivée à Vého puis à Domjevin. Je mange une bonne soupe au vermicelle avec le chef et la Fourrier, puis je me couche esquinté à minuit et demi.

11 Septembre 1915

Levé à 7 heures. Mes nerfs sont étendus et je me sens abruti. La visite. Le tantôt je vais chez le Capitaine Planson faire des photos pour le Docteur Lemoine. Il paraît que nous allons à Bénaménil demain matin pour trois jours. Il fait un temps splendide. À 5 heures bombardement. On rentre dans les caves. Rien de cassé. Tout va bien. À minuit attaque Boche. À 3 heures du matin nouvelle attaque.

12 Septembre 1915

Au réveil j'apprends que les deux attaques Boches ont fait quelques victimes mais ont été toutes deux repoussées. À 11 heures départ pour Bénaménil. Je reste pour charger la voiture médicale et ne pars qu'à deux heures. Nous arrivons à 3 heures et nous avons grâce à des protections un logement à peu près convenable, seuls dans une grange. nous retrouvons notre brave Madame Genet qui nous fait notre popote. Le soir gigot et pommes frites. Encore du bombardement mais de plus loin cette fois.

13 Septembre 1915

Levé à 6 heures après une nuit à peu près bonne. Ici cela semble bon de ne pas entendre le canon que de loin. Le tantôt je lis et j'écris dans un petit jardin. Le soir bon dîner et bonne nuit.

14 Septembre 1915

Levé à 6 heures. Nettoyage de l'infirmerie pour l'inspection du Médecin-chef. À 4 heures on nous donne un brancard roulant. À 6 heures nous partons pour le bois Sans-nom et mettons nos sacs sur le brancard. Sur route cela va bien mais à travers champs c'est une autre affaire. Nous marchons péniblement dans la boue et les ornières. À un moment donné nous sommes perdus et empêtrés dans des fils de fer. La pluie nous prend et c'est avec bien du mal que nous arrivons à notre poste trempés d'eau et de sueur. je remplace mon Caporal-infirmier, Debout, qui est à Reillon auprès du Docteur Desvignes. nous nous couchons trempés et dormons quand même.

15 Septembre 1915

Levé à 6 heures et demie. on a dormi quand même malgré la pluie qui n'à guère décessé. Il fait très humide mais pour le moment il ne pleut pas. À huit heures la visite. À 11 heures et demie, je vais à Domjevin faire un pansement et chercher des médicaments. Le tantôt j'écris en plein air mais il ne fait pas chaud. Ici le canon n'arrête pas et c'est bien lassant. Par instants cela se calme un peu. À 4 heures gros émoi. Un obus pas loin sur la crête puis deux autres ensemble dans notre bois en plein au milieu des hommes. Encore un miracle car il n'y a pas un seul blessé. Seulement un bidon de percé, une musette traversée et une capote criblée. L'émotion passée chacun reprend la place. Les travailleurs ne partent qu'à 10 heures. Il va y avoir un bombardement de notre part. Celui-ci commence à 8 heures. Il n'est pas extraordinaire et nous avons peu de réponse. Fatigué je me couche. Au milieu de la nuit un rat saute sur moi puis sur mon camarade à côté.

16 Septembre 1915

Levé à 5 heures et demie. Car je ne puis plus dormir depuis que les travailleurs sont rentrés. Il fait beaucoup de brouillard et pas chaud. La visite qui se passe bien puis la soupe. On tire le canon pas loin. Le tantôt c'est un peu plus calme. Le soir travaux mais je suis remplacé car je suis infirmier. je me couche à 8 heures un peu fiévreux car le temps est lourd.

17 Septembre 1915

Levé à 5 heures, cinquante. je suis mieux qu'hier au soir. À 9 heures la visite. Beaucoup d'hommes fatigués. La soupe. Il ne pleut pas mais le ciel est très gris. Le tantôt le soleil se lève un peu. Il fait beau et bon. À 3 heures visite d'un Médecin-inspecteur et je suis seul infirmier pour le recevoir. Naturellement le monsieur ne trouve pas grand' chose de bien et pourtant le cantonnement n'est pas sale. La soirée se passe à peu près.

18 Septembre 1915

Levé à 6 heures moins dix. Le temps va être beau. La visite à 9 heures. Le canon ne décesse pas et très loin de nous cela paraît infernal. Ce soir nous allons à Reillon. À 6 heures et demie, nous partons. Quel travail avec le brancard roulant à travers les champs. En route une nouvelle qui donne de la rumeur. Il ne part que 4 permissionnaires au lieu de 9. Ceci indique un mouvement futur.

À peine arrivés à Reillon cela bombarde. Vite on nous appelle. Une marmite a fait 5 blessés auprès de l'église. Nous les cherchons et les pansons. À 11 heures nous nous couchons mais cela bombarde à peu près toute la nuit.

19 Septembre 1915

Levé à 6 heures. La visite. Encore du bombardement. On ne peut sortir facilement. Jusqu'à présent pas de blessés. Tantôt c'est un tout petit peu plus calme. Sur le soir encore un bombardement. J'ai à la fesse un clou qui me fait horriblement souffrir. De ce fait je passe une nuit plutôt agitée.

20 Septembre 1915

À 6 heures réveil au canon. (par nous). Les Boches ne répondent pas quand sur les 10 heures ils envoient des obus incendiaires et nous mettent ainsi le feu à 5 maisons devant nous. Cela va brûler surement au moins jusqu'à demain comme cela. Mon clou me fait mal et me donne un peu de fièvre. Ce soir je monte à la côte 293. Il fait du vent mais un temps magnifique. À 6 heures nous allons à l'abri de la côte 293 – sans ennuis. La nuit est à peu près bonne sauf un fort bombardement.

21 Septembre 1915

À 6 heures réveil. il fait un temps superbe. L'abri où nous sommes paraît bon mais on est tout le temps bombardé. On nous annonce que l'on va bombarder Avricourt. Aussi l'on se méfie des représailles. Comme représailles une demie heure après c'est le feu à Vého, puis pas mal d'obus autour de nous. Ce matin nous avons vu partir 21 avions tous blancs vers la direction de l'ennemi. On aurait dit des mouettes. Les Boches tiraient dessus mais pas un n'a été atteint. Le soir nous apprenons que Saint-Martin a été bombardé. Il y a des morts et des blessés. À minuit bombardement assez intense. Le reste de la nuit est calme.

22 Septembre 1915

Ce matin levé à 6 heures. Je n'ai pas bien dormi car depuis quelques jours j'ai attrapé froid et j'ai très mal à la gorge. Encore du bombardement. Domjevin brûle et Vého est fortement bombardé. Ce soir nous partons pour 4 jours en repos à Ogéviller. Nous ne sommes relevés qu'à 9 heures du soir. En attendant nous regardons bombarder Vého. Reillon – puis Ogéviller lui-même.

À 9 heures et demie, nous partons pris par une marche pénible et lassante, mais en plein clair de lune nous arrivons à minuit. Là nous mangeons la soupe (ce qui ne nous est pas arrivé depuis 10 heures du matin) puis à 2 heures du matin nous nous couchons. Nous avons une maison confortable mais qui elle aussi a subi les effets du bombardement. Il y a un trou énorme dans le mur de la grange.

23 Septembre 1915

Levé à 7 heures. Le peu de nuit a été bon pour le sommeil. À 8 heures la visite. À 11 heures nous retrouvons notre bonne femme qui nous fait la popote. Cela semble bien bon. Le tantôt j'écris. Cela paraît à peu près calme. Pourvu mon Dieu que cela dure. Le soir notre hôtesse est malade. Alors nous faisons notre popote nous-mêmes car nous sommes dans une maison assez confortable où il y a une cuisinière. Le soir nous faisons une petite veillée en famille.

24 Septembre 1915

La nuit a été bonne et tranquille. La visite un peu tard ce matin. Il fait très lourd. notre hôtesse va mieux et nous fait ce matin bien déjeuner. Le tantôt j'écris car c'est calme. Nous avons passé la soirée à causer un peu puis à 10 heures nous nous sommes couchés. À minuit et demi je suis le premier réveillé par un roulement de tambour. Je me lève. Le pays est tout en émoi. Il y a le feu à Buriville petit village à 1600 mètres de là. Nous nous levons tous précipitamment et offrons nos services. Mais à Buriville il y a de la troupe et l'on n'a pas besoin de nous là-dessus. Nous nous recouchons.

25 Septembre 1915

Jusqu'à 6 heures et demie je n'ai fait qu'un somme. Il fait un soleil pâle qui annonce la pluie. La visite/ Puis dans le jardin nous cueillons des haricots que nous mangeons de bon appétit à déjeuner. Le tantôt j'écris et il pleut. Obligés de rester enfermés. Tout est un peu plus calme. Le tantôt se passe bien et la nuit est bonne.

26 Septembre 1915

Levé à 6 heures puis la visite. À déjeuner nous mangeons une tarte aux pommes avec une bonne bouteille de vin de Mercurey. À trois heures nous partons pour la Haie d'Albe toujours avec le brancard roulant. En route on nous lit ordre du jour de Joffre par lequel il annonce que nous sommes prêts et que l'on va avancer. Cela réconforte un peu. Logés dans un abri où l'on ne peut tenir qu'à genoux où couchés. Beaucoup de coups de fusil ici mais la nuit se passe à peu près.

27 Septembre 1915

Réveillé à 6 heures. La pluie est tombée toute la nuit et de ce matin cela n décesse pas. Une bonne nouvelle: Nous avons fait en Champagne 18,000 prisonniers et pris 34 canons. Comme début d'offensive c'est rudement beau. Tout le monde est heureux. Je vais à la soupe et je rentre trempé. Les balles sifflent autour de nous de temps en temps. Toute la journée de la pluie sans discontinuer. On se couche de bonne heure.

28 Septembre 1915

Levé à 6 heures. Le temps se rend un peu. À 8 heures du soleil cela change. Toujours des balles qui sifflent au dessus de nos têtes. Le soir un Capitaine de Dragons m'envoie faire une course à la tranchée des mitrailleurs. Je patauge à travers bois dans la nuit noire pendant une demi-heure. Enfin je m'y retrouve. Bon communiqué. Encore des prisonniers. À 8 heures un semblant d'attaque Boche. Beaucoup de canon et un peu de fusil. Une demi-heure après c'est calme et je me couche.

29 Septembre 1915

Bonne nuit. Au réveil un vent très violent qui sent la pluie. je vais à la soupe pour me réchauffer. À deux heures et demie, nous apprenons par le téléphone que trois de nos divisions ont encore percé en Champagne. En plein bois on sonne au drapeau pour annoncer la victoire. Le soir tout va bien lorsqu'à 9 heures on nous réveille pour aller en reconnaissance avec les Dragons. Nous ay allons et rentrons à une heure du matin. Tout s'est bien passé.

30 Septembre 1915

Après un peu de sommeil je me lève à 8 heures. On nous apprend que nous partons bientôt pour quatre jours à Reillon. On se demande pourquoi. À cinq heures, cinquante, nous partons un camarade et mi derrière la voiture de ravitaillement avec notre brancard roulant. Nous faisons au moins 15 kilomètres à pied. Nous arrivons à 9 heures, vingt littéralement esquintés et couverts de boue. Je mange un morceau et à 11 heures je me couche.

1er Octobre 1915

Levé à 7 heures. Un peu plus reposé. Nous apprenons qu'hier au soir dans une reconnaissance les nôtres ont fait 7 Boches prisonniers. Ceux-ci ont paraît-il donné des renseignements intéressants. Le tantôt j'écris car c'est assez calme. Pas de communiqué de la journée. C'est ennuyeux car on ne sait que penser. Le soir il y a travaux mais nous n'y allons pas. Il fait froid dehors maintenant.

2 Octobre 1915

Levé à 7 heures. Il a gelé blanc très fort. Un communiqué nous apprend la prise totale ces jours derniers de 109 canons. C'est beau. Nous allons ce soir à l'appui 14 à 6 heures. Il fait un temps superbe et c'est assez calme. Tout se passe bien. L'Après-midi il fait très froid. Nous arrivons à Fréménil par une nuit noire et glacée.

3 Octobre 1915

J'ai eu un froid aux pieds épouvantable. À cinq heures du matin j'ai mis des chaussons n'y tenant plus. Ce matin nous apprenons que nous partons ce soir à Fréménil pour deux jours. Nous essuyons quelques obus mais assez loin de nous

4 Octobre 1915

On a été gelé toute la nuit. Nous sommes dans un grenier à carreaux cassés. Repos. Il fait beau et l'on est assez tranquille.

5 Octobre 1915

Encore une nuit très froide. À midi quarante-cinq, nous partons pour l'appui 6. Chemin épouvantable avec le brancard roulant. Avec un camarade on nous envoie par erreur à la 6Bis. Nous revenons au 6 un abri épatant. Quelques obus. Nous passons un moment à causer après le diner. Au loin très loin le canon gronde très fort et on se doute de ce qui doit se passer par là. C'est dans la direction de l'Argonne. À 9 heures nous nous couchons avec une nombreuse troupe de souris. Malgré tout nous dormons. Nous sommes ici tout à fait en première ligne. Il fait bon dans l'abri et avec mon Caporal-infirmier je couche sur un sommier.

6 Octobre 1915

Levé à 6 heures. La nuit à été bonne. le canon tonne toujours très fort au loin. Quelques obus pas très loin de nous au moment de la soupe. Un de nos camarades (Chêne) reçoit le tantôt une lettre d'un de ses beaux-frères qui a combattu aux environs d'Arras ces jours derniers. Il nous apprend des choses que les journaux sont loin de nous dire. En deux mots voici sa lettre:

> Le samedi matin on les amène dans la tranchée. À midi, vingt-cinq, se produit l'attaque. D'un seul coup ils envolent la première tranchée sans pertes. La seconde avec un peu de pertes et la troisième avec beaucoup de pertes. Mais les Boches lèvent les bras et se rendent. À ce moment, par une erreur de tir nos 75 tirent sur les nôtres et à un point tel qu'ils ne peuvent plus avancer. L'ennemi voyant cela se ressaisit et poursuivant les nôtres les forcent à reculer jusqu'à leur point de départ en leur infligeant des pertes relativement fortes.

Ce récit est vécu par cet homme. Il est écrit dans un style très simple et je ne me permets pas s'y ajouter de commentaires. Le temps est gris et maussade. Nous manions la pelle et la pioche pour renforcer notre abri et cela est manant. J'ai oublié de noter que la lettre de notre camarade porte que lorsque son beau frère est parti pour les tranchées le 25 Septembre. Ils étaient porteurs de grenades dont plusieurs ont éclatées faisant ainsi une vingtaine de blessés. Le soir la nuit est noire et pas très loin de nous on entend quelques coups de fusil mais on ne nous dérange pas.

7 Octobre 1915

La nuit a été calme pour nous mais il n'en a pas été de même partout. Les Boches se sont, paraît-il à la faveur de la nuit très noir, avancés tout près de nos lignes et traversant nos postes d'écoute ont faillit faire prisonniers deux de nos sentinelles qui se sont sauvées et ont pu rejoindre leurs camarades ce matin. Tant mieux. Le canon tonne toujours très fort au loin et il n'y a pas de communiqué ce qui nous ennuie beaucoup. De temps en temps nous recevons quelques obus mais relativement peu. Par contre on entend pas mal de coups de fusil. On doit faire très attention car en plus nos tranchées sont assez bombardées. Nous nous couchons à 9 heures et demie.

8 Octobre 1915

Levé à 6 heures. Un brouillard intense qui se dissipe petit à petit et fait place à un beau soleil. Un peu à nos côtés arrivent quatre obus torpilles qui n'éclatent pas. Comme il fait très beau le repérage est facile et c'est un duel coup par coup. À deux heures et d'un seul coup les Boches nous font une attaque générale sur un front de plus de 2 kilomètres. Pendant trois heures nous sommes arrosés de grosses marmites et de gaz asphyxiants. Puis les fusils s'emmêlent. À 3 heures et demie nous avons un blessé (Minne). Une blessure au bras gauche, une en séton à la cuisse gauche et les reins tout contusionnés. Avec un camarade (Duprey) nous allons le chercher. Nous courrons à 1500 mètres de là et à découvert sous les obus et les fusils mais nous nous ne sommes pas touchés. Pour revenir nous sommes obligés d'attendre assez longtemps car les obus tombent vraiment trop. Enfin nous revenons. Impossible de passer dans le boyau avec notre brancard et comme on ne peut et ne doit pas aller à découvert avec un blessé nous le portais à tour de rôle sur notre dos. Quelle corvée. Enfin nous arrivons essoufflés. Cela se calme un peu mais à minuit la fusillade est encore très vive. Nous ne sommes heureusement pas dérangés.

9 Octobre 1915

Levé à 7 heures. Nous apprenons que la nuit à la faveur des gaz asphyxiants l'ennemi nous à repris le bois Zeppelin et une partie du Bois Boué. C'est navrant. Depuis ce matin le canon n'arrête mas de part de d'autre. À deux heures nos canons donnent si fort que l'on présume une contre-attaque de notre part. Il serait heureux que nous puissions reprendre nos positions premières. Jusqu'à 8 heures le canon n'arrête pas mais on n'entend pas le fusil. Ensuite cela devient à peu près calme car on entend plus le canon que coup par coup. À 9 heures et demie nous nous couchons.

10 Octobre 1915

Levé à 7 heures. On dit que nous avons hier au soir repris le Bois Boué à la baïonnette mais pas encore le Bois Zeppelin. On annonce un nombre d'hommes hors de combat que je ne veux pas prononcer tellement il me semble fantastique. Nous ne sommes pas encore relevés ce soir car il paraît que l'on doit encore attaquer. À trois heures d'un seul coup l'ennemi envoie une quantité d'obus sur le Bois Jeanne d'Arc et nous fait deux morts et quatre blessés. Ensuite 8 shrapnells d'un seul coup. Quatre hommes de la 6ème Compagnie sont blessés à 200 mètres de là. Nous allons les chercher. Je les panse avec le Docteur Lemaire et nous les dirigeons sur Blémerey. Le soir à 6 heures nous sommes relevés et allons à l'infirmerie de Blémerey. Pays bombardés par excellence. Nous causons un peu et nous couchons à 10 heures et demie.

11 Octobre 1915

Levé à 7 heures. Nous avons été réveillés plusieurs fois par un bombardement intense. À 8 heures il nous faut aller creuser une fosse pour deux malheureux du 333ème qui ont hier au soir succombés à leurs blessures. À 4 heures nous faisons les fossoyeurs en enterrant les deux malheureux. À 5 heurs et demie au moment de dîner – bombardement. Par trois fois nous descendons dans une cave. À minuit moins dix, même séance.

12 Octobre 1915

À 7 heures et demie on se lève. On a mal dormi à cause des bombardements. La visite puis le déjeuner. Vers deux heures bombardement du bois Jeanne d'Arc puis sur les batteries auprès de nous. Le temps est gris et la pluie menace. L'Après-midi se passe à peu près. Le soir à 9 heures et demie à peine couchés – bombardement sur les batteries et le village. Au troisième coup nous allons à la cave ou nous passons la nuit.

13 Octobre 1915

Levé à 6 heures. La visite puis je vais à l'ordinaire. Toujours un bombardement partiel. Il fait très lourd et à deux heures il éclate un fort orage. Je crois que ce soir nous montons à l'appui 5. À 5 heures au moment de dîner, nouveau bombardement qui nous oblige à descendre à la cave. À 6 heures nous allons prendre notre poste à l'appui 5. Nous nous trompons de chemin et pataugeons dans la boue et les fils de fer. Enfin nous arrivons. Bombardement toute la nuit mais nous dormons quand même un peu.

14 Octobre 1915

Levé à 6 heures. Le temps est beau et cela remet un peu. L'Après-midi est Page 171 à peu près calme. Sur le soir on nous annonce que nous allons faire une attaque.

15 Octobre 1915

Levé à 6 heures. L'attaque n'a pas eu lieu. La nuit a même été très calme. On dit que c'est remis à ce soir. À midi l'ennemi nous attaque en bois rectangulaire ce qui est distant de notre appui 5 d'environ deux kilomètres. De part et d'autre l'artillerie est infernale. Nous courrons vite chercher de l'eau pour remplir des appareils car nous craignons les gaz asphyxiants. Ce matin drôle d'aventure. À la Haie d'Albe deux prisonniers Russes qui travaillaient pour l'ennemi et sur leurs premières lignes se sont échappés et sont venus se réfugier chez nous. Ils étaient prisonniers depuis 7 mois et fiers et fort contents de s'être évadés. À 3 heures et demie la canonnade se ralentit mais sur le soir elle reprend et ne décesse pas. À 5 heures et demie comme nous finissions de dîner, un obus tombe sur notre abri et nous sommes très fortement secoués. Puis une odeur de soufre et de phosphore pénètre dans notre abri. Nous craignons les gaz asphyxiants mais il n'en est rien. Un 150 tombe dans la tranchée à côté de nous sans éclater. Cela ne devient pas drôle. De toute la nuit le canon ne décesse pas. À six heures on nous dit que le bois Zeppelin est repris sans grandes pertes. À 11 heures nous nous couchons mais toute la nuit nous sommes en éveil.

16 Octobre 1915

Levé à 6 heures. Cela tonne un peu moins. On nous dit que le bois Zeppelin n'est repris qu'en partie seulement. Au fond on ne sait pas grand' chose. Le juste est il faut attendre. De l'avis de l'active l'affaire de Gerbéviller n'a rien été à côté d'hier au soir. Le tantôt est calme. Après le diner nous faisons un partie de cartes et à 10 heures nous nous couchons. À11 heures je me relève car le concert du canon est infernal. À 3 kilomètres de Reillon vers le Rémabois se déroule une grande bataille. C'est tout simplement effrayant et j'en suis saisi d'épouvante. Canons, fusils, fusées rien ne manque. Cela dure jusqu'à une heure du matin, heure à laquelle nous nous couchons enfin.

17 Octobre 1915

Une heure après à deux heures du matin je suis de nouveau réveillé. L'ennemi contre-attaque. Même spectacle que précédemment – même concert infernal. Vers 3 heures nous nous recouchons puis à 8 heures je me lève. La bataille confirme mais un peu moins violente cependant. Nous ne savons absolument rien quant au résultat, mais l'emplacement où nous laçons nos obus nous prouve que certainement nous avons dû avancer. Cependant, on ne sait rien de précis. Un village auquel nous avons mis le feu brûle devant nous. C'est Gondrexon où Aménoncourt. Je me dirige vers l'appui 4 pour voir les positions ennemis. Devant nous nos 75 mettent le feu à Chazelles. Le canon recommence avec intensité. L'ennemi par représailles nous met le feu à Reillon. Il n'en restera bientôt plus rien. Le soir à 6 heures nous sommes relevés et nous descendons à Blémerey. Après une causerie nous nous couchons.

18 Octobre 1915

Levé à 6 heures. Peu de détails sur l'attaque dernière. Cependant on nous dit que les chasseurs à pieds (le 50ème) se sont battus au couteau. C'est horrible à penser que cela à tout du sauvage. Les Boches ont lancé énormément de 210 qui nous ont paraît-il enlevés des hommes tous vivants. Le ciel est las et gris et c'est sans doute pour cela que le canon tonne beaucoup moins. C'est même presque clame. Tout allait bien lorsqu'à 8 heures survient une attaque boche aux fusils et sans aucune préparation d'artillerie. La surprise est grande. Enfin le canon donne et même très fort. Au milieu de la nuit même attaque mais moins forte. À 10 heures nous nous couchons.

19 Octobre 1915

Levé à 6 heures. La visite. Nous apprenons que les deux attaques d'hier ont été repoussées. À midi on nous informe que nous partons tantôt à Fréménil pour deux jours. Nous partons vers 4 heures et demie et sommes à Fréménil à 5 heures. Nous logeons à l'infirmerie où nous sommes très bien. Nous trouvons une bonne femme pour nous faire la tambouille. Je ne sais ce qui me prend dans la nuit mais j'ai de très fortes crampes d'estomac.

20 Octobre 1915

Levé à 7 heures. J'ai souffert toute la nuit et je souffre encore d'une crise d'entérite. Cela doit être dû à la température car il fait un froid tel qu'il est à croire qu'il va neiger. Ce n'est pas gai mais ici au moins on entend à peine le canon ce qui est un énorme repos moral. Le tantôt je vais à Ogéviller. La nuit j'ai des coliques énormes.

21 Octobre 1915

Je me lève à 7 heures. Je souffre toujours d'entérite. Le Docteur Lemoine me propose de rester avec lui à Fréménil mais je préfère aller avec mes collègues à l'appui 6 où nous partons à 3 heures et quart. Le temps est beau. À 3 heures quarante-cinq, nous partons. En passant nous dînons sur l'herbe à la Roquelle puis nous prenons possession de notre abri. Nous nous couchons vers 9 heures et demie.

22 Octobre 1915

Levé à 6 heures et demie. La nuit à été assez calme. Cependant vers 7 heures un homme de chez nous vient nous voir car il a été blessé au poste d'écoute par un éclat d'obus dans la nuit, mais il n'a qu'une simple éraflure à l'épaule. Mon entérite va un peu mieux mais cela n'est pas encore bien épatant. Nous avons près de nous une pièce qui tire sans discontinuer. C'est bien agaçant car cela peut nous ramener autre chose. Après le déjeuner nous passons un moment à faire une corvée d'eau. La soirée se passe à peu près.

23 Octobre 1915

Levé à 6 heures et demie. Il a gelé très fort et même à glace. Nous apprenons que notre Major Monsieur Desvignes nous quitte ce matin pour aller à l'arrière. Il est remplacé par le Docteur Girard que nous n'avons pas encore vu. Nous faisons une feuillée. Vers 11 heures le temps s'est éclairci et il fait beau soleil. Le canon en profite pour taper un peu de part et d'autre. L'Après-midi se passe à lire et à écrire et la soirée de même. Nous nous couchons à 9 heures.

24 Octobre 1915

Levé à 6 heures et demie. Un brouillard intense couvre toute la plaine mais il fait un peu moins froid. Une bonne nouvelle: le Capitaine part en permission aujourd'hui et un homme chaque jour à partir de demain. Pour nous un tous les 4 jours. Ce n'est pas dommage. À 4 heures un de nos camarades 5Chêne) descend à Ogéviller pour y laisser ses affaires car il est désigné pour partir en permission demain matin. Après- midi calme et soirée de même.

25 Octobre 1915

Levé à 6 heures et demie. Tout va bien quand à 10 heures les Boches nous bombardent nos tranchées. Nous ne sommes d'ailleurs pas longs à leur répondre. Ce soir nous devons redescendre à Fréménil. Le ciel est las et il va pleuvoir. À 6 heures et demie, nous partons. La marche est plus que pénible car le sol est très glissant. Plusieurs restent en route. Nous nous couchons vers 9 heures.

26 Octobre 1915

Levé à 6 heures. Bonne nuit. Un vent violent et il fait très froid. La visite. Le Docteur Lemoine me fait savoir que sa femme et la mienne se sont vues et nous en sommes tous deux enchantés. Le tantôt je vais à Ogéviller chercher des médicaments. Au loin le canon tonne toujours. Nous avons un popote où nous sommes très bien. Le soir coucher à 9 heures et demie après une petite causerie.

27 Octobre 1915

Levé à 6 heures. Café au lait chez Mademoiselle Juliette (60 ans au moins). La visite puis déjeuner. Le tantôt j'écris et je vais faire un petit tour ave mon Caporal-infirmier (Debout). Le soir coucher vers 9 heures.

28 Octobre 1915

Levé à 6 heures et demie après une bonne nuit; Café au lait – visite – puis déjeuner. Ici ce serait presque la bonne vie car on est à peu près tranquille. L'Après-midi se passe et le soir coucher à 8 heures et demie.

29 Octobre 1915

Levé à 7 heures. La visite à 8 heures. Déjeuner à midi car nous partons à 4 heures pour l'appui 6. À 11 heures bombardement par obus de grand calibre è 200 mètres du village. L'ennemi cherche par là une de nos grosses pièces. Jusqu'à présent les obus ne tombent que dans les champs. Le pays est tout en émoi.

À 4 heures nous partons pour l'appui 6 replacer la 6ème Compagnie qui la veille à encore eu un blessé. Nous arrivons sans incident. À 8 heures et demie on vient nous chercher pour décharger des voitures de rondins. Une rouerie sans doute car ce n'est pas notre ouvrage. Cependant nous reconnaissons qu'il fallait que cet ouvrage soit vite fait et qu'il n'y avait personne pour l'exécuter. À 9 heures et demie, nous nous couchons et la nuit est tranquille.

30 Octobre 1915

Ce matin un peu flemmard nous nous sommes levés à 7 heures et demie. Le temps est beau. À 9 heures je vais à la soupe. Cela tonne fort mais loin. Le tantôt je lis et j'écris. Le soir se passe bien.

31 Octobre 1915

Levé à 7 heures. À 10 heures un peu de bombardement. À midi le Sous-lieutenant Couhault vient nous demander (très poliment) si nous voulons bien faire un petit travail. Il s'agit de mettre deux claies dans un endroit où l'on est très en vue des Boches. Nous essayons mais nous devons remettre l'ouvrage à la nuit car c'est un peu trop scabreux. La nuit est calme.

1er Novembre 1915

La Toussaint. Un vent du diable et de la pluie. Un peu de bombardement. Le tantôt nous restons dans l'abri car il fait très froid dehors. Nous passons notre temps enfermés à lire et à écrire. Nous nous couchons vers 9 heures.

2 Novembre 1915

Levé à 6 heures et demie. Je vais porter mon sac jusqu'à Blémerey. Aujourd'hui jour des morts on dirait qu'il y a une entent tacite car on n'entend pas le canon. Il pleut et fait un vent très froid. Ce soir nous redescendons pour 4 jours à Fréménil. Vers deux heures un peu de canon mais pas grand' chose.

À 6 heures nous quittons brancardiers seuls l'appui 6 pour Fréménil. Cela glisse à cause de la pluie et la nuit est très noire. nous marchons péniblement et arrivons tout en sueur. Nous nous couchons à 9 heures.

3 Novembre 1915

La nuit a été bonne. Levé à 6 heures et demie. Nous retrouvons notre popote et mangeons un bon café au lait. À 9 heures et demie la visite. Nous avons un bombardement pas très loin de nous. Temps gris et froid. Au diner nous apprenons que nous partons demain pour les abris en réserve de l'appui 6. C'est assonant. Nous nous couchons à 9 heures et demie.

4 Novembre 1915

Levé à 6 heures et demie. Nous déjeunons rapidement et à 9 heures quarante-cinq, nous partons pour les abris réserve de l'appui 6. On ne sait où nous loger et nous nous disposons à partir pour Blémerey sur l'ordre du Major quand on nous trouve de la place dans un grand abri avec les sous-officiers. Nous causons longuement avec eux puis nous nous couchons à 9 heures.

5 Novembre 1915

La nuit a été très froide. Je me suis levé tout transi et je marche de côté et d'autre pour me réchauffer un peu. Le tantôt je reste calfeutré dans l'abri. Quelques coups de canon mais à bonne distance. Le tantôt la pluie se met à tomber et ne décesse pas de la soirée et de toute la nuit.

6 Novembre 1915

Levé à 6 heures et demie. Nuit un peu moins fraiche. On nous dit que l'on va lever les classes 97 et 98 pour passer dans l'active. Une heure après il ne faut que 48 hommes par Compagnie. Une autre heure après, 48 hommes pour tout le Régiment. Enfin j'apprends que de toute façon les Brancardiers ne seront pas relevés. Sale temps – beaucoup de boue. Ce soir nous devons monter à l'appui 6. À 5 heures nous montons seuls à notre poste. Nous dînons en arrivant. Bonne soirée. Couchés à 9 heures et demie.

7 Novembre 1915

Levé à 7 heures et quart. Quelle bonne nuit tranquille. Il fait aujourd'hui un soleil superbe. C'est dimanche. Vers 4 heures et demie nous sommes bombardés mais sans accident. Le soir vers 9 heures on entend une bataille aux fusils et aux grenades du côté du Zeppelin.

8 Novembre 1915

Levé à 6 heures et demie. Nous avons passés une bonne nuit. Vers 9 heures et demie nouveau bombardement mais toujours sans résultat. Je vais à la soupe. À 5 heures encore du bombardement. Couchés à 9 heures.

9 Novembre 1915

Levé à 7 heures après une bonne nuit. Fort bombardement direction Ogéviller. Beau soleil. L'Après-midi se passe bien. Nous nous couchons à 9 heures.

10 Novembre 1915

Levé à 6 heures et demi. je vais chercher le café. Il pleut et fait un vent très froid. Quelques gros obus pas lin de nous. Le tantôt nous restons enfouis au fond de l'abri. Ce soir nous redescendons aux abris de la Roquelle. À 5 heures nous sommes relevés. Nous nous couchons à 8 heures et demie.

11 Novembre 1915

Levé à 6 heures et demie. J'ai eu bien froid dans la nuit. Depuis ce matin il pleut sans décesser. Obligés de rester enfermés. Quelques obus isolés. Le tantôt un peu de soleil mais la pluie reprend sur le soir et ne décesse pas; C'est la vie bête et renfermée. Le soir après diner, lecture et coucher ensuite.

12 Novembre 1915

Levé à 6 heures et demie. La nuit a été un peu moins fraiche. C'est la Saint René, jour de ma fête. Elle ne sera encore pas gaie cette année. Il ne cesse de pleuvoir et le vent. On se couche de bonne heure tellement on a froid.

13 Novembre 1915

Levé à 6 heures. C'est un véritable cyclone de pluie et de vent. On ne peut mettre le nez dehors sans être à moitié jeté par terre. À 10 heures mes 4 camarades m'offrent une bouteille de Moulin à Vent pour ma fête. Je ne sais où ils ont pu la trouver. Il paraît que les permissionnaires sont encore retardés. Cela devient dégoûtant. Aujourd'hui pas de canon. À 9 heures au moment de nous coucher nous sommes bombardés par huit marmites qui tombent tout près de nous. Le reste de la nuit se passe bien.

14 Novembre 1915

Levé à 6 heures. Le vent à complètement cessé mais il neige à gros flocons. Il fait très froid. Ce soir nous montons à l'appui 6. Il paraît que demain nous allons au repos pour 16 jours à Ogéviller, si toutefois c'est vrai. Un peu de canon pas très loin. À 4 heures quarante-cinq, nous montons à l'appui 6. La nuit se passe bien mais on entend beaucoup de fusils et de grenades.

15 Novembre 1915

Toute la campagne est couverte de neige. C'est beau mais rudement froid. Pas mal de canon ce qui est énervant. Le tantôt le soleil se montre un peu. Ce soir nous partons à Ogéviller et au repos. À 4 heures quarante-cinq, nous partons mon camarade Debout et moi seulement. Les deux autres sont partis devant avec le brancard roulant. Environ deux heures de marche. Au début notre marche à travers champs est très pénible jusqu'à ce que nous ayons atteint Saint-Martin. Je porte un brancard sur l'épaule tout le long du chemin. À mi-chemin la neige nous prend et nous cingle la figure jusqu'à Ogéviller où nous arrivons à 6 heures.

Là une grande très grande surprise nous attend. Nos camarades nous ont trouvé une maison (chez le facteur Toussaint) où la femme nous fait manger et nous donne deux chambres nous quatre (notre camarade Verport est en permission depuis hier). Le soir nous faisons un dur composé d'une omelette de lard et d'une salade dans une salle bien chaude. Ensuite à 8 heures et demie, nous nous couchons. Je couche avec ma camarade Debout. Être déshabillé et dans un lit – Oh!! Quel délice. Il fait bon là – dedans je ne fais qu'un somme.

16 Novembre 1915

Levé à 7 heures et quart. J'ai du mal à me tirer du lit tellement il fait bon. À 7 heures quarante-cinq notre hôtesse me prépare un bain de pieds. À 8 heures café au lait. À 11 heures et demi, nous déjeunons plantureusement et toujours au chaud. Le tantôt le soleil se montre. J'écris longuement et toujours au chaud. Le canon tonne assez fort, mais cela paraît loin de nous. Le soir après diner nous allons sans perdre de temps nous coucher dans nos bons lits.

17 Novembre 1915

Levé à 7 heures. La nuit a été bonne et douce. Dehors tout est blanc et la neige n'arrête pas de tomber. Nous nous tenons au chaud toute la matinée. Après un bon déjeuner nous restons encore enfermés. Le canon tonne au loin. L'Après-midi se passe à lire et à écrire. Le soir à table Monsieur Toussaint notre hôte nous fait un récit vécu du Fort de Manonviller. À l'en croire le fort a bien été vendu. Il dit que le 22 Août l'ennemi entre à Ogéviller et lui et une trentaine d'autres ont été faits prisonniers dans une grange. Pendant ce temps-là pas un coup de canon n'a été tiré de part et d'autre. Le 23 au soir l'ennemi a tiré sur le fort et est entré dedans sans coup férir en faisant tout le monde prisonnier et en emportant tout le matériel et les munitions. Le fort n'a pas répondu par un seul coup. Voici la version vécue d'un homme digne de foi. Que faut-il penser de cela. Je n'ose donner mon appréciation là-dessus. À 9 heures et demie, nous sommes allés nous coucher.

18 Novembre 1915

Levé à 7 heures et quart. À 5 heures j'ai dû me lever pour mettre à la porte un jeune chat qui nous embêtait. Ce matin le soleil luit et il fait beau. Bon déjeuner. Le tantôt j'écris au chaud. Le soir après diner nous faisons une partie de cartes avec M. et Mme Toussaint. Nous nous couchons à 10 heures.

19 Novembre 1915

Levé à 7 heures et quart. Il fait beau mais froid. Bon déjeuner. Le tantôt je vais avec mon camarade Debout à Hablainville pour reconnaître notre prochain cantonnement. Notre hôtesse est un peu grippée, c'est bien ennuyeux. Le soir nous faisons notre dîner nous-mêmes car Mme Toussaint est vraiment souffrante de la grippe. Nous nous couchons à 9 heures.

20 Novembre 1915

Levé à 7 heures quarante-cinq. Madame Toussaint va un peu mieux mais ne se lèvera que ce soir. Nous nous faisons nous-mêmes un bon déjeuner. À midi quarante-cinq nous allons tous à l'infirmerie pour faire passer des hommes masqués dans les gaz asphyxiants. Ce n'est pas très méchant mais cela dure un bon moment. Le soir notre hôtesse est debout et après le dîner nous jouons à la Quarante. Nous nous couchons à dix heures et demie.

21 Novembre 1915

Levé à 7 heures. Je vais balayer l'infirmerie et y allumer les feux. Nous devons fêter la Ste Cécile. (Tous les brancardiers sont d'anciens musiciens.) Nous faisons un bon déjeuner et sortons le table à 3 heures. Puis nous redînons à 6 heures et demie et après avoir fait une partie de Quarante nous nous couchons à 10 heures et demie.

22 Novembre 1915

Levé à 7 heures quarante cinq. Déjeuner puis service à l'infirmerie. Déjeuner à midi. On reparle à nouveau de lever les classes. Mon Dieu faites que cela n'ait pas lieu. Le tantôt dans la direction de Reillon le canon sonne très fort et l'on craint une attaque/ Pourtant dans la soirée cela se calme. Nous jouons aux cartes et nous couchons à 10 heures et demie.

23 Novembre 1915

Levé à 7 heures. Déjeuner à 10 heures et demie. À une heure et demie nous partons à Hablainville situé à 3.7 km de là. Nous sommes dans une maison où nous avons une pièce pour nous tous. Au lieu le bon lit – c'est de nouveau le brancard pour nous coucher. Nous dînons d'une façon frugale et nous couchons à 10 heures.

24 Novembre 1915

Nous faisons notre tambouille nous-mêmes. Le tantôt nous allons couper un arbre dans une forêt à 1500 mètres de là pour pouvoir nous chauffer. Le canon sonne loin mais très fort et pendant longtemps. Le soir nous dînons et nous couchons à 10 heures.

25 Novembre 1915

Levé à 7 heures quarante-cinq. J'ai dû attraper froid car dans la nuit j'ai eu un accès de grippe. On bibelotte jusqu'à midi passé heure à laquelle nous déjeunons et pendant ce temps le canon tape assez fort/ Le tantôt il dégèle et il fait assez doux. Le soir après un bon dîner nous lisons lorsqu' à 9 heurs on nous appelle pour un malade. J'y vais avec Debout. C'est un malheureux qui a une crise d'asthme. Nous le soignons jusqu'à 10 heures et demie en lui faisant absorber de la morphine. Puis nous nous couchons à 11 heures et demie.

26 Novembre 1915

Levé à 6 heures quarante cinq. Il y à au moins 10 centimètres de neige par terre. Je vais à Ogéviller faire une course pour le Major. Je reviens par un beau soleil mais accompagné de coups de canon pas très loin. Bon déjeuner – l'après midi se passe bien mais il neige et il gèle.

27 Novembre 1915

Levé à 7 heures. Il y a bien 15 centimètres de neige dehors. Heureusement qu'ici nous avons un bon feu. Le canon tonne très loin et è peine. L'Après-midi n'a rien d'anormal. Nous nous couchons à 10 heures.

28 Novembre 1915

Levé à 7 heures. C'est dimanche. Il fait un froid intense. À 11 heures hier au soir il y avait 15° au dessous de zéro. Ce matin il y en a 10. Il paraît qu'à la Haie d'Albe il y a deux morts de congestion et un des pieds gelés. À 10 heures et demie rien d'extraordinaire. Nous allons à la grande messe. À la sortie de la messe, le Capitaine Boué me dit que je pars mardi en permission et me demande de remettre deux fusils boches chez lui à Paris. J'accepte sa commission avec plaisir. Le matin nous avons eu un peu de canon et l'après-midi a été calme. Le soir bon dîner et coucher à 10 heures.

29 Novembre 1915

Levé à 7 heures. Changement de temps. La neige a fondu et il fait très doux. Je pars demain en permission. Nous déjeunons avec une bonne choucroute. Le canon tape toujours un peu. Le soir le Capitaine Boué me fait appeler et me donne une bague en aluminium puis ses instructions pour aller chez lui voir sa femme. Je me couche à 10 heures et demie.

30 Novembre 1915

Levé à 4 heures et demie. À 6 heures je pars avec deux camarades. il fait un temps de chien – pluie et vent. En passant à Ogéviller, je prends le paquet des deux fusils du Capitaine Boué (au moins 20 kilogrammes). Arrivée à la gare de Bénaménil d'où après appel nous partons vers 9 heures quarante-cinq. Arrivée à Lunéville vers 11 heures. À la grande gare on nous donne rendez-vous pour 6 heures et demie du soir. Nous déjeunons à Lunéville. Visitons la ville puis y dînons. À 6 heures je suis à la gare. On nous donne nos permissions puis à ç heures nous prenons le train. Arrivée vers 10 à Blainville. On nous reprend nos permissions. On nous les redonne à 11 heures et demie. À minuit nous partons enfin pour Paris.

1er Décembre 1915

En chemin de fer j'ai dormi un peu. Le paysage est triste car il pleut. Puis on revoit là les théâtres de la Marne et de la Champagne. Mon énervement grandit au fur et à mesure que nous approchons de Paris

(17 mois que je n'ai pas vu les miens). Enfin à 3 heures et quart nous débarquons. Foule dans la rue mas personne m'attend car je n'ai pas prévenu.

Je vais directement aux Galeries Lafayette voir ma belle-sœur Yvonne pour avoir les clés de chez moi. J'apprends que ma femme est à la maison. je vais vite déposer les fusils et la bague chez mon capitaine 7 Rue Parrot. Je ne vois que sa mère. De là je vais vite à la maison où ma femme reste stupéfaite de mon arrivée. Je renonce à le décrire. Il fait bon chez soi et l'on se sent heureux de vivre. Je vais ensuite chez ma mère où tout le monde me fait fête puis chez ma sœur Marie où il en est de même. Enfin je dîne chez moi et je goûte à nouveau les douceurs du foyer. Je me couche à 11 heures.

2 Décembre 1915

Je vais toute la journée avec ma femme voir des amis. Partout nous somme invités à déjeuner et à dîner. Je suis obligé à refuser plusieurs invitations pour avoir un peu de temps à moi. Je ne m'étendrai pas longuement sur le temps et l'emploi de ma permission. La seule remarque à faire est la suivante. Paris est répugnant. il regorge d'embusqués. La y est plus que normale. Les femmes n'ont pas l'air de se douter que les hommes se battent pour elles. Elles ont du chic et j'avoue sincèrement que je suis étranglé par une immense jalousie qui m'étreint le cœur à la pensée qu'il me faudra sous peu encore quitter ce Paris enchanteur quand même malgré le dégoût qu'il m'inspire.

3 Décembre 1915

Journée normale. Visites aux amis.

4 Décembre 1915

Comme hier. En plus déjeuner chez les Delapraz et dîner le soir chez ma sœur Marie.

5 Décembre 1915

Déjeuner chez Monsieur et madame Bakx et grand dîner chez ma mère où nous sommes tous réunis. Tous les soirs coucher à minuit jamais avant.

6 Décembre 1915

Enfin je reste une journée chez moi et en famille. Je me lève tard et ne me lève même pas. Toute la journée je bricole. Le soir je me couche ver 10 heures et demie

7 Décembre 1915

Resté le matin à la maison puis déjeuner à Joinville. Le tantôt à Paris puis au revoir à ma mère et à mes sœurs car ma permission et terminée. Rentré chez nous à 6 heures. Aymée vient dîner avec nous. Je me couche encore à minuit.

8 Décembre 1915

Levé à 8 heures. Vonvon a fait le sacrifice de sa matinée de travail aux Galeries pour rester avec moi jusqu'au moment de mon départ. Un incident avec ma femme et je le regrette vivement. Pourtant nous nous quittons bien mais en pleures naturellement. J'embrasse chaudement ma mignonne Nysette. À 11 heures et quart je pars. Vonvon m'accompagne jusqu'au métro de la gare de l'Est. Nous nous quittons bien en pleures avec promesse de nous revoir bientôt. En haut du métro je trouve mon beau frère Georges. Nous restons u bon moment ensemble. Nous nous embrassons comme deux frères, puis nous nous séparons. Dans le train à midi et demi. Départ à une heure. Voyage peu intéressant. Naturellement je ne pense qu'aux miens et de ce fait je passe ma nuit sans dormir.

9 Décembre 1915

Arrivée à 6 heures et demie. Un matin à Lunéville. je vais vite prendre le taco à Bénaménil et j'arrive à 9 heures à Fréménil. Je suis bien reçu par tous mes camarades. J'apprends que nous partons pour la Haie d'Albe à 11 heures. Quel voyage. De la boue par dessus les chevilles. Trajet plus que pénible.

Quel regret de chez soi ce n'est pas croyable. nous arrivons dans notre abri où il pleut à moitié. À 8 heures je ne puis m'empêcher de penser aux miens et c'est la rage au cœur que je fais le métier que je fais en ce moment-ci.

D'un garçon tout à fait digne de foi il nous est raconté une histoire pas banale. Au bois Boué et au bois Zeppelin il paraît que Boches et Français fraternisent d'un accord pas ordinaire. Naturellement les tranchées ne sont plus tenables par suite des éboulements et de l'eau. tous alors se tiennent sur les tranchées et s'entendent pour ne pas se tirer dessus. Les chefs ennemis sont d'accord avec les nôtres pour ne pas se tenir sur la défensive. Plusieurs français sont allés dans les tranchées Boches et ont fraternisé avec eux. S'il en est ainsi où allons nous mon Dieu.

10 Décembre 1915

Je me réveille à 8 heures et ma première pensée est encore pour les miens. Quel temps. la pluie n'a pas décessé de la nuit continue encore sans arrêt. je me lève et vais à la soupe. on enfonce jusqu'à mi-jambe. C'est honteux à penser que l'on tient des positions semblables. Nous sommes dans le fond de notre abri et ne pouvons en bouger. Obligés d'être assis car on ne peut se tenir debout. Oh! mon bureau, ma belle chambre et ma salle à manger où êtes-vous? On éprouve une vraie rancœur à être là au froid et à la pluie quand on pense que l'on a un si bon chez soi. Oh!! Grands boulevards et petites jupes courtes à la mode que ne suis-je resté près de vous – Hélas! le devoir est là et je ne puis ni ne dois m'y soustraire. Enfin espérons que tout ce beau temps ne sera pas long à revenir. Le tantôt je ne décolle pas de notre malheureux abri car on ne peut mettre un peid dehors tellement il pleut et tellement le vent est fort. Assommé et abruti à 9 heures je m'étends sur la paille et je m'endors malgré tout.

11 Décembre 1915

Toujours le vent et la pluie. je me lève à 8 heures ne sachant que faire. j'ai les reins brisés par le manque de paille. Oh! mon bon lit où es tu, La journée se traîne péniblement dans la pluie et la boue. À 8 heures et demie je me couche dégoûté

12 Décembre 1915

Levé à 8 heures. la pluie toujours la pluie. À 10 heures je vais à la soupe. La boue passe par dessus mes chaussures. je reviens dans un état lamentable. Je reste deux heures pieds-nus pour faire sécher mes chaussettes. Toute la journée tapis dan le fond de notre abri sans pouvoir en sortir. Pas mal d canon et de fusil de part et d'autres. Je grelotte de froid. Quelles tristes pensées m'assaillent en pensant à chez moi. Quelle différence d'un dimanche à l'autre. le soir il fait plus froid. On dirait que le temps va changer.

13 Décembre 1915

Le temps se lève mais il a gelé un peu fort. ce soir nous redescendons pour 4 jours à Fréménil. Il fait tellement froid que nous faisons un peu de feu dans l'abri. À 4 heures nous descendons dans la boue jusqu'à mi-jambe. Nous arrivons à 6 heures et dope à Fréménil après un trajet dur et fatiguant. Nous dînons chez mademoiselle Juliette. À 9 heures et demie, nous allons nous coucher en face dans une grange où il ne fait pas chaud.

14 Décembre 1915

Levé à 7 heures. À 8 heures je vais au service médical des bombardiers. Tout se passe bien. un bon soleil nous réchauffe un peu. On parle à nouveau de la levée des classes. C'est assonant car on ne sait ce qu'il y de vrai là dedans. Il faut attendre confirmation. À une heure il faut aller de nouveau aux bombardiers. Je suis désigné avec un autre. Cette séance se passe bien. le soir nous dînons au chaud et nous couchons à 10 heures.

15 Décembre 1915

Levé à 7 heures. Quel froid. je n'ai pu me réchauffer de la nuit. Le thermomètre est descendu à 12°. À 8 heures je vais encore au service médical des bombardiers. Vers 11 heures une panique. On fait évacuer les pays car on va tirer sur les pays ennemis. Tout le monde s'en va et une heure près l'on rentre car il n'y a rien eu. À une heure et demie, je vais de nouveau au service des bombardiers mais nous attendons en vain jusqu'à 2 heures et demie, car il n'y a pas de séance ce tantôt. De la journée il n'a pas dégelé. Le tantôt j'écris un peu plus au chaud ce qui me fait du bien. Le soir coucher à 9 heures et demie.

16 Décembre 1915

Levé à 7 heures. Depuis 4 heures du matin je n'ai pu dormir à cause du froid. Je flâne toute la journée car il n'y a aucun service. Je reviens écrire et la journée se passe à peu près. Je me couche à dix heures.

17 Décembre 1915

Levé à 7 heures. Le ciel est très couvert et il fait un peu moins froid. Nous déjeunons à 11 heures. À deux heures nous partons pour l'appui 6. Le chemin est horrible et avec le brancard roulant nous sommes esquintées en arrivant. Le canon tonne beaucoup tout alentour et on se demande si ce n'est pas une préparation d'attaque. Nous retrouvons notre abri mais depuis les dernières pluies l'eau coule par le plafond et il faut tendre des toiles de tente en l'air pour ne pas être mouillé. Par contre on a creusé une cheminée et il fait bon. À 6 heures nous dînons ensuite nous écrivons. À dix heures nous nous couchons.

18 Décembre 1915

Levé à 6 heures et demie. Je vais chercher le café. La terre est à moitié gelée. En revenant je fais un peu de terrassement pour me réchauffer. Le soleil se lève et il va faire beau. À 11 heures nous déjeunons avec un bon feu. Le canon tonne fort et les Boches répondent. Le soir nous faisons un feu d'enfer et la nuit nous avons trop chaud.

19 Décembre 1915

Levé à 6 heures. je vais chercher le café et la soupe. Il a gelé très fort dans la nuit. J'attrape l'onglée à porter deux seaux pleins. Le jour se lève et il fait un beau soleil. Le canon donne de part et d'autre car il fait très clair. Dans l'Après-midi nous nous tenons un peu au soleil puis nous rentrons dans l'abri.

À 3 heures et demie on nous demande rapidement. Un homme vient de tomber de congestion à l'appui 6, tranchée 4. Je vais rapidement avec Debout. L'affaire est peu grave. Cependant, nous devons appeler un brancardier de renfort pour transporter l'homme à Blémerey. Je rentre à 6 heures à mon poste. Nous dînons et nous couchons à 11 heures et demie.

20 Décembre 1915

Levé à 6 heures 50. Je vais au café. il a gelé très fort la nuit dernière et ce matin il ne fat pas chaud. Un peu de bombardement dans la matinée. L'après-midi duel d'artillerie. À 6 heures nous dînons. À 8 heures la neige tombe. À 9 heures et demie nous couchons. Les Boches tapent pas mal sur nos positions avec de gros obus.

À 10 heures et demie, on vient nous chercher. Il y a un blessé à la tranchée 1. C'est un Dragon qui au poste d'écoute à reçu un obus en plein. Il a le ventre ouvert, les cuisses criblées et une main en partie arrachée. On le transporte vivement à Blémerey, mais il meurt en cours de route. À 11 heures cinquante, le travail fini nous nous recouchons.

21 Décembre 1915

Levé à 7 heures. La neige tombe sans discontinuer. Tout est blanc et il ne fait pas chaud. Ce soir nous redescendons pour 4 jours à Blémerey. Le tantôt peu de canon car on n'y voit rien. Nous restons dans notre abri à nous chauffer. L'après-midi se passe à peu près. À 5 heures nous descendons à Blémerey par la neige battante. Heureusement un bon feu nous attend. Nous dînons et nous couchons à 10 heures.

22 Décembre 1915

Levé à 6 heures et demie. Je vais chercher le café. Quel temps – Il a plu et il dégèle. On patauge. C'est dégoûtant. À 8 heures la visite – un peu longue. Puis le déjeuner. Le tantôt nous restons au chaud à lire et à écrire. Nous nous couchons à 10 et demie.

23 Décembre 1915

Levé à 7 heures. Quel temps. Il pleut à verre. Un peu de bombardement. La visite très longue. À 9 heures et demie je vais à la soupe par des chemins dégoûtants. Déjeuner à 11 heures. Le tantôt il pleut toujours aussi nous restons au chaud. À dîner forte discussion religieuse. Après dîner on lit un peu. On se couche à 10 heures.

24 Décembre 1915

À une heure et demie du matin, on vient nous prévenir qu'il y a un blessé à l'appui 6, tranchée 1. Deux y vont et ramènent un Dragon qui a un commencement de gelée aux pieds. Friction à l'huile camphrée pendant une heure et demie. À 3 heures nous nous recouchons. Levé à 6 heures. Je vais au café. Il fait un temps horrible. un vent de la pluie sans arrêt et une boue. La visite. Puis je vais à la soupe par le même temps. Le tantôt à une heure nous sommes bombardés. L'après-midi se passe à peu près. Le soir nous nous offrons un petit dîner potable. À 8 heures et demie nos deux Majors M. M. Lemoine et Bellion viennent nous retrouver. Ils passent 2 heures et demie avec nous à manger des gâteaux et à boire du bon vin puis le café et la Mirabelle. La conversation générale est pleine de gaîté et ces messieurs sont avec nous de vrais camarades. Je ne puis m'empêcher de penser à chez moi et j'ai une rancœur de penser que voici la deuxième fois depuis la guerre que cette belle fête divine ne se passe pas en famille. J'ai plus envie de pleurer que de rire. À minuit cinquante on se couche. Minuit sonne. je songe que c'est Noël.

25 Décembre 1915

Je me lève à 7 heures et demie. Je suis un peu vaseux. Il fait à peu près beau et on entend pas un coup de canon. Vers 11 heures le ciel s'obscurcit et la pluie se met a tomber/ Quelques coups de canon mais relativement peu. On dirait que Dieu ne veut pas faire une fête de ce jour-là, en ce moment-ci, et il a raison. Tantôt nous montons à notre abri de l'appui 6 pour 4 jours. Nous y allons par la pluie battante et par un chemin où la boue nous vient au-dessous des souliers. La soirée est plutôt triste pour un jour de fête. Le canon tonne très près de nous et comme cela tire sur nos tranchées nous craignons à chaque instant que l'on vienne nous chercher. Fort heureusement il n'en est rien et à 10 heures nous nous couchons.

26 Décembre 1915

Levé à 7 heures. Je vais au café de fort mauvaise humeur car personne n'a voulu se déranger. Encore de la pluie et du vent. C'est à vous dégoûter. Je ne sais si c'est l'effet du jour de fête mais j'ai un rude cafard en ce moment-ci. Nous restaurons un peu notre abri en mettant des plaques de tôle dessus afin qu'il pleuve un peu moins à l'intérieur. Je n'ai le goût à rien. Le tantôt nous scions un peu de bois pour faire du feu. Nous dînons vers 7 Heures et à 11 heures nous nous couchons.

27 Décembre 1915

Levé à 6 heures et demie. Ce matin c'est moi qui allume le feu. Le temps à l'air de se lever un peu mais il fait toujours beaucoup de vent et il y a toujours de la boue. Je scie du bois pour faire quelque chose. Le canon donne à quelques kilomètres de là et nous regardons éclater les coups. Quel passe-temps – c'est idiot. L'après –midi se traîne comme elle peut mais Dieu que c'est long. Enfin le journal a l'air d'être un peu plus optimiste aujourd'hui. À 10 heures nous nous couchons. À minuit nous sommes réveillés. On nous amène un malade du 168ème. C'est un homme très fatigué. Il passe la nuit au poste de secours.

28 Décembre 1915

Levé à 6 heures et demie. Je vais au café. Il pleut encore et fait une boue incroyable. Il y a un an j'attrapais une entorse. J'aurais mieux fait de me la faire cette année. La journée se tire avec beaucoup de canon de par et d'autre. C'est assonant. Pas de courrier aujourd'hui. Espérons au nous en aurons le double demain. On sent de la poudre dans l'air. À 10 heures nous nous couchons.

29 Décembre 1915

Levé à 7 heures. À peine le jour et le canon tonne. Ce soir nous redescendons à Blémerey pour 4 jours. L'après-midi duel d'artillerie. Le tantôt au Bois Sans-nom il y a un port et trois blessés du 87ème. À peine arrivé je vais avec un camarade chercher à l'appui 6 un chasseur à cheval du 6ème qui a des pieds gelés. Il fait noir et l'on patauge dans la boue. À peine rentré je me couche car il est 10 heures.

30 Décembre 1915

Levé à 7 heures. La visite à 8 heures. Rien d'anormal. Un assez fort bombardement qui ne nous atteint pas. La journée se passe à peu près. Couché à 10 heures et demie.

31 Décembre 1915

Levé à 7 heures. Beaucoup de brouillard qui se dissipe un moment après. Il fait alors un beau soleil. Le tantôt les Boches tapent beaucoup sur les bois. Cela passe au-dessus du village mais heureusement ne s'arrête pas sur nous. Le soir on ne fait pas de fête mais on veille assez tard. À 11 heures nous nous couchons.

1er Janvier 1916

Encore une année qui commence. Espérons que la fin se passera chez nous à nos chers foyers et que par conséquent la guerre sera terminée. Que Dieu nous prête vie pendant le courant de cette année c'est surtout se que je lui demande. Je me lève à 7 heures et vais chercher le café. Nous nous serrons la main entre camarades pour nous souhaiter la bonne année. Que c'est triste un tel jour de fête à Blémerey – pays entièrement évacué et autant dire complètement dévasté. Pas un minois aimable à embrasser – pas un parent à qui confier ses peines et à souhaiter les meilleurs vœux que chacun puisse désirer.

L'ordinaire a fait des frères. Il y a du pâté, des pommes, du champagne, du café de la gousse, et des cigares. Pendant la soupe les boches n'oublient pas de nous envoyer leurs souhaits sous forme d'obus largement distribués. Comme ils atteignent le pays, ordre est donné de descendre à la cave. Un moment après c'est passé. Nous déjeunons assez tranquillement. Des camarades viennent prendre le champagne avec nous. L'après-midi se passe à peu près quand vers 3 heures les Boches nous bombardent à nouveau. Obligés encore une fois de descendre à la cave. C'est assonant. Enfin la soirée à peu près tranquille. Nous nous couchons vers 10 heures. J'ai la rage au cœur de penser qu'à cette heure et malgré la guerre, tout Paris s'amuse où que bien des failles sans soucis des leurs au front tant de petites fêtes. Ceci n'est pas mon cas car je sais que tout le monde chez moi souffre de mon absence et ne s'amuse pas.

2 Janvier 1916

Levé à 7 heures. Il fait un sale temps. Après la visite je vais à la soupe et nous déjeunons vivement car nous partons tantôt à Ogéviller pour 16 jours (paraît-t'il) au repos. On parle encore de la levée des classes. Qu'y a-t-il de vrai là-dedans? On ne sait mais c'est bien assonant. Les Boches bombardent encore dans le bois voisin. Nous attendons les brancardiers de l'autre bataillon qui doit nous relever. À 4 heures et demie le Docteur Lemoine nous emmène avec lui à Ogéviller. Arrivés là après une heure de chemin surprise et déception. Notre place est prise chez les Toussaint par les sous-officiers du 2ème platon. Une bande de mufles auxquels nous ne voulons même plus causer. Après bien du mal nous trouvons une maison libre mais avec un peu de paille seulement pour couchage. La maison a déjà été fortement bombardée et il y a lieu de faire attention. À 11 heures et demie nous nous couchons.

3 Janvier 1916

Malgré tout nous avons bien dormi car nous étions très fatigués. Levé à 8 heures. Nous trouvons une bonne femme qui nous fait notre tambouille. Nous organisons notre logement et l'après-midi se passe ainsi. Le soir j'écris jusqu'à 11 heures.

4 Janvier 1916

Levé à 7 heures et demie. je vais à la visite car à partir d'aujourd'hui je remplace mon Caporal-infirmier Debout qui part en permission. À 2 heures et demie nous l'accompagnons au bout de chemin. Il est bien content et il a raison. Ensuite je vais faire des pansements. Le soir nous avons invité un camarade à prendre un grog et faire la manille. À 10 heures et demie nous couchons.

5 Janvier 1916

Levé à 7 heures. Je vais au café. À 8 heures je vais faire passer la visite. À une heure je me fais arranger deux dents, puis je fais un pansement à une jeune fille de 16 ans (coupure à la main gauche). Je refuse les 20 sous qu'elle veut me donner ce qui la surprend beaucoup. Toute la journée je suis occupé. Le soir après dîner nous lisons jusqu'à 10 heures et demie, heure à laquelle nous nous couchons.

6 Janvier 1916

Levé à 6 heures quarante-cinq. Une pluie fine sans arrêt. À 8 heures et demie, je vais à la visite. Quel cafard avec ce temps car la pluie ne décesse pas. La journée traîne on longueur. le soir après dîner nous faisons des Pets-de-nonne pour les Rois mais nous oublions d'y mettre un roi dedans. Coucher à minuit.

7 Janvier 1916

Levé à 7 heures et demie. Il fait beaucoup de vent. Après la visite le Capitaine nous demande d'organiser un concert pour le 15. Je ne sais ce que nous allons faire car ici ce n'est pas très commode. À 3 heures et demie nous sommes tous appelés brancardiers et infirmiers à l'infirmerie. Les Majors Lemoine et Bellion puis le Médecin-chef, Fusiller nous souhaitent la bonne année et à cette occasion il y a petits fours avec vin blanc Boucher, thé, marc de Bourgogne, et enfin cigares. C'est une gentille cérémonie car elle abrège bien les distances entre nos chefs et nous et c'est peut-être ce qui me fait le plus de plaisir. Le canon tonne très fort à quelques centaines de mètres de nous mais on ne peut se rendre un compte exact d'où il vient. Nous allons dîner et à 10 heures et demie nous nous couchons.

8 Janvier 1916

Je me lève à 7 heures quarante-cinq. Le canon qui n'a guère décessé de la nuit continue toujours. À 8 heures et demie le déjeuner. Le tantôt je fais quelques pansements puis vais encore me faire arranger les dents.

Je ne sais ce que nous avons mais en ce moment nous possédons tous un cafard épouvantable. Vraiment tout le monde est las car la guerre devient beaucoup trop longue.

Le soir après dîner je lis un peu et je me couche à 11 heures.

9 Janvier 1916

Levé à 7 heures et demi. Je vais au café puis la visite. Quelques obus passent au-dessus de nous mais heureusement ne s'arrêtent pas. Toujours la même vie monotone et sans changement. La journée se tire lentement et la soirée aussi. Coucher à 11 heures et demie.

10 Janvier 1916

Levé à 7 heures et demie. Sale temps car il va encore pleuvoir. À 9 heures la visite puis déjeuner. L'après-midi est à peu près tranquille. Le soir lecture et coucher à 11 heures.

11 Janvier 1916

Levé à 8 heures. Toujours la même vie monotone. Il tombe une pluie fine qui ne décesse pas. Le tantôt je lis et j'écris. Le soir pareil.

12 Janvier 1916

Levé à 8 heures. Il a gelé et il va faire beau. La visite puis après le déjeuner nous partons à une heure à Réclonville pour faire répétition en vue d'un concert qui a lieu Dimanche à Ogéviller. Nous avons pu nous procurer des instruments dans le pays. J'ai attrapé un coup de froid et ai mal à la gorge. Je vais me faire un collutoire. Fatigué je me couche à 10.30.

13 Janvier 1916

Je me lève à 5 heures car je vais accompagner des hommes à un tir et comme infirmier. Il y a tout 36 kilomètres à faire. Heureusement je trouve le moyen de faire une grande partie en voiture. À 6 heures la visite. Il neige à plein temps. À 7 heures et demie le tir est décommandé. Quelle veine car je ne suis pas bien. J'ai du blanc dans la gorge et j'en souffre pas mal. Le tantôt répétition à Réclonville pour un concert que nous donnons samedi et dimanche à Ogéviller. Mon camarade Debout rentre à 6 heures de Paris. Il me remet un paquet de ma belle sœur Yvonne et de bonnes nouvelles des miens ce qui me fait grand plaisir. Le soir je suis fatigué et me couche à 10 heures et demie.

14 Janvier 1916

Levé à 7 heures. Je vais à la visite pour remettre Debout au courant. Je fais voir ma gorge au Docteur Lemoine – collutoire à l'alum – c'est sérieux et je dois faire attention. Le tantôt à une heure répétition générale pour le concert de demain. On s'y donne beaucoup et cela promet d'être bien. Ensuite nous dînons et nous nous couchons à 11 heures.

15 Janvier 1916

Levé à è heures. À 8 heures et demie, nous allons à une dernière répétition car le concert a lieu ce soir à 5 heures. Je crois que cela ne marchera pas mal. Il paraît qu'il est venu une commission parlementaire. On en parlait depuis plusieurs jours déjà; Ce qui s'est passé est absolument dégoûtant. Sur trois messieurs un s'est arrêté à Bénaménil pour voir son frère et il n'a pas jugé utile de venir jusqu'ici. Les deux autres sont venus jusqu'au pont d'Ogéviller, se sont faits photographier sur ce pont puis sont repartis ensuite. Ils ne sont pas venus du tout dans l'intérieur du pays et n'ont pas vu un homme à qui causer. Voici les beaux messieurs que nous payons pour faire de jolis rapports sur des choses qu'ils ne voient même pas. Je ne veux pas en dire plus long à ce sujet. À 5 heures concert très réussit dont voici le programme:

La Marseillaise
Le Bienvenue par l'orchestre
Chanson faite dans les Tranchées par Zidor
L'Enfant de Paris par Nectou
Les Trucs de Boîtadoux par Poirier
Balade du Roi d'Ys par Nézeloff
Valse Arabesque au piano par Parrot
Noël de Pierrot La Fanchette par Lambert
Vas-y Léon par Brasser
Les Orphéonistes par Victor
Parvenu à la Fenêtre par Philibert
Colette et Colay Polka par l'orchestre
Chanson du Nord par Legros
La Traviata par Poursinez
La Grenouille à Nicolas par Rousseau
J'arrive du Congo par Rousseau
Hérodiade par Nézeloff
L'Anglophobie du Kaiser par Jacqueney
Chanson du Midi par Bromer
Faust par Philibert
Le Sabotier par Lambert
Le Concierge Récalcitrant par Lambert
Le Crucifix par Nézeloff et Jacqueney
Dordoche et Mais Voilà par Müller
Rêverie d'Actualité par Maudit
Lettre du Kronprinz à Son Père par Maudit
Chœur des Alliés par Mr Duval Commandant
du 2ème Bataillon du 37 R.F.G.
Cinéma – Organisé par l'œuvre du foyer du soldat

À l'issu du concert on nous a offert e le Commandant nous adresse quelques mots très émus, puis il nous offre des biscuits et le champagne.

Nous dînons à 8 heures et demie et à 10 heures et demie nous couchons.

16 Janvier 1916

Levé à 7 heures. J'ai un peu mal à la tête. À 10 heures et demie je vais me faire arranger les dents. Nous avons encore concert à 4 heures tantôt. En attendant j'écris. À 5 heures concert, peut-être encore plus réussi que celui d'la veille. Plus d'assurance chez les artistes surtout. À l'orchestre j'ai tenu le violon pour changer un peu. À l'issue du concert on nous a encore offert le champagne. Décidemment notre Commandant fait bien les choses. Nous dînons un peu tard et nous couchons à 11 heures.

17 Janvier 1916

Levé à 7 heures. Il a gelé et il fait très froid. À 2 heures conférence à l'infirmerie par le Docteur Lemoine sur les gaz asphyxiants. À 4 heures j'ai la surprise de la visite de mon ami Schumpff qui est toujours aux autos. Je ne sais ce qui me retient d'aller le rejoindre – cela viendra peut-être qui sait. Une nouvelle: nous devions aller aux tranchées demain et un ordre contraire vient d'arriver. Nous partons après demain en arrière pour 10 à 15 jours à Flin ou à Vathiménil pour prendre du repos. On en est tout épaté car il y a bien longtemps que l'on parlait de cela. Le tantôt je passe mon temps à lire et à écrire. Nous nous couchons à 10 heures et demie.

18 Janvier 1916

Levé à 7 heures et demi. C'est décidé. Nous partons demain à Flin. Toute la journée on se prépare pour le départ. Il paraît que l'on vient là pour 10 jours. Après le déjeuner je passe mon temps à faire des cigarettes. Le soir coucher à 10 heures et demie.

19 Janvier 1916

Levé à 7 heures. On se prépare à partir. Nous allons exactement à Ménil-Flin. À 10 heures cinquante-cinq, nous partons bien en ordre et sous les ordres du Commandant. la route est un peu pénible car il y a beaucoup de boue. Nous traversons la forêt de Mondon, puis nous arrivons à une heure et demie à Ménil-Flin. Nous nous installons chez le facteur où nous faisons popote. Puis avec mon camarade Dupas je trouve un lit dans une superbe chambre pour dix sous par jour pour nous deux. À 9 heures et demie je me déshabille et je me couche. Je goûte la douceur d'être dans de bons draps. Je m'endors d'un bon sommeil. Tout d'un coup à minuit précises, quatre détonation formidables. On se demande ce que cela peut bien être. Je me rendors.

20 Janvier 1916

Je me lève à 8 heures. Tout le pays est en émoi et voici pourquoi. Les détonations entendues sont le résultat d'un aéro Boche qui a cherché à bombarder le pays. Le plus beau est que l'aéro a atterri à environ un kilomètre de là par suite d'une panne. Tout le monde va le voir. J'y vais aussi. L'aéro est par terre le nez piqué en terre. Le tube d'essence et du silencieux sont rompus. Une aile est déchirée. Les deux aviateurs se sont enfuis. Je rencontre peu après le Commandant qui m'informe que les deux aviateurs ont été arrêtes à St Clément. Il y va aussi.

J'oubliais que le facteur nous a rapporté une conversation un peu spéciale. À la mobilisation il était dans un village frontière. Il a vu l'entrée des Allemands et par ordre s'est replié jusqu'à Verdun. Là il a vu un régiment d'artillerie du Midi (le 23ème) qui avait abandonné ses pièces. Tous les officiers ont été fusillés sur place et les hommes ramenés à leur post de combat par au moins 200 gendarmes. Mais il était trop tard car les Boches étaient passés à ce moment-là. Voici des faits précis pour un homme qui les a vécus.

C'est du beau. Le soir je me couche à 10 heures et demie.

21 Janvier 1916

J'ai fait une bonne nuit. À 3 heures je suis réveillé par un rat. Je le cherche mais comme je ne le trouve pas, je me recouche jusqu'à 8 heures. Le tantôt nous allons chercher du bois dans la forêt de Mondon. J'apprends que lundi où mardi nous devons faire ici un concert avec cinéma. Le canon tonne fort mais très loin. Le tantôt je scie du bois pour passer mon temps. Le soir nous faisons une manille et nous nous couchons à 10 et demie.

22 Janvier 1916

Levé à 7 heures et quart. À 8 heures et demie nous allons à une répétition en vue d'un concert jusqu'à 10 heures passés puis à 2 heures nous y retournons. Nous en revenons vers 4 heures. Le soir après dîner nous faisons une manille et nous nous couchons.

23 Janvier 1916

Levé à 7 heures et demie. À 8 heures et demie je vais à la messe à Flin. À 9 heures et demie nous faisons répétition jusqu'à 10 heures et demie. Puis après le déjeuner nous allons encore à la répétition jusqu'à 4 heures. Il fait un beau soleil et une douceur de printemps. Ici l'on mène la bonne existence et l'on voudrait y terminer la guerre.

Dernier tuyau: on doit remonter à la Rognelle samedi prochain mais rien n'est encore fixé malgré tout. Avant le dîner j'écris un peu. Après le dîner il nous prend une idée pas ordinaire. Il paraît qu'il y a pas mal de grenouilles dans les mares avoisinantes les champs. Nous voulons en faire la pêche sur le conseil d'un camarade qui en prend beaucoup dit-il en allumant une bougie sur une planche au bord de la mare les grenouilles viennent toutes seules et il n'y a plus qu'à les prendre. À 8 heures et demie nous partons à travers les champs. Il fait froid car il commence à geler. Nous tentons l'expérience par deux fois et . . . naturellement nous ne prenons rien. Nous rentrons vivement et je me couche à 10 heures car je suis très enrhumé.

24 Janvier 1916

Levé à 7 heures et demie. Je me sens tout mal fichu et l'on dirait que j'ai la grippe. À 8 heures et demie la répétition. Le tantôt une nouvelle. C'est décidé nous reprenons les tranchées samedi pour deux pois. Le tantôt encore répétition puis je rentre me coucher car j'ai de la fièvre et je n'arrête surtout pas de tousser.

25 Janvier 1916

J'ai passé une mauvaise nuit. Tout le temps tousser sans arrêt. Au matin mes camarades viennent me voir et Debout ramène avec luis le Docteur Lemoine. Celui-ci m'ausculte de très près. Je n'ai rien aux poumons mais seulement de la trachéite. Il me conseil de rester couché toute la journée. Mais je ne puis y résister et me lève. La tête me tourne. Naturellement je ne vais pas à la répétition aujourd'hui et le tantôt je reste au chaud. À 9 heures je monte me coucher.

26 Janvier 1916

Je me lève à 10 heures. Grâce à une pilule d'opium j'ai dormi un peu et surtout un peu moins toussé. Le tantôt à 2 heures et demie, je vais à la répétition car cela ne va pas plus mal. Le concert à l'air de bien marcher. Le soir nous faisons une manille et nous tuons un lapin pour le lendemain. Je me couche à 11 heures.

27 Janvier 1916

Levé à 7 heures et demie. Répétition à 8 heures et demie. On nous photographie. J'ai les étourdissements et ne suis pas encore bien remis. À 5 heures le concert avec cinéma. Pas mal en général mais un peu long. En effet cela dure jusqu'à 9 heures. La salle était comble. Il y avait environ 400 personnes. En sortant nous allons dîner avec un beau et bon lapin. Je me couche à 11 heures et demie.

28 Janvier 1916

Levé à 8 heures. Il fait un temps brumeux et triste et il tombe une petite pluie fine. on sent un air las et mécontent car demain l'on remonte à l'appui 6 et cela ne fait l'affaire de personne. Enfin il faut bien subir ce que l'on ne peut empêcher. Ma grippe va un peu mieux. Je vais voir un de mes camarades (Grégoire) qui est nommé Sous-lieutenant à la 8ème Compagnie. Nous nous tutoyons naturellement et cela étonne un peu les autres. Je passe une demi-heure avec lui dans sa chambre puis je rentre pour dîner et nous nous couchons à 10 heures et demie.

29 Janvier 1916

Levé à 7 heures et quart. Nous nous apprêtons au départ. Nous déjeunons à 9 heures et à 10 heure et quart – en route. Dans un champ à un kilomètre de là nous sommes à 10 heures et demie passés en revue par le Général de Riberpray. Il nous fait un discours plein de pommade, nous appelant ses chers camarades – merci on connaît cela – toujours des belles paroles. Quand donc ces messieurs passeront-ils à des actes qui valent la peine que l'on prête une oreille attentive à tous leurs discours. Enfin c'est leur rôle paraît-il mais il me semble bien peu noble auprès de celui que l'on demande aux pauvres fantassins. Ensuite nous reprenons notre marche à travers la forêt de Mondon dans quinze centimètres de boue. La route est très pénible. Nous arrivons à Ogéviller où nous nous reposons une heure puis nous repartons pour Blémerey où nous arrivons par une route très dure à travers champs. Enfin nous prenons notre poste à l'appui 6 dans notre ancien abri. Le Boches tirent pas mal de ce côté maintenant et il faut paraît-il faire très attention. La soirée se passe à peu près et comme nous sommes très fatigués à 10 heures nous nous couchons.

30 Janvier 1916

Levé à 7 heures et quart. Je vais chercher le café. Il ne fait pas chaud. Cela bombarde un peu autour de nous mais sans nous atteindre heureusement. Pour passer le temps nus scions du bois toute la journée à tour de rôle et entre temps nous écrivons. Nous dînons puis vers 8 heures le bombardement devient plus intense pendant une heure environ. Vers 10 heures cela cesse et nous nous couchons.

31 Janvier 1916

Levé à 7 heures et demie. Cela bombarde pas mal autour de nous. On sent un peu d'excitation. Nous devons être relevés ce soir pour descendre deux jours à Blémerey. Le tantôt je vais jusqu'au village pour chercher de l'hyposulfite et du carbonate de soude contre les gaz asphyxiants.

Le Capitaine part ce soir en permission. Il a bien de la chance. le soir les journaux nous apprennent qu'un zeppelin a bombardé Paris et y a fait des victimes et des dégâts. Nous sommes tous très inquiets car nous pensons aux nôtres surtout que nous ne recevons pas grandes nouvelles en ce moment. Je me couche à 10 heures.

1er Février 1916

Levé à 7 heures. À 8 heures la visite à laquelle nous assistons. Les Boches bombardent pas très loin. Le tantôt je lis et j'écris. Le soir un peu de bombardement puis tout va bien. Je me couche à 10 heures et demie.

2 Février 1916

Levé à 7 heures et demie. Ma trachéite m'a repris. J'ai tellement toussé toute la nuit que mes camarades on signalé le fait au Docteur Lemoine. Celui-ci veut m'examiner de très près. Après un bon quart d'heure d'auscultation il me dit que je n'ai rien de dangereux mais il veut me suivre et veut m'ausculter chaque jour à la visite. Je ne vois pas ce que je puis avoir à part un cafard monstre bien entendu.

Le soir nous montons à l'appui 6. En route j'apprends que l'on demande des automobilistes. Immédiatement je vais me faire inscrire au bureau du Commandant. Ai-je bien fait je ne sais mais je suis si dégoûté de la vie que je mène que si je réussi cela me changera peut-être un peu. Espérons que tout se passera bien. Vers 9 heures et demie une canonnade assez forte puis à 10 heures nous nous couchons.

3 Février 1916

Levé à 7 heures. La nuit s'est bien passée. Je vais à la soupe à 9 heures car je dois aller voir le Docteur Lemoine mais j'arrive trop tard car sa visite est déjà passée. J'ai pensé aux autos pendant la nuit. Seras-ce un avantage pour moi je ne sais. En tout cas ici les Boches bombardent depuis ce matin et ce n'est guère agréable. Le tantôt je vais avec Debout à la tranchée 2 pour vérifier les appareils Vermorel (appareils destinés à faire partir les gaz des tranchées). Vers 3 heures et demie nous sommes assez fortement bombardés sur la Rognelle puis un obus vient tomber à 30 mètres de nous. Vers 4 heures tout rentre dans le silence. La soirée est plus calme et à 10 heures et demie nous nous couchons.

4 Février 1916

Levé à 7 heures et demie. Il fait un temps superbe et chose bizarre on ne bombarde pas. Mais j'ai parlé un peu trop tôt. Vers 10 heures bombardement sur Blémerey. Vers une heure cela devient infernal. Plus de 100 obus sont lancés sur Blémerey où il y a un mort et è blessés. Rien que des 105 et sur tout le village. Vers 4 heures cela se calme un peu et l'on peut aller chercher la soupe. Pas de nouvelles des autos mais cela est encore un peu trop nouveau. Le soir Je me couche à 10 heures.

5 Février 1916

La nuit a été calme mais j'ai beaucoup tourné. je me lève à 6 heures et demi et je vais au café. La matinée se passe à peu près. Le tantôt cela bombarde de part et d'autre mais sans résultat. Dans l'après-midi le Docteur Lemoine monte me voir pour prendre de mes nouvelles. Nous causons longuement de choses et d'autres puis l'on scie du bois pour tuer le temps. La soirée est bonne et nous nous couchons vers 10 heures. Je tourne beaucoup avant de m'endormir.

6 Février 1916

Je me lève à 6 heures et je vais au café. Beaucoup de brouillard qui se dissipe assez vite. Nous voyons une dizaine d'avions français qui reviennent d'un raid. Ils sont superbes. Les Boches tirent dessus sans en atteindre un seul. Le tantôt encore du bombardement sur les abris de la Rognelle. À 5 heures et quart nous sommes relevés. Nous redescendons pour deux jours à Blémerey. Nous nous couchons d'assez bonne heure à 9 heures et demie.

7 Février 1916

À 2 heures du matin je vais avec un camarade (Verport) à l'appui 6 tranchée 1 chercher un blessé. C'est un Maréchal des logis du 6ème Chasseurs à cheval qui dans une patrouille a reçu à bout portant une balle en plein ventre. Le foie et les intestins sortent. Il souffre horriblement. Nous rentrons le tout autant que nous pouvons. Le Docteur Lemoine lui fait deux piqures de morphine. Il s'assoupit un peu À 5 heures et quart une auto vint le chercher pour transporter à l'hôpital de Lunéville. À cette heure-là il vit encore. Maintenant Dieu seul sait peut-être ce qu'il en est. C'est triste tout de même de voir de pauvres jeunes êtres arrangés de cette façon. Je ne me recouche pas. À 6 heures je vais au café puis la visite à 8 heures et demie. Comme j'ai encore beaucoup toussé le Docteur Lemoine m'ausculte. Il me trouve un léger râle de bronchite au sommet du poumon droit. Il me fait poser des ventouses par Debout. Je ne crois pas que cela fasse grand' chose. Un peu de bombardement passe au-dessus de nous sans s'arrêter heureusement. Le tantôt est à peu près calme. Le soir je suis bien fatigué aussi à 8 heures et demie je vais me coucher.

8 Février 1916

Levé à 6 heures et demie. J'ai passé une bonne nuit car j'étais très fatigué. Puis je ne sais si ce sont les ventouses qui m'ont fait du bien mais j'ai beaucoup moins toussé. Nous devions partir ce soir à Vathiménil pour 4 jours et dans la matinée on nous apprend que nous y allons pour 8.

À 11 onze heures le Docteur Lemoine arrive et nous informe que tout est changé. Au contraire nous restons 8 jours de plus ici. Oh! Beautés du métier. Dire que c'est toujours la même incohérence. C'est sans doute avec ces procédés-là qu'on les aura. Dire qu'il y en a encore qui conserve des illusions – naïveté humaine va.

Le tantôt on nous apporte un blessé de Reillon. L'auto vient nous le chercher une heure après. Ensuite nous sommes à peu près tranquilles aussi j'en profite pour écrire. Nous dînons et nous couchons à 9 heures et demie.

9 Février 1916

Levé à 6 heures et demie. Je vais au café. À minuit et demi j'ai encore beaucoup toussé. Cela est assonant. À 8 heures et demie la visite. Les Boches tirent un peu et pas très loin. Quelques obus tombent sur le village mais sans atteindre personne. À 8 heures un homme s'est fait blesser par un wagonnet. On nous l'amène et il reste avec nous une partie de la nuit. Nous nous couchons à 10 heures.

10 Février 1916

Je me lève à 6 heures et demie et vais au café. Changement de temps. Il fait très froid et il y a au moins 10 centimètres de neige. La matinée est assez calme. Le tantôt la neige tombe sans discontinuer. Il y en a bien 15 centimètres maintenant. À 3 heures nouveau bombardement sur des batteries à environ 200 mètres de là. Nous restons à notre poste malgré tout. À 3 heures et demie mon ami Schumpff qui est aux autos maintenant vient me voir en passant. Je lui apprends que j'ai fait une demande pour aller aux autos. Il me dit qu'il va s'occuper de moi mais cela demandera de 15 jours à trois semaines. À 4 heures et demie nous montons à l'appui 6 où nous arrivons sans encombre. La soirée est assez calme. Nous nous couchons à 10 heures.

11 Février 1916

Levé à 6 heures. Je vais au café. Il fait très froid et malgré cela il dégèle un peu. Cela sent la poudre dans l'air car le canon tonne de bon matin et surtout de côté Boche. La canonnade s'accentue de plus en plus entre 10 à 11 heures. Les tranchées s'écroulent sous les obus. On croirait à une préparation d'attaque. Vers deux heures le Docteur Lemoine vient nous voir à notre abri. Je le félicite chaudement par quelques mots bien placés car il vient d'avoir la Croix de Guerre. Il l'a d'ailleurs bien mérité. Il est très sensible à mes paroles et me le fait comprendre. À 7 heures l'artillerie qui s'était un peu arrêtée reprend. Comment allons-nous passer la nuit. au milieu de la nuit violente canonnade qui nous tient en alerte pendant un bon moment. Cependant on ne nous appelle pas. Donc c'est que tout va bien.

12 Février 1916

Levé à 7 heures et demie. J'apprends que pendant la nuit les Boches sont venus en une forte patrouille jusqu'à nos réseaux et en ont coupés les fils de fer. Ils on été bien reçus car nos hommes ait déchargé sur eux en tout 5,000 cartouches. Ils vont sans doute se venger. À 9 heures je vais chercher la soupe en plein sous les obus car la danse commence. Jusqu'à 6 heures du soir c'est tout à fait infernal. Nos tranchées sont bouleversées et il n'y a plus moyen de se servir des boyaux de communication. Tout est chambardé et plein d'eau. Certainement il va y avoir une attaque. Cela ne peut être autrement, car tout l'indique. Pas encore un seul blessé. J'en suis stupéfait car les quelques hommes que nous voyons nous disent que cela tombe en plein sur eux. Vers 6 heures et demie brusque accalmie. Est-ce que l'attaque Boche serait coupée. Je crains fort que la nuit nous réserve des surprises. À 9 heures et quart je sors pour un besoin pressant. C'était calme quand au même instant arrivait 8 shrapnels pas très loin de moi. J'ai fait un bond énorme. C'est heureusement plus loin que je ne pensais. 10 Heures – d'un seul coup l'attaque se déclenche sur Reillon. Fusils-mitrailleuses et les canons tout donne à la fois. C'est un véritable enfer. Pourtant on ne signale pas un seul blessé de chez nous. L'affaire dure trois quarts d'heure environ. À 11 heures et demie tout paraît à peu près calme. À minuit et demi nous en profitons pour nous coucher.

13 Février 1916

À 4 heures et demie cela rebombarde furieusement auprès de notre abri. Nous nous levonsd'un bond et de nouveau nous nous tenons en alerte. Mais ce n'est rien et à 5 heures et demie cela paraît terminé. Cependant nous ne nous recouchons pas. La matinée se passe à peu près mais cela tiraille tout le temps. À 4 heures je vais chercher la soupe pour redescendre ensuite à Blémerey car nous redescendons là pour 3 jours. J'étais à peine arrivé que l'orage recommence et c'est un concert infernal. J'arrive juste en bas pour secourir un malheureux qui s'est cassé une cheville. Je lui fais un pansement sommaire et j'envoie chercher le Dr Lemoine. Celui-ci son travail fait m'agrippe et me parle des autos. Il me dit que j'ai tort d'y aller à cause de ma constitution un peu faible. Sans blague où diable a-t-il vu cela. Pourquoi pas la reforme alors. À 7 heures le concert recommence. Va-t-on seulement être tranquille la nuit. À 10 heures nous nous apprêtons à nous coucher lorsque l'on vient nous chercher pour un blessé. Deux y vont. C'est un homme qui s'est fait une entorse. Cela nous tient debout jusqu'à minuit et demi. Enfin nous nous couchons.

14 Février 1916

Levé à 7 heures. J'ai bien dormi car j'étais vraiment fatigué. À 8 heures et demie la visite. Beaucoup de travail. Le tantôt alors que nous pensions être tranquille arrive un bombardement dans le bas du pays. Heureusement tout se passe sans accident. Ce soir il pleut à torrent. À 9 heures et demie au moment de nous coucher part une canonnade des plus intenses de notre part. C'est effrayant et cela dure une heure. Enfin à 11 heures nous nous couchons.

15 Février 1916

Le reste de la nuit a été bon. Levé à 6 heures. Je vais au café puis la visite. La journée est à peu près tranquille car il fait une tempête de pluie et de vent pas ordinaire. Une grande partie de l'après-midi se passe à faire des pansements. Couché à 10 heures.

16 Février 1916

Levé à 7 heures et demie. Le médecin-divisionnaire à 5 galons nous tombe sur le dos. Naturellement rien n'est bien. La visite se passe tard. Il fait toujours un très mauvais temps. Ce soir nous montons à l'appui 6 pourvu que tout se passe bien. Le tantôt pas mal de pansements et de ventouses. À 45 heures et demie nous montons à l'appui 6 par un temps qui n'a rien d'humain – un véritable ouragan de pluie et de vent – de la boue jusqu'à mi-jambe. Il faut être Français pour accepter une situation pareille. Enfin nous arrivons à notre poste. Il y a du feu dans l'abri et ce n'est pas de trop pour nous sécher. On dîne et on n'est pas long à se coucher car on est éreinté.

17 Février 1916

La nuit a été bonne. Je me lève à 7 heures. Il pleut moins mais il fait toujours autant de vent. Toujours un peu de bombardement pour ne pas en perdre l'habitude. La journée se passe à peu près. Vers 4 heures cela rebombarde pas mal. À 5 heures je vais à la soupe et je m'en tire à peu près. À 10 on vient nous chercher. Un chasseur à cheval du 6ème est blessé au biceps gauche. On va le chercher à la tranchée 1. Tout se passe sans accident. Ensuite nous faisons une partie de cartes pour nous remettre. À minuit nous nous couchons.

18 Février 1916

Le reste de la nuit a été bon. Je me lève à 7 heures et demie. Le temps est encore très menaçant. Ce soir nous sommes relevés et nous commençons par aller passer 4 jours à Herbeviller. À 5 heures nous partons sous la pluie battante. En route un malade dont il faut porter le sac. Nous faisons la route bien péniblement. À 7 heures nous sommes à Herbeviller où heureusement nous ne sommes pas mal installés. Nous faisons du feu pour nous sécher, causons un peu et à 10 heures nous nous couchons.

19 Février 1916

Levé à 6 heures et demie. Je vais au café. Encore de la pluie. Nous passons notre journée à nous installer confortablement. Nous faisons notre popote nous-mêmes ce qui nous permet de nous restaurer un peu mieux. le tantôt je lis et j'écris et à 10 heures je me couche.

20 Février 1916

Levé à 6 heures. Je vais au café. Il doit y avoir une revue passée par un Général et des parlementaires. Or à midi on apprend que ces messieurs n'ont pas dépassé Bénaménil et les hommes ont passés toute la matinée à s'astiquer pour les recevoir. C'est une honte. Il a un peu gelé dans la nuit et il fait un temps superbe et le soleil est presque chaud. C'est dégoûtant d'être là surtout que c'est dimanche. Le tantôt seulement un peu de bombardement mais au loin. La journée se passe à peu près. Le soir couché à 10 heures.

21 Février 1916

Levé à 7 heures et demie. Il a gelé très fort dans la nuit mais maintenant il fait beau soleil. Cela sent le printemps. À 9 heures je m'occupe du ravitaillement. Le tantôt des avions boches et français se baladent et on tire dessus à qui mieux mieux. Jusqu'à présent pas d'accidents. La soirée se passe à peu près. Pourtant vers 7 heures le canon donne pas très loin et d'une façon assez suivie. À 10 heures nous nous couchons.

22 Février 1916

Levé à 7 heures et demie. Toute la nuit le canon a donné très fort sur le bois Zeppelin. Ce matin il y a plus de 10 centimètres de neige partout et il ne fait pas chaud. Ce soir nous montons pour 4 jours à la Haie d'Albe. Il va y faire bon. À 6 heures nous arrivons à la Haie d'Albe. On a fait un parquet tout le long du chemin et ainsi il n'y a pas de boue. Nous nous installons. L'abri est toujours le même sauf que l'on en a enlevé la paille si bien que nous couchons à même la planche. À 9 heures le Capitaine vient nous voir et cause quelques instants avec nous. À 10 heures nous nous couchons.

23 Février 1916

Levé à 7 heures. La nuit a été à peu près calme. Au loin on entend un grondement qui dure depuis 3 jours et 3 nuits sans décesser. Il paraît que les Boches cherchent une forte attaque du côté de Verdun. Il fait très froid car il y a 11 degrés au-dessus de zéro. À 9 heures je vais à la soupe et cela me réchauffe un peu. Cela bombarde sur St Martin et sur le Bois Vannequel. Le tantôt je visite les tranchées. Le soir à 9 heures vive fusillade toujours sur le bois Vannequel. Au milieu de la nuit même fusillade mais sans accidents heureusement.

24 Février 1916

Levé à 7 heures et demie. La neige tombe en abondance et sans décesser. Toujours de la canonnade sur Verdun. Il paraît que malgré tout, les Boches ont fait fiasco de ce côté. À 9 heures je vais à la soupe. Le tantôt se passe à peu près. Le soir on annonce de fortes patrouilles partout. En prévision de cela on se couche à 9 heures.

25 Février 1916

Levé à 7 heures et demie. Jamais peut-être nuit n'a été aussi calme. Il fait encore très froid et il neige. Le tantôt le Sous-lieutenant Rogier vient se faire panser. Il a été atteint très légèrement par une balle de shrapnell au bas de la jambe droite en allant dans des postes avancées. Je le panse moi-même. Pendant ce temps on lui annonce qu'il a la Croix de Guerre (Pas pour cela naturellement) Malgré sa blessure il ne se tient plus de joie. En attendant cela tape toujours dur sur Verdun. À 9 heures on nous apprend que nous maintenons l'ennemi de ce côté. À 9 heures et demie nous nous couchons.

26 Février 1916

Levé à 7 heures et demie. Il a gelé quelque peu et maintenant il fait un beau soleil. Les permissions sont suspendues car les voies sont encombrées par les transports de troupes du côté de Verdun. On a aucun renseignement frais de ce côté. Que se passe-t-il donc, car cela tape toujours très fort. Ce soir nous sommes relevés pour aller 8 jours à Ogéviller. Ce n'est pas dommage et cela nous fera du bien. À 6 heures nous sommes relevés et nous allons à Ogéviller par une nuit très noire aussi la marche est- elle très pénible. Une fois de plus les sous-officiers nous ont pris notre ancien logement. Nous en prenons une autre qui consiste en une grande chambre sans carreaux et sans poêle – aussi sommes-nous transis toute la nuit.

27 Février 1916

Levé à 6 heures et demie. Nous avons gelé toute la nuit. Heureusement nous avons affaire à une brave femme. Il y a en bas une pièce très grande et avec un poêle. Elle nous laisse passer la journée dedans et de même nous allons tâcher d'y coucher.

Un tuyau: un aumônier a paraît-t'il parié 45,000 francs avec un capitaine que la guerre serait finie à fin Mars. S'il pouvait gagner son pari qu'elle chance ce serait pour lui – et pour nous. L'après-midi se passe à peu près. Le soir vers 6 heures nous sommes bombardés mais cela dure peu de temps. Malgré cela il y a un blessé. Pendant ce temps à St Martin bombardement aussi mais avec plusieurs blessés. Le soir à 8 heures je vais aider un chargement du blessé. Ma surprise est grande de voir l'auto-sanitaire conduite par deux anglais très chics. Qu'est-ce qu'ils viennent faire ici lorsque tant d'autres tels que moi demandent à aller aux autos. Pourquoi nous prennent-ils les places? C'est absolument honteux. Je rentre littéralement écœuré et presque en colère. À 11 heures et demie je me couche dégoûté. J'oubliais un désastre à l'appui 1 face à Domèvre. Un obus de 210 est tombé en plein sur l'abri du commandement. Il a tué un capitaine, son ordonnance et deux téléphonistes.

28 Février 1916

Levé à 7 heures et demie. La nuit a été calme. Le matin se passe à peu près et l'après-midi aussi. À 6 heures je vais avec Debout poser des ventouses à une Dame Robert (75 ans) pauvre vieille. Une dépêche nous est communiquée. Nous progressons côté Verdun mais aux prix de pertes insensés de part et d'autre. Le soir après le dîner nous faisons une partie de cartes. À 11 heures et demie nous nous couchons.

29 Février 1916

Levé à 6 heures et demie. Il fait un temps de printemps. Cela tape très fort un peu partout. Il paraît que l'offensive est arrêtée côté Verdun. Tant mieux si c'est vrai. Le tantôt je passe mon temps à scier du bois. La soirée se passe à peu près. À 10 heures nous nous couchons.

1er Mars 1916

La matinée se passe mais à 11 heures un fort bombardement. Coup de théâtre. À deux heures on m'a averti que je pars dans une heure pour Lunéville pour être le lendemain à Nancy aux autos. Je ne me tiens plus de joie. Adieu la tranchée – mais aussi au revoir aux copains – comme la chanson est juste. On a beau faire le malin ça nous fait tout de même quelque chose. Qui sait si l'on ne se reverra jamais. J'ai bien la larme à l'œil mais j'avoue que mon plaisir passe tout. Qu'arrivera-t'il je ne sais mais cela ne peut être pis que la vie que j'ai menée ici. Nous partons à 10 ensemble. Au trot de deux mules nous arrivons finalement à Lunéville à 8 heures et quart le soir. On nous reçoit à l'hôtel du Cheval Hongrois où nous couchons.

2 Mars 1916

Levé à 5 heures. À 6 heures, dix-sept, nous prenons le train pour Nancy. Nous arrivons à la caserne Drouot. Formalités, puis nous passons l'examen de voiture. Je conduis très mal mais il paraît que cela va très bien. Je déjeune à la cantine puis je vais chercher une paillasse pour me coucher. Ici c'est la vie de caserne en plein mais il paraît que l'on ne fait qu'y passer quelques jours. On nous affecte rapidement à une section. J'attends donc une affectation prochaine. Je suis un peu abruti. J'espère que cela va mieux. Le soir je mange à la cantine et je me couche à 9 heures.

3 Mars 1916

Levé à 6 heures. On va à l'appel à 7 heures. Je suis désigné pour une corvée de charbon. J'y vais en camion et l'on traverse toute la ville. On charge 3,000 kg. On les ramène et on les décharge ensuite. Quelle vie mouvementé ici. Ce matin j'ai déjeuné en ville à la brasserie Wagner – très bien mais un peu cher. Ce qui c'est chic de voir de grandes maisons toutes entières et des petites femmes propres dans la rue. Ce qui m'ennuie c'est que j'ai idée que l'on me regarde tout le temps en me prenant pour un embusqué. Et puis zut après tout ce serait bien un peu mon tour. Le tantôt continuation du déchargement de charbon. Le soir je dîne à la cantine et ensuite nous allons avec des copains prendre le café en ville. À 9 heures il y a l'appel comme à la caserne et aussitôt après l'on se couche.

4 Mars 1916

Levé à 6 heures. Je vais chercher le café car je suis de chambre. De ce fait je suis exempt de corvée pour la matinée. J'en profite pour me raser et faire un peu de toilette. je mange à l'ordinaire qui n'est pas mauvais. Ici l'on mange dans un réfectoire et dans des assiettes. Cela me paraît presque du luxe. Le tantôt je fais une corvée qui n'est pas fatigante. Elle consiste à enlever des cordes en bois d'une chambre pour les mettre dans une autre. À 3 heures je suis libre et j'en profite pour écrire. J'ai attrapé un sacré rhume de cerveau. En somme le service est peut-être un peu dur mais quel changement avec l'activité que l'a et puis – pas d'obus. Mon cafard à l'air de ce fait de se passer un peu. Après dîner je vais avec des camarades faire une manille à la brasserie Wagner puis je me couche à 9 heures et demie.

5 Mars 1916

Levé à 6 heures et quart. Je suis de garde à 7 heures – j'y vais – c'est intéressant. À 11 heures et demie on m'appelle au bureau pour être affecté à une voiture et partir de suite. Le hasard veut que celui qui vient me chercher est un clerc de notaire qui j'ai connu dans le civil. Comme il fait partie du bureau, je m'arrange avec lui et il en fait partir un autre à ma place. Je me trouve bien ici et je ne suis pas pressé de m'en aller. Mais je crois qu'il me faudra partir demain où après, car en ce moment-ci il y a beaucoup de départs. Espérons au quoi qu'il arrive je serai bien. Je prends la garde le soir de 9 à 11 heures. Puis le matin de 5 à 7 heures.

6 Mars 1916

Je relève le garde et j'ai la matinée de libre. Le tantôt je range du coke. La soirée se passe puis après dîner je vais à la brasserie Wagner. Pas de départ encore aujourd'hui.

7 Mars 1916

Levé à 6 heures. À 7 heures je vais en corvée de coke. Je suis très ennuyé car je vois bien que j'ai attrapé des poux et je ne sais que faire ici pour les faire passer Le tantôt je suis libre et j'en profite pour écrire. Le soir, brasserie Wagner et couché à 9 heures.

8 Mars 1916

Levé à 6 heures. Je vais à l'école des touristes. L'instructeur n'est pas doux et il ne me trouve pas épatant. Il faut dire que je ne lui montre pas tout mon savoir-faire car je ne suis pas pressé de partir d'ici. Le tantôt école de marche-arrière qui n'est pas très facile. le soir café et couché à 9 heures.

9 Mars 1916

Levé à 6 heures. Il neige à plein temps. Je ne suis pas de corvée et n'ai rien à faire. un secrétaire me fait demander au bureau de la 45 (45 est la section d'atelier de réparations. C'est un charmant garçon qui m'informe que mon ami Schumpff me fait demander avec lui à la TM (Transports Matériels) à Marainviller. Il en a parlé au Lieutenant Jacotin (qui commande le parc avec le Lieutenant de Crozal). Il a promis de me faire incorporer à la 499. À 3 heures on me fait appeler pour partir avec une voiture à Lunéville à la 3ème Division de Cavalerie. De suite je vais voir le Lieutenant Jacotin qui m'empêche de partir et me confirme que je ne serai affecté qu'à la 499. Me voici donc en principe tranquille. Le tantôt j'écris. Le soir Brasserie Wagner et coucher à 9 heures et demie.

10 Mars 1916

Levé à 6 heures. Je n'ai rien à faire car je ne suis pas de corvée. J'en profite pour écrie car tantôt sans aucun doute je serai occupé. Erreur le tantôt rien à faire encore. J'en profite pour mettre un peu mes affaires en ordre. Le soir brasserie Wagner et coucher à 10 heures.

11 Mars 1916

Levé à 6 heures et quart. Beaucoup de départs aujourd'hui mais moi je reste toujours là. Je vais à l'école où je constate que je ne suis pas très fort sur la marche-arrière. Ensuite je vais prendre une bonne douche dans l'espoir qu'elle me débarrassera de mes poux. Le tantôt corvée de sable. Ce matin à cause d'un imbécile je me suis fait une foulure du poignet droit en mettant la voiture en marche. L'élève avait mis son lever de vitesse entre deux crans. Sur le moment j'ai cru ne rien avoir mais le tantôt comme je souffrais je suis allé me fait faire un massage à l'infirmerie. C'est bien mon tour. Le soir brasserie Wagner. J'y vais seul car mes camarades s'en sont allés l'un après l'autre. Mon tour sera sans doute pour la semaine prochaine. Couché à 10 heures.

12 Mars 1916

Levé à 6 heures et quart. C'est dimanche et le quartier est consigné ce qui n'a rien d'agréable. Le matin je suis désigné de corvée mais grâce a mont poignet je m'en fais exempter. Il a beaucoup plu la nuit mais le temps se lève et la journée promet d'être belle. À 9 heures stupéfaction. Arrivée de deux soldats du 37ème dont mon ex-camarade brancardier Dupas. Il vient de passer l'examen des motos. Je suis enchanté de le revoir. Nous passons la journée ensemble. Naturellement nous déjeunons à la cantine puis à 6 heures nous allons à la brasserie Wagner où il y a cinéma. Impossible de dîner là tellement il y a du monde. Je trouve là mon ami Bonet (secrétaire du Lieutenant Jacotin) qui me rend un service de plus. Nous sommes 4 camarades ensemble et grâce à lui on nous fait dîner là quand même. Je lui paye son dîner ce qui est la moindre des choses. Puis nous rentrons et je me couche à 9 heures et demie.

13 Mars 1916

Levé à – heures. Je suis de chambre ce qui va me laisser à peu près libre pour la journée. Le tantôt je suis seulement demandé pour une légère course. Le soir Brasserie Wagner. Coucher à 9 heures et demie.

14 Mars 1916

Levé à 6 heures. Le matin je vais à l'école. Je m'en tire mieux. Le tantôt école de marche-arrière. Cela va bien mieux aussi. Je n'ai pas eu une minute de la journée. Le soir brasserie Wagner. Au moment de se coucher à 9 heures et demie, on entend des bombes en dehors. C'est un avion Boche qui vient au dessus de Nancy. Il est reçu à coups de canon. Un moment après tout est calme.

15 Mars 1916

Levé à 6 heures et quart. Je suis de corvée à la 45. C'est très dur car on pousse continuellement des voitures à la main. À 10 heures et demie on m'appelle au bureau des poids lourds pour me dire que je suis affecté comme second à un camion-bazar. C'est paraît-il ce qu'il y a de mieux. Mais cela ne fait pas mon affaire et je vais voir le Lieutenant Jacotin. Il me dit qu'il m'avait choisi pour cet emploi parce qu'il lui fallait quelqu'un d'intelligent de commerçant et de sur (voyez pommade). Mais puisqu'il m'a donné sa parole pour la 499, il ne dédit pas. Ai-je eu tort ou raison je ne sais. En tous cas j'ai promis de rejoindre mon ami Schumpff et je ferai tout pour cela. En attendant je fais agréé au camion-bazar mon ami Dupas qui en est enchanté. Le tantôt je vais à la corvée à l'usine de pianos Staub d'où l'on déménage tout le matériel. C'est très fatigant. Le soir comme d'habitude Brasserie Wagner où mes camarades me blâment d'avoir refusé le camion-bazar. Couché à 10 heures.

16 Mars 1916

Levé à 6 heures. Je vais au déchargement des marchandises de chez Staub. C'est esquintant car l'on manie des caisses de 150 à 200 kg. Le tantôt même séance. Le soir Brasserie Wagner et couché à 9 heures.

17 Mars 1916

Levé à 6 heures. Encore le corvée chez Staub. Arrivée de deux camarades du 237ème qui viennent aux autos. Ils m'apprennent une bien triste nouvelle. Au poste d'écoute de la Haie d'Albe dernièrement le sergent Necton (un bon garçon) a été tué de deux balles dans le ventre et deux soldats ont été blessés. Le coin devient mauvais et il était temps pour moi de le quitter. Le tantôt toujours corvée chez Staub. Le soir toujours Brasserie Wagner et couché à 9 heures et demie

18 Mars 1916

Levé à 6 heures. Corvée chez Staub. Rien de bien particulier. Le tantôt on termine enfin la corvée de chez Staub. Le soir Brasserie Wagner et couché à 9 heures.

19 Mars 1916

Levé à 6 heures. Je vais à l'école où je suis de meilleur en meilleur – aussi je reçois des compliments. C'est dimanche. À 11 heures et demie je sors avec des amis jusqu'au soir. Nous faisons un bon tour dans la campagne puis nous allons chez Wagner au cinéma. Nous allons ensuite prendre un copieux repas chez un petit bistro où nous sommes très bien. Coucher à 9 heures.

20 Mars 1916

Levé à 6 heures. Le matin corvée de quartier. Le tantôt corvée d'essence. À la fin de la corvée je me pince un doigt entre deux cylindres et me décolle un angle. Je me fais panser à l'infirmerie. Hier j'ai failli partir pour la quatrième fois mais on s'est aperçu de l'erreur et je suis resté une fois de plus. Le soir Brasserie Wagner. Coucher à 10 heures.

21 Mars 1916

Levé à 6 heures. je suis de chambre et j'en profite pour me reposer un peu. Mon doigt frimé me fait un peu mal. Le tantôt je mets de l'ordre dans mes affaires. Le soir Les Cagnas de la Rognelle Brasserie Wagner. Coucher à 9 heures et demie.

22 Mars 1916

Levé à 6 heures. Je me suis encore fait mettre de chambre car ainsi cela m'évite de travailler avec mon doigt malade. J'ai avec cela attrapé un rhume et je suis fort mal fichu. Le tantôt je me repose. Le soir nous allons à un petit café qu'on nous a indiqué. Il y a quelques petites femmes très gentilles et ce n'est pas loin. On s'y amuse pas mal. Coucher à 9 heures et demie.

23 Mars 1916

Levé à 6 heures et quart. Je suis tout mal fichu par un peu de fièvre. Je vais à l'école et fais de la voiture. Le tantôt même séance. J'ai une dent qui s'est désaurifié. Je vais voir le dentiste qui me paraît adroit et est très bien installé. Le soir on va au petit café mais je n'y reste pas longtemps car je sais que j'ai de la fièvre et j'ai hâte de me coucher. Ce que je fais à 9 heures.

24 Mars 1916

Levé à 6 heures. Je demande à ne pas faire de corvées à cause de mon doigt. le tantôt, je vais balayer l'usine Staub. J'en rentre à 5 heures. Le soir au petit café. Coucher à 9 heures et demie.

25 Mars 1916

Levé à 6 heures. Je rencontre mon ami Bigerelle du 37ème dans le civil. Il est professeur de dessin et peinture à Auxerre. Ici on l'a embauché au fait d'auto à faire de la peinture de toute sorte. A mon tour je me fais embaucher par lui et ceci afin d'éviter les corvées. (Qu'est-ce que l'on ne ferait pas pour être tranquille.) Le tantôt même service. Le soir toujours au petit café. Coucher à 9 heures et demie.

26 Mars 1916

Levé à 6 heures. C'est dimanche. Je suis de piquet d'incendie avec les lettres A à K. Le tantôt je trouve moyen de sortir quand même à 5 heures. Impossible d'aller au cinéma chez Wagner tellement il y a de monde. Nous prenons l'apéritif en face puis nous dînons au petit café. Il nous faut faire attention car il paraît au nous sommes visés et signalés comme chahutant un peu trop avec les femmes. Le soir coucher à 10 heures.

27 Mars 1916

Levé à 6 heures. Grâce à la peinture j'y évite encore les corvées. De toute la journée rien de bien particulier. Le soir au petit café où l'on s'amuse toujours pas mal. Coucher à 9 heures et demie.

28 Mars 1916

Levé à 6 heures quarante-cinq. Je suis de garde pour 24 heures. Il fait un sale temps et beaucoup de vent. Vers midi une véritable tempête avec avalanche de neige tombe qui ne décesse pas. Le soir impossible de sortir ce qui m'embête. Je me lève pour prendre la garde de 11 heures à 1 heure de matin, je trouve le moyen d'être une demi-heure en retard. Heureusement il ne fait pas trop froid. À une heure et demie je me recouche.

29 Mars 1916

À 5 heures je vais prendre la garde jusqu'à 7. Je suis encore une demi-heure en retard. À 7 heures la garde cesse. À 9 heures je vais prendre un bonne douche chaude ce qui me remet un peu. Le tantôt je suis de corvée pour aller chercher du sable. C'est un peu dur mais cela passe le temps. Le soir petit café où Géa du petit casino qui est aux autos avec nous nous chate quelques chansons. Coucher à 9 heures.

30 Mars 1916

Levé à 6 heures. Je suis à l'école où je mène une nouvelle voiture, une Rolland Pilain. L'instructeur me déclare épatant. Le tantôt je vais au corvée deux fois à la gare Saint Jean porter les motos. Le soir petit café et coucher à 9 heures et demie.

31 Mars 1916

Levé à 6 heures. Je vais à la corvée de pommes de terre. Le tantôt je range des pneus. Le soir petit café. Coucher à 9 heures et demie.

1er Avril 1916

Levé à 6 heures. Il fait un temps superbe. Visite de taubes. Le canon tonne, pas très loin. On croit que c'est sur Lunéville. Je vais à l'école des touristes où je suis déclaré très bon. Le tantôt exercice de marche-arrière où je suis épatant. Le soir petit café et coucher à 9 heures et demie.

2 Avril 1916

Levé à 6 heures. C'est dimanche. Je suis de sortie. Le matin corvée peu fatigante. On enlève des mauvaises herbes de la cour. Tout va bien quand à 10 heures et quart on vient me chercher avec d'autres pour aller à l'essence. Je suis furieuse car cela dure jusqu'à midi et quart. Je n'ai que le temps de déjeuner vivement puis de me raser et je sors. À 4 heures nous allons au cinéma chez Wagner puis ensuite nous dînons à notre petit café. Coucher à 10 heures.

3 Avril 1916

Levé à 6 heures. Je vais éplucher des pommes de terre ce qui me donne un repos relatif. Le tantôt on m'appelle pour aller passer un examen aux ateliers de la 45 mais c'est une erreur de nom. En tous cas cela me permet de ne rien faire de l'après-midi. Le soir petit café. Coucher à 9 heures et demie.

4 Avril 1916

Levé à 6 heures. Je fais encore la corvée de pommes de terre. Le tantôt on nous fait manœuvrer une pompe pour vider un puisard mais on ne peut y arriver. Le soir on nous fait changer de chambre. C'est ennuyeux de trouver encore de nouvelles têtes. La chambre est composée de gens assez calme et l'on est pas mal malgré tout. Le soir petit café. Coucher à 9 heures et demie.

5 Avril 1916

Levé à 6 heures. Je croyais être de garde mais c'est une erreur. Le matin je vais à la corvée de la 45 qui est longue mais pas bien dure. Le tantôt même travail et pas plus dur. Le soir petit café. Coucher à 9 heures

6 Avril 1916

Levé à 6 heures. Je vais encore à la corvée de la 45 mais c'est bien plus dur qu'hier. Je ne trouve même pas le temps d'écrire. Le tantôt même corvée et aussi pénible. À peine le temps de me raser avant le dîner. Le soir petit café. Coucher à 9 heures et demie.

7 Avril 1916

Levé à 6 heures. Je suis d'école. Je panse l'instructeur qui a mal à un doigt. Le tantôt encore école où tout se passe bien. Le soir petit café. Coucher à neuf heures et demie.

8 Avril 1916

Levé à 6 heures. Comme corvée j'étale du crassier dans la cour. Un camarade vient du 37ème et nous apprend que la 4ème Cie à pris à la Haie d'Albe. 8 morts, 19 blessés, et 11 prisonniers. Décidément il était temps que je quitte la tranchée. Le tantôt même corvée. À 2 heures visite d'un taube qui lance trois bombes. Une à 200 mètres de l'usine à gaz – une autre sur une maison et une troisième au plateau de Malzeville. On ne connaît pas de dégâts. À 3 heures quarante-cinq je vais prendre une bonne douche chaude ce qui est excellent. Le soir petit café. Coucher à neuf heures et demie.

9 Avril 1916

Levé à 6 heures. C'est dimanche. je suis de piquet d'incendie si bien que pour moi c'est un jour ordinaire. Le matin corvée de crassier dans la cour. Le tantôt repos et j'écris beaucoup. Le soir dîner avec des amis en ville. Coucher à neuf heures et demie.

10 Avril 1916

Levé à 6 heures. Corvée de crassier dans la cour. On entend le canon au loin et cela semble drôle. Le tantôt corvée de crassier et d'essence. Le soir à 9 heures quarante-cinq, un taube lance 4 bombes dont 2 à 400 mètres de nous. À 2 heures du matin le canon tonne très fort. Il se passe encore certainement quelque chose sur Verdun. Le reste de la nuit va bien.

11 Avril 1916

Levé à 6 heures. Je suis d'école sur une nouvelle voiture – une Alcyon – très dure à conduire mais je m'en tire fort bien. Le tantôt encore école mais il pleut et je cesse de bonne heure. Le soir petit café. Coucher à neuf heures et demie

12 Avril 1916

Levé à 6 heures. Je vais éplucher les pommes de terre. Je vois passer le brigadier de l'école des camions et il me passe une idée par la tête.

Je vais lui demander de me prendre à son école. Il veut bien. Aussitôt nous partons en campagne. Je tiens le volant pendant trois quarts d'heure sur une route idéale. C'est plus intéressant que de tourner en rond dans la cour sur une touriste. Le tantôt même service et je tiens le volant une heure. Nous allons jusqu'à Neuves-Maisons et Chavigny. Nous faisons ainsi environ 40 kilomètres dans un paysage merveilleux. C'est très intéressant et instructif de conduire ainsi sur la grand' route. Le soir petit café. Coucher à neuf heures et demie.

13 Avril 1916

Levé à 6 heures. Comme hier école de camion et toute la journée. Seulement il pleut à verse et c'est moins drôle. Les permissions qui avaient été supprimées sont rétablies. Il va falloir que je m'en occupe. Le soir petit café. Coucher à neuf heures et demie

14 Avril 1916

Levé à 6 heures. Toujours école de camion et toujours un temps de chien. Mon instruction va de mieux en mieux. Le tantôt encore école. Le soir petit café. Coucher à neuf heures et demie

15 Avril 1916

Levé à 6 heures. Toujours école de camion et toujours de mauvais temps. Le tantôt la même chose. Le soir pour changer un peu Brasserie Wagner. Coucher à 9 heures et demie.

16 Avril 1916

Levé à 6 heures. Un évènement: À l'appel de 7 heures, je suis désigné pour partir à la T.M. 77. Je vais voir le Lieutenant Jacotin et lui rappelle qu'il m'a promis la 499. Il m'apprend que celle ci n'existe plus et comme l'on a besoin de bons conducteurs à la 77 il faut que j'y aille. Je me renseigne. C'est à Chanteheux à 1500 mètres de Lunéville. Je dois partir à midi et demie. Espérons que tout se passera bien. Avant de partir j'en apprends une bien bonne. Le lieutenant n'a pas voulu m'avouer pourquoi il m'envoyait à la 77. La vraie raison en est due paraît-il à une grosse gaffe de ma part. J'ai demandé à faire de l'école de camion il y a quelques jours or lorsque l'on conduit une touriste comme je le fais c'est se fiche du monde – paraît-il que de vouloir faire du camion. Je commençais à m'habituer ici et surtout j'étais hors de danger et pourtant je l'avoue je me sentais comme embusqué et cela finissait par me dégoûter. Enfin il arrivera ce qui doit arriver. Je n'ai qu'à suivre mon sort. À une heure et demie nous partons à 4 en camionnette à Lunéville au parc de la 35ème SPA. De là on doit venir nous chercher pour aller à Chanteheux. Comme le temps passe et qu'il est 4 heures on téléphone et nous apprenons que la 77 à quitté Chanteheux et on ne sait où elle est. À 6 heures nous dînons puis nous allons faire un tour jusqu'au château. Là nous sommes tout surprises d'y voir la TM 77. Nous ne disons rien. Nous ressortons en ville. Nous prenons deux demi de bière et grâce à l'amabilité d'un camarade nous allons nous coucher dans un taudis sur de la paille.

17 Avril 1916

Levé à 5 heures et demie. J'ai malgré tout bien dormi. À 6 heures nous prenons le café et allons à la 35ème SPA où nous attendons toujours que l'on vienne nous chercher. À 11 heures toujours personne. Nous allons déjeuner à la cuisine. À une heur nous rentrons, toujours personne. Quelle anarchie mon Dieu. Un de nous se décide à aller voir au château et il ramène avec lui un camion et le fourrier de la section. À 3 heures et demie nous partons. À 4 heures arrivée présentation au Lieutenant de la section (Lieutenant de Nartillet) qui est ma foi très gentil. Il est rempli de tics – ce sera certainement un copain. On nous installe dans des chambres composées de lits en fer avec de la paille dessus. À 5 heures la soupe puis nous sortons en ville. Avec un camarade nous faisons un tour dans Lunéville puis nous allons au café. On a pris note des permissions. Comme je descends des tranchées je ne tarderai peut-être pas à y aller. À 9 heures je me couche.

18 Avril 1916

Levé à 6 heures. Il a fait une tempête toute la nuit mais malgré tout je n'ai pas mal dormi. Comme je n'ai rien à faire à 8 heures je vais avec deus autres fair un tour dans le parc aux voitures. À 9 heures on m'embauche pour une corvée de paille. À 10 heures et demie on me prévient que je suis affecté comme second en camion numéro 110-086-8. Nous sommes commandés pour 72 heures quarante-cinq pour aller à l'usine Diétrich et de là transporter du matériel à Einville. En revenant d'Einville, c'est moi qui conduit et cela marche très bien. Le soir je me couche à 9 heures.

19 Avril 1916

Levé à 6 heures. Avec mon camion je vais à l'ordinaire en ville. Le tantôt on va chercher un camion de sable. Tout est parfait. Le soir café, puis coucher à 9 heures.

20 Avril 1916

Levé à 6 heures. C'est aujourd'hui mon anniversaire. J'ai 38 ans. On fait de l'école de camion toute la journée et je suis déclaré épatant surtout pour ma conduite à travers la ville. Avec un camarade j'ai trouvé à louer une chambre en ville (20 francs par mois) Nous nous couchons à 9 heures.

21 Avril 1916

Ce matin à l'ordinaire. Tout va très bien. Le tantôt mon camion sort pour un essai. Je m'arrange pour ne pas y aller et ainsi j'ai mon après-midi de libre. Je mets mes affaire en ordre et j'écris beaucoup. Le temps est un peu plus beau et surtout plus chaud. Le soir café, puis coucher dans ma chambre. Avant de me coucher je lis un peu et cela me fait du bien. Je me couche à 10 heures.

22Avril 1916

Levé à 5 heures quarante-cinq. je me rends au quartier à 6 heures et quart. Il n'y a pas encore de service commandé pour la journée. J'en profite pour laver mon camion car il en a besoin. Cela me tient jusqu'à près de 10 heures. À une heure il y a à faire une corvée de bois et j'en fais partie. Nous allons dans la forêt de Mondon en traversant Thiébauménil et Bénaménil – villes que j'ai hélas bien connues dans le temps. La corvée prend fin à cinq heures et demie. Il y a aujourd'hui 13 ans j'épousais ma femme chérie. Que d'évènements depuis ce temps et qui m'aurait dit surtout que nous resterions près de deux ans séparés par cette guerre. Les peuples sont vraiment cruels et il n'est tout de même pas juste que par la faute de quelques imbéciles nous souffrions ainsi dans nos affections les plus chères. Mais rien à faire à cela. C'est une loi de nature sans doute mais divine je ne le crois pas car Dieu ne permettrait pas que les peuples s'entregorgent ainsi. Certes is saura justement punir un jour ceux qui agissent certainement contre sa volonté. Je ne puis m'empêcher de me remémorer à chaque instant cette journée de bonheur d'il y a 13 ans. Mais j'ai confiance et sous peu sans doute Dieu voudra que je retrouve intact mon foyer avec toutes les douceurs d'antan. Le soir après la soupe nous allons faire un tour en ville puis nous allons au café et nous couchons à 10 heures.

23 Avril 1916

Jour de pâques. Mon camarade de chambre se lève à 5 heures sans rien me dire. Je me réveille à 6 heures vingt. Je vais au quartier. J'apprends qu'il y a quartier libre en raison du jour de fête. À 10 heures mon camarade me demande d'aller avec lui à la Grand' messe. J'accepte très volontiers. Il m'apprend qu'il a fait ses Pâques ce matin. C'est décidément un gentil garçon. À la grand' messe un monde fou. Très belle musique et un chanteur parfait.

Nous allons à la caserne pour déjeuner. Il y un repas superbe dont voici le menu. Beurre, radis, jambon, tartines, boudin, gigot, salade, crêpes, vin blanc et rouge, café, cigares. Le tantôt nous allons nous promener à travers la ville. Puis nous ressortons et nous allons dîner à l'hôtel de Cheval Gris où on est assez bien mais cher. Puis nous allons au café et nous nous couchons à 9 heures et demie.

24 Avril 1916

Je dois prendre la garde devant les camions à 3 heures du matin jusqu'à 5 heures. Heureusement j'ai un réveil. Je me lève à 2 heures et demie. Comme c'est un peu tôt je me recouche. Je me réveille à 4 heures et quart. Je fais un saut jusqu'à la caserne. Personne dans la cour. Je m'informe personne n'a pris la garde de toute la nuit. Vraiment on ne se gêne pas. Je vais voir le tableau de service. Il y en a très peu qui ne marchent pas et je suis du nombre. Le matin je fais un tour à l'atelier ce qui occupe mon temps. Après la soupe nous allons en ville prendre le café. Puis je rentre au quartier où j'écris et fais des cigarettes. Ensuite nous allons au parc voir jouer une partie d football. Puis nous allons voir des exercices d'avions au champs d'aviation, ce qui est très intéressant. Le soir après la soupe, café avec des amis, puis coucher à 9 heures et demie. À 10 heures, dix, on vient me prévenir que je suis de service demain matin à 5 heures et demie.

25 Avril 1916

Levé à 4 heures quarante-cinq. À 5 heures et demie nous partons au camp des travailleurs civils au-dessus de Thiébauménil pour y chercher des hommes. À 7 heures nous les ramenons à Lunéville. À 9 heures et demie nous les ramenons au camp. De là nous transportons le Lieutenant qui les commande à St. Clément. Puis nous revenons à Lunéville. Nous mangeons un morceau sur notre camion à Lunéville devant la gare de l'est. Vivement nous repartons au camp prendre des hommes. De là nous allons en prendre d'autres à Bénaménil et nous amenons le tout à Lunéville. La pose pendant 5 heures. À 7 heures et demie nous repartons ramener les hommes au camp. Puis enfin nous rentrons à 9 heures de soir. Voilà une journée bien remplie. J'ai tenu le volant presque toute la journée. Avant de me mettre au lit j'écris et je me couche à 10 heures et demie.

26 Avril 1916

Quel réveil! À 5 heures et demie j'entends des bombes qui tombent sur la ville. Je me lève et m'habille sans hâte pourtant car je pense que c'est un aéro qui passe. À 6 heures je sors pour aller au château lorsque j'entends deux coups formidable qui toment de ce côté. Immédiatement avec mon camarade nous rebroussons chemin et nous allons à travers une grande prairie. Là c'est navrant. Les Boches tirent sur la ville avec du 380 et les deux bombes que j'ai entendu sont tombées sur les deux ailes du château. À travers la prairie mouillée de rosée ce ne sont qu'hommes, femmes et enfants semi-nus se sauvant en tous sens en un affolement générale. La panique est grande partout. À150 mètres de nous un obus vient éclater dans la prairie. Nous nous couchons à terre et je vois une gerbe de terre monter à plus de 100 mètres. Après une heure d'attente je retourne au château. Pendant ce temps il tombe encore deux bombes d'aéro.

Au château le spectacle est navrant. La cour est pleine de débris de toute sorte puis une large excavation sur les deux ailes sur tout le devant. Plus un seul carreau de même qu'aux devantures des boutiques d'en face. Plus un seul camion dans la cour. À trois nous faisons un tour hors de la ville et nous trouvons un camion de notre section. Il nous emmène sur la route de Nancy où nous en trouvons un autre. Nous attendons là et finissons par nous grouper petit à petit. Entre temps nous transportons à Vitrimont une jeune et jolie femme qui s'enfuit. Elle à de la chance d'être de son sexe et de profiter du désarroi car la chose nous est défendue. Nous la cachons dans le fond du camion. L'orage a l'air de se passer. Sur les ordres du lieutenant les uns vont manger la soupe au château pendant que d'autres gardait les camions sur la route. Je suis de ces derniers. On m'apporte mon repas et je mange en plein air. Je commence en avoir l'habitude. Aussi nous passons la matinée avec nos camions sur le bord de la route.

À midi quarante-cinq, je suis de service. Cela consiste à transporter des officiers qui vont faire certains exercices dans les champs. Nous restons tout l'après-midi à les attendre et ne repartons qu'à 6 heures quarante. Nous allons au château où nous retrouvons toutes les voitures de la section réunies. Espérons que tout va rentrer dans le calme. Nous passons un moment au café puis j'écris dans ma chambre et je me couche à 10 heures

27 Avril 1916

Levé à 5 heures quarante-cinq. En sortant à 6 heures un taube survole la ville. Est-ce que cela va recommencer – mais non. Un de nos avions lui do la chasse et il s'enfuit rapidement. Pas de service de la journée. Ce matin lavage et nettoyage des camions. Puis à une heure et demie le Capitaine de groupe nous fait un speech qui n'a rien malin. Il faut que nos voitures aient de l'allure et pour cela il faut en passer la carrosserie au pétrole. Dire qu'il faut entendre cela – le faire – et ne rien dire lorsque l'on songe que tant de ménages ne peuvent s'éclairer parce que le pétrole coûte trop cher. Enfin!! On a raison de le dire c'est bien la guerre d'usure à tous les points de vue.

À 3 heures étant libre j'ai mis mon linge en ordre puis nous sommes allés un peu au café. Après la soupe nous sommes allés voir une partie de football dans le grand parc puis nous sommes allés faire un tour au café et je me suis couché à 10 heures.

28 Avril 1916

Levé à 4 heures et demie. À 5 heures et demie je pars au camp des travailleurs civils. Retour à Lunéville à 8 heures en passant par St. Clément. À midi nouveau départ pour le camp. À midi et demi déjeuner au camp même au milieu des bois. À 2 heures retour à Lunéville. À 5 heures nous allons manger la soupe au château. À 6 heures quarante-cinq redépart pour le camp et à 8 heures retour à Lunéville. Je suis resté seul sur mon camion et à la nuit tombante j'ai traversé la ville. Jamais je n'en avais encore tant fait? Just le temps de prendre un bock au café. Puis j'écris et je me couche à 10 heures.

29 Avril 1916

Levé à 5 heures et demie. Ce matin lavage des camions car je suis de service de nuit. La journée se passe. À 5 heures et demie du soir nous partons à Einville charger des rondins puis nous les transportons sur la route de Serres à Hoéville. Sur la route sans lumière à peu de distances des Boches. C'est gai!! Ces gros rondins doivent servir à monter une pièce d'artillerie. En revenant nous pouvons heureusement allumer notre phare à Einville ce qui nous facilite beaucoup la marche. Je rentre me coucher à 2 heures du matin.

30 Avril 1916

Je me lève à 7 heures et quart et je vais vite au château car ce matin il y a lavage des camions. Comme l'on est plutôt un peu fatigué l'ouvrage est vite fait.

Après la soupe avec deux camarades nous faisons un tour en ville puis nous allons dans le parc assister à une intéressante partie de football. Puis nous prend une idée. Nous achetons du saucisson, du fromage de tête, une boîte de maquereaux marinés et des petits gâteaux plus trois canette de bière et nous allons dîner dans notre chambre où nous faisons ma foi un fort bon repas et pas très coûteux. Ensuite nous allons un moment au café. Puis je rentre écrire dans ma chambre et je me couche à 10 heures.

1er Mai 1916

Levé à 5 heures et demie. À 6 heures et demie je pars à Marainviller. À la gare du pays on nous charge des rondins et nous allons deux fois à la Neuville-aux-Bois. Là on entend assez bien le canon car on n'est pas très loin des Boches. Nous allons ensuite à Bénaménil où nous déjeunons sur l'herbe dans une prairie. Puis nos faisons un petit somme duquel nous sommes tirés par quelques gouttes de pluie. Peu après survient un orage qui dure une grande heure.

À midi et demi nous repartons dans la forêt de Mondon où l'on nous charge des piquets. Nous les transportons à Blémerey – pays où j'ai séjourné si longtemps. Je suis navré de voir le changement qui s'y est opéré en deux mois. il ne reste autant dire plus rien du tout du patelin. Il y a deux jours les Boches l'ont encore gratifié de grosses marmites. C'est idiot mais j'étais ému et presque content de revoir ces pays où j'ai tant souffert. Cependant j'avoue que nous ne nous sommes pas attardés longtemps et aussitôt le déchargement fait nous avons filé rapidement. De là nous sommes repartis dans la forêt de Mondon. On nous a encore chargé des piquets que nous avons transportés à Bénaménil. Puis j'ai ramené la voiture en une demi-heure à Lunéville et à 5 heures quarante-cinq j'étais de retour. La soupe, un tour en ville, puis coucher à 10 heures.

2 Mai 1916

Levé à 5 heures et demie. Alerte. Nous déménageons et quittons Lunéville. À 10 heures il faut que tout soit prêt car on part à midi et demi pour Bar-le-Duc et sans doute ensuite Verdun. À une heure départ en convoi complet. 19 camions. Je prends le volant. 50 kilomètres d'une excellente route. À 5 heures et demie nous arrivons à Gondreville où nous couchons. Comme lit je couche dans mon camion où je suis ma foi très bien.

3 Mai 1916

Levé à 5 heures. Nous attendons le départ qui doit avoir lieu à 6 heures et demie. À 7 heures nous partons. Je conduis jusqu'à Brillon où nous allons contourner. La route est belle mais je suis crevé car je n'ai pas quitté le volant. Ici on nous en promet de belles. Il paraît que l'on fait environ 150 kilomètres sans débrider. Enfin on verra bien. Nous sommes détachés pour le transport des obus tous Verdun. Le soir nous prenons dans un café, puis je me couche à 8 heures et demie dans une grange où il y a pas mal de paille.

4 Mai 1916

À 4 heures du matin réveil. À 4 heures et quart, départ gare de Bar-le-Duc. On nous charge des obus de 75 que nous menons à la ferme Frama. C'est à 75 kilomètres de Brillon. Rencontré plus de 500 autos en route. Beaucoup en panne et beaucoup presque hors d'usage le long des fossés. La ferme Frama est à 8 kilomètres de Verdun. Un immense champ où sont déposés tous les obus. Des troupes campées un peu partout. Des ambulances en plein vent et beaucoup de blessés dedans. C'est la vraie guerre avec tout son spectacle d'horreur. La route est très mauvaise. Nous redescendons des caisses vides à Bar-le-Duc puis nous rentrons à Brillon à 5 heures quarante-cinq du soir, couverts de poussière et esquintés ayant en effet couvert 160 kilomètres. Et demain il faut recommencer. Le soir on prend un peu de bière dans un mauvais café, puis je me couche à 9 heures.

5 Mai 1916

Levé à 5 heures et demie. Il n'y a pas d'ordre de départ mais cela peut venir. À midi et quart en route. On va charger des obus de 155 longs à Bar-le-Duc et en route à nouveau pour la ferme Frama. J'ai la veine d'avoir un camion qui marche bien car beaucoup de camarades restent en route. Cela chauffe paraît-il à Verdun. Les canons n'arrêtent pas de tirer. Nous repartons à 9 heures quarante-cinq et nous faisons vite. À une heure quarante-cinq du matin je suis tellement couvert de poussière que je m'arrête à une fontaine de Bar-le-Duc et je me débarbouille. Il faut avoir du culot à cette heure-là. À é heures et demie nous sommes de retour et je me couche à trois heures.

6 Mai 1916

Je me lève à 7 heures et quart ayant peu dormi. Je prépare mon camion pour un départ prochain. Nous attendons des ordres. Peut-être aujourd'hui resterons-nous ici. À deux heures et demie départ précipité. Chargement en gare de Bar-le-Duc pour la Maison Rouge. Nous y allons rapidement mais nous attendons longtemps au déchargement. Je suis de retour à 4 heures et demie du matin. Je fais mon plein d'essence et d'huile et à 5 heures je me couche.

7 Mai 1916

À 6 heures et demie je ne puis plus dormir et je me lève . J'ai dormi une heure et demie. À 11 heures et demie. Départ. Chargement en gare de Bar-le-Duc, puis direction du champ de tir de Billemont. Il fait un temps horrible car la pluie ne décesse pas. La route dérape tellement que mon camion se retourne presque et cela par plusieurs fois.

En revenant je descends plus de 20 fois pour rallumer mon phare (car on peut allumer en retour.) La route est pénible à faire dans ces conditions. Sous Verdun l'artillerie est effrayante. Jamais je n'ai entendu chose pareille. Malgré l'état de la route je fais vite et je suis de retour le premier à minuit quarante-cinq. Je me couche à une du matin.

8 Mai 1916

Je me lève à 7 heures, vingt-cinq. Je vais travailler à mon camion. À une heure nous ne sommes pas encore commandés – si seulement l'on pouvait nous laisser la journée de repos. Il paraît que nous ne marchons pas avant demain midi. Et en effet cela est vrai. Nous en profitons pour réviser un peu nos camions. Ici j'ai retrouvé mon ami Schumpff qui est à la 499, dans le même pays que nous. Il m'invite à dîner pour ce soir 6 heures à sa popote. Je m'y rends donc. À sept nous faisons un bon dîner puis nous nous réparons à 9 heures à laquelle je vais me coucher.

9 Mai 1916

Levé à 7 heures. Je suis bien reposé car j'ai bien dormi. Je règle ma magnéto et mon carburateur. À midi nous attendons les ordres de départ. Ils arrivent à une heure et demie. On charge des Obus à la garde de Bar -le-Duc pour la ferme Frama. Tout va bien. Je rentre à 2 heures et demie du matin. À 3 heures je me couche.

10 Mai 1916

Levé à 6 heures. Je prépare ma voiture. Nous attendons les ordres pour la journée. À midi et quart on va charger des obus à Bar-le-Duc. Ensuite en route pour Billemont carrière. La route est longue. Le dépôt de munitions est situé sur un hauteur – et – Oh!! Idiotie – dans une zone de bombardement. En revenant on en met un peu et nous rentrons à une heure du matin.

11 Mai 1916

Levé à 6 heures. Je prépare ma voiture. À 11 heures on nous dit que nous ne marcherons pas aujourd'hui. Repos. C'est parfait. Le tantôt j'écris pas mal et je vais dans un bois voisin me promener et cueillir du muguet. Je me couche à 9 heures car il est probable que nous partirons à 7 heures du matin.

12 Mai 1916

Levé à 6 heures et demie. Pas d'ordre de départ. À 11 heures on annonce le départ pour une heure et demie. À une heure et quart, nous partons charger à la gare de Bar-le-Duc des obus de 155 Court pour Dombasle. La course est longue et dangereuse car le pays est continuellement bombardé. Nous rentrons à deux heures et quart du matin. Aussitôt on nous avertit de ne pas nous coucher car nous changeons de cantonnement et partons à 6 heures pour Beauzée.

13 Mai 1916

En effet à 6 heures nous partons pour Beauzée. Nous y allons très lentement et j'arrivais à 10 heures. C'est un pays presque entièrement détruit. Pas de cantonnements. Nous allons être obligés de coucher dans nos camions. La pluie nous prend. À midi nous prenons un repas froid. Le tantôt service de 8 camions seulement à la gare de Beauzée. je n'en suis heureusement pas. J'aménage mon camion car il me fau en effet coucher dedans.

14 Mai 1916

À 5 heures réveil. À 6 heures départ pour charger à la gare d'Èvres. Il pleut à plein temps. J'en suis dégoûté. Nous allons deux fois à Billemont faisant ainsi 160 kilomètres. Je rentre dîner à 8 heures et me couche aussitôt après.

15 Mai 1916

Levé à 5 heures et demie. Il pleut à verse toute la journée. Nous allons encore à Billemont où nous ne faisons qu'un voyage. Nous rentrons à 6 heures. Je me couche à 8 heures et demie.

16 Mai 1916

Levé à 5 heures. À 6 heures départ pour changer de pays. Nous allons à 5 kilomètres de là à Bulainville. Là nous couchons dans une grande grange ce qui est un peu mieux. À 10 heures nous chargeons à la gare d'Èvres pour aller à Frama. Nous rentrons à 6 heures et demie. Je me couche à 9 heures.

17 Mai 1916

Levé à 5 heures. À 6 heures encore chargement à Èvres pour Frama. Il fait un temps superbe et délicieux. Nous y allons rapidement. En revenant nous ne prenons pas le chemin exact du circuit et pour notre peine où nous fait retourner à Frama. nous rentrons à 5 heures et quart. Le plein la soupe et je me couche à 9 heures.

18 Mai 1916

Je devais être de repos aujourd'hui mais par suite de quatre camions en panne, je marche quand même. Levé à 5 heures et demie. Départ à 6 heures et demie. Nous chargeons toujours à Èvres pour Frama. En route au passage à niveau de Lemmes nous assistons à un accident. Un camion a été pris en écharpe par le train. Il est en miettes et le conducteur a paraît-il une jambe brisée. Il faut faire attention. Nous revenons tout doucement et ainsi nous ne faisons qu'un tour. Je rentre à 5 heures et quart. Coucher à 9 heures.

19 Mai 1916

Mon collègue est fatigué aussi il se repose et je marche seul. Je vais à Frama et comme le train a eu trois heures de retard je ne fais qu'un tour. Je rentre à 6 heures. Là j'apprends que mon collègue me quitte demain pour aller à la TM 61. C'est dommage car c'était un bon garçon et il me rendait de grands services. Il me faut maintenant marcher seul sur la voiture et cela va être un surcroît de fatigue pour moi. Je me couche à 9 heures.

20 Mai 1916

Ce matin nous partons seulement à 9 heures. tout la nuit le canon a tapé très fort et ce matin cela n'arrête pas. À l'heure qu'il est nous avons des chances de ne faire qu'un tour. je vais à Maison-Rouge et rentre à 4 heures. À 5 heures on nous fait repartir charger à la gare de Fleury pour aller à Billemont. C'est idiot cela n'a plus de cesse. Mon réservoir d'essence a une fuite. Je l'ai signalé au Lieutenant qui me dit de passer mon camion à l'atelier demain matin.

21 Mai 1916

Nos avons passé toute la nuit à Billemont. Je suis rentré à 5 heures cinquante-cinq du matin. Dégoûté de tout au lieu de m'occuper de ma voiture je suis allé me baigner à la rivière. Plutôt que d'aller me coucher j'ai préféré cela. Dans l'après-midi je n'ai pas encore le courage d'aller travailler à ma voiture. Je vais dormir au bord de l'eau. Puis je rentre. La soupe et coucher à 9 heures et demie

22 Mai 1916

Levé à 6 heures. Je ne décolle pas de ma voiture jusqu'à 5 heures du soir. Aussi maintenant elle est au point. Une nouvelle: En suite d'une réclamation que j'ai faite samedi au Lieutenant, je crois lire que je vais partir vendredi prochain en permission. Si cela paraît-être vrai, le soir ma voiture n'est pas prête à partir, ce sera pour demain. Coucher à 9 heures.

23 Mai 1916

Levé à 6 heures. Pas d'ordres de départ. Il paraît qu'un train a déraillé et l'on ne sait lorsque l'on partira. À 4 heures de l'après-midi nous recevons l'ordre d'aller charger à Bar-le-Duc. J'y vais seul puisque je n'ai plus de compagnon sur ma voiture. À la gare y arrive le dernier et il n'y a plus de chargement pour moi. Cependant je reçois l'ordre de suivre jusqu'à Frama pour secourir ceux qui pourraient être en panne. À la route de Vadelaincourt je reçois l'ordre de rentrer ce qui me fait plutôt plaisir. Je rentre à 3 heures et quart du matin. Je fais le plein et me couche à 4 heures.

24 Mai 1916

Je me lève à 8 heures. J'apprête ma voiture car nous partons ce soir à 5 heures quarante. Je vais le soir jusqu'aux Carrières et je rentre à 5 heures du matin. Je compte ne pas marcher de la journée suivante car je suis esquinté et il y a de quoi.

25 Mai 1916

Je ne me suis pas couché. Départ à une heure de l'après-midi mais c'est un camarade qui prend ma place sur ma voiture. Toute la journée j'ai un cafard monstre. je pensais que ma permissions serait là aujourd'hui et il n'en est rien. Je m'embête. Je me couche à 9 heures.

26 Mai 1916

Levé à 6 heures. Départ à 8 heures. Il fait un temps de chien car la pluie ne décesse pas. À la gare d'Èvres je rencontre mon beau frère Edmond, Sous-officier aux chasseurs à cheval et cela me fait plaisir. Nous nous embrassons comme deux frères. Je vais à Frama. il pleut toujours. Je fais un second voyage à Carrières. Entre deux j'apprends que j'ai ma permission pour demain. Tout m'est égal. Je me sens heureux maintenant.

27 Mai 1916

Je rentre à 5 heures du matin. je prépare ma voiture et un autre la prend à 6 heures et demie. je m'occupe de moi. Nous sommes une dizaine à partir. À 2 heures nous sommes à Bar-le-Duc où nous ne reprenons le train qu'à une heure du matin.

28 Mai 1916

Arrivé à la gare de l'Est (Paris) à 10 heures, vingt. Je saute dans le métro et suis chez moi à 11 heures où je suis reçu comme on peut le penser. Je ne m'étendrai pas sur ma permission car j'ai autre chose à faire. Je vais chez ma mère où je trouve toute la famille réunie. À 7 heures nous rentrons et dînons en famille. je me couche à 10 heures.

29 Mai 1916

Levé un peu tard. je me suis bien reposé. Visites toute la journée. Fatigué. Apéritif aux Galeries Lafayette. Couché à 10 heures.

30 Mai 1916

Levé à 8 heures. Déjeuner avec Von-von aux Galeries Lafayette au milieu d'un troupeau de femmes. Cela fait beaucoup d'un seul coup. Le soir dîner chez ma mère. Coucher à 11 heures.

31 Mai 1916

Levé à 7 heures. Déjeuner chez les Bakx. Le tantôt resté à la maison. Coucher à 10 heures.

1er Juin 1916

C'est jour de fête – L'Ascension. Je vais chercher ma fille à la pension à la sortie de la messe. Nous déjeunons à la maison. Le tantôt nous rendons visite à Madame Lemoine femme de mon Docteur des tranchées. Le soir dîner chez ma mère.

2 Juin 1916

Levé tôt y arrange un peu le jardin. À midi je vais chercher ma femme à la Nestlé et nous déjeunons avec Delapraz à La Taverne de Namur. Le tantôt je vais faire un tour aux Galeries Lafayette et rentre à la maison. Le soir M et Mme Delapraz viennent à la maison.

3 Juin 1916

Levé très tard. Déjeuner à Joinville. Je repasse dire au revoir à M. Morret puis à ma mère. Le soir dîner chez ma sœur Marie.

4 Juin 1916

Journée triste. Je m'en vais car ma permission est terminée. C'est court tout-de-même et cela passe bien vite. Ma femme ma fille et Vonvon m'accompagne à la gare. Je fais la route du retour avec un ami.

5 Juin 1916

Arrivé à Bar-le-Duc à une heure du matin. De là un camion jusqu'à Beauzée et à pieds de Beauzée à Bulainville. Il pleut sans décesser. Arrivée au cantonnement où je suis bien reçu par tous mes camarades. Le tantôt on me laisse me reposer aussi je reste là et j'ai le cafard.

6 Juin 1916

Je suis commandé de service. Je m'occupe de ma voiture et je m'aperçois que mon carburateur fuit. Je le signale et je suis déclaré indisponible. Je reste au cantonnement où je m'embête fort. Quel cafard!! Il pleut à verse tout le temps.

Le soir des camarades vont chasser un sanglier. Je les accompagne mais sans fusil. U petit sanglier me passe à quelques mètres et je n'ai rien pour le tirer. Je me couche à 9 heures et demie.

7 Juin 1916

Levé à 7 heures. Je complète ma voiture. À une heure je charge en gare de Fleury pou Billemont. Je rentre le premier à 10 heures vingt-cinq. À 11 heures je me couche.

8 Juin 1916

Aujourd'hui je ne marche pas. C'est un autre qui prend ma place. Chacun son tour. Je reste au cantonnement où je m'occupe un peu de mes affaires. J'ai toujours un cafard monstre. Je me couche à 9 heures et demie.

9 Juin 1916

Levé à 7 heures. Je m'occupe de ma voiture. À une heure en route pour Maisons-rouge. Rentré à 8 heures. Coucher à 9 heures.

10 Juin 1916

Levé à 6 heures. À 11 heures cinquante-cinq départ pour Billemont. L'itinéraire est changé sur un partie du parcours qui se trouve bombardé. Rentré à toute allure à 9 heures. Coucher à 9 heures et demie.

11 Juin 1916

Levé à 7 heures. Aujourd'hui c'est fête et je ne marche pas. je passe mon temps à écrire, repriser des chaussettes et faire des cigarettes. Coucher à 9 heures et demie.

12 Juin 1916

Levé à 6 heures et demie. J'arrange ma voiture. À 10 heures et demie, je vais au bureau et je me fais inscrire pour passer un examen pour devenir officier dans l'auto. Qu'en adviendra-t-il je ne sais. Je prie Dieu qu'il me fasse réussir à arriver seulement Sous-lieutenant. À midi départ. Je vais à Billemont d'où je rentre à 9 heures et quart. Coucher à 9 heures et demie.

13 Juin 1916

Levé à 7 heures. J'apprête ma voiture mais je ne marche pas. C'est repos pou moi. Je passe la journée à bibeloter. Coucher à 9 heures.

14 Juin 1916

Levé à 6 heures et demi. Je suis nerveux car j'apprends que je suis autorisé à passer l'examen des officiers. Le tantôt je vais a Frama. Pendant les arrêts je repasse un peu le concours. Rentré à 9 heures et couché aussitôt.

15 Juin 1916

Levé à 5 heures ce qui en fait 4 puisque l'heure légale est avancée d'une heure aujourd'hui. À 7 heures je vais au village à côté à Nubécourt pour passer l'examen des officiers. Dans une petite pièce d'école nous sommes 16 concurrents pour 5 places. Une dictée – une composition française. Une question théorique et un problème sur la mécanique. Je me tire à peu près du tout et je vois que beaucoup ne sont pas plus forts que moi. Le tantôt je me repose un peu. Le soir coucher à 9 heures.

16 Juin 1916

Je me lève à 6 heures et vais à 7 heures à Nubécourt. J'apprends que je ne suis pas admissible au concours d'hier. J'en étais sûr car en partant ce matin j'ai appris que le Capitaine Barthez (une vache) chef de Groupe Autos est venu hier au soir dîner avec notre Lieutenant dont le cousin à passé l'examen avec moi. Il lui a dit parlant de moi que je ferais le quatrième à la manille. En effet je suis 8ème sur 16 et comme je l'ai dit il n'y a que 5 places de disponible. Je dois dire que c'est honteux de voir ce favoritisme surtout en temps de guerre. Tout est là et c'est bien dégoûtant. Espérons qu'après la guerre on pourra parler plus facilement n'étant plus sous la férule de ces blancs-becs.

À 10 heures et demie je prends ma voiture et vais à Frama. Il fait très beau. Le soir je suis de garde aux camions de ç à 11 heures. Je me couche ensuite.

17 Juin 1916

Levé à 7 heures et demie. On parlait de quitter d'ici et il vient d'arriver une nouvelle. Nous restons par ici au contraire et il faut s'attendre à un grand coup si bien que l'on nous demande 29 heures de volant et 6 heures de repos. On fera ce qu'on pourra.

Aujourd'hui je me repose et c'est un collègue qui marche. Avant le départ il fait constater que la roue arrière de gauche à des tendances a vouloir partir. On lui répond que cela ne fait rien. Il part. À 8 heures et demie du soir j'apprends qu'il est en panne en face de l'ambulance de Lemmes avec ladite roue en moins. C'est la troisième fois que cela lui arrive à lui-même en peu de temps et pourtant il ne doit pas y avoir de sa faute. Coucher à 10 heures.

18 Juin 1916

Levé à 7 heures quarante-cinq. Mon camion est au parc de Bar-le-Duc avec mon collègue. Tant mieux que ce ne soit pas moi. Immédiate ment on me confie en attendant le camion 16. Je le prépare mais je ne marche pas. Le tantôt encore un peu de nettoyage puis je lis et j'écris. Je me couche à 10 heures.

19 Juin 1916

Levé à 6 heures. J'accompagne jusqu'à Nubécourt mon collègue qui doit partir avec mon camion à Bar-le-Duc. Ensuite tout le monde au nettoyage des parts arrière des camions car il y une revue tantôt à trois heures. À 2 heures cinquante gros émoi. Un avion allemand passe et nous envoie 6 bombes qui tombent pas loin de nous. Ilya 2 morts et 8 blessés. Dire qu'on se croyait bien tranquille ici. Le reste de la journée est calme. Je me couche à 10 heures.

20 Juin 1916

Levé à 7 heures. Je suis de service et marche sur le camion 16. Je vais à Billemont. Là un aéro Boche veut survoler le dépôt de munitions mais il est chassé pas les nôtres. Je rentre à 8 heures et me couche à 10 heures

21 Juin 1916

Levé à 7 heures. À 3 heures du matin nous avons encore eu un aéro Boche qui est venu mais il a été aussitôt chassé par les nôtres. je suis de repos. À 8 heures du soir les nôtres rentrent pleins d'émotion. Ils ont été très fortement bombardés à Carriière. Ils rapportent tous des éclats d'obus. L'un a été touché à la cuisse gauche et l'autre à la tête mais heureuse ment sans gravité. Coucher à 10 heures.

22 Juin 1916

Levé à 7 heures. Je prépare ma voiture car je marche aujourd'hui. À 11 onze heures départ. Je vais à la gare D'Èvres mais à 2 heures nous revenons à trois car il n'y a pas de chargement pour nous. Encore deux camions en panne. Cela marche bien. Et l'on parle de fournir un travail intensif avec de pareils outils. L'après-midi se passe à peu près. Le soir de 8 à 10 heures je vais sur la hauteur m'étendre sur l'herbe et respirer un peu le frais. Cela fait du bien. Je me couche à 10 heures.

23 Juin 1916

Levé à 7 heures et quart. Je ne marche pas aujourd'hui. Je n'ai rien à faire. Il fait très beau et très chaud. Je prends la garde aux camions de 9 à 11 heures. Je me couche à 11 heures et demie. À minuit éclate un violent orage. Cela fera du bien.

24 Juin 1916

Levé à 7 heures. Je prépare ma voiture. À midi et demi départ. À 4 heures seulement nous quittons la gare de Fleury car le train a eu du retard. Je vais à Frama. Pendant le déchargement survient un superbe sanglier. Tout le monde le course mais personne ne l'atteint naturellement. Je rentre à 11 heures du soir. En arrivant j'apprends qu'il y a alerte. Il faut faire vivement le plein et attendre. Je me couche à minuit en attendant les évènements.

25 Juin 1916

La nuit a été tranquille. Le matin départ à 8 heures mais pas pour moi. C'est dimanche mais je n'ai plus à faire pour cela. La journée se trame en longueur. Coucher à 10 heures.

26 Juin 1916

Levé à 7 heures. Préparation du camion. À une heure je pars charger à la gare de Souilly pour Billemont. La route est exécrable tellement cela dérape. De Souilly à Dugny je transporte un lieutenant du 12ème chasseurs à cheval qui se de bien renseigné et m'affirme que la guerre sera terminée dans 6 à 7 mois. La route dérape de plus en plus. À minuit nous dépannons onze camions qui sont devant nous et nous empêchent de passer. À Deux heures du matin c'est mon tour à aller me jeter dans une ornière à 100 mètres du lieu de déchargement. Je suis ragé car c'est la première fois que cela m'arrive. Toute la nuit je travaille à me sortir de là et c'est un camarade qui me tire d'affaire à cinq heures du matin.

27 Juin 1916

À 8 heures je rentre au cantonnement. Je suis crevé. Il n'ya pas d'autre mot. Je tâche de me reposer et dors de 2heures à 5 heures et demie mais je sens que j'ai attrapé un peu de froid. Je me recouche à 9 heures et demie.

28 Juin 1916

Je suis tout mal fichu. À midi et demie je pars pour Billemont. la course ne sera sans doute pas longue en partant à cette heure-ci. À 7 heures et demie à Dugny nous attendons plus de deux heures. Il y à une forte attaque sur Verdun et l'on ne passe que un par un À Billemont c'est la pagaille. Je me dégrouille pour décharger assez rapidement puis je reviens très vite car j'ai hâte de me coucher. Je rentre à une heure et demie du matin. Je lasse tout là et je vais me coucher.

29 Juin 1916

Je ne marche pas aujourd'hui aussi je me lève à 8 heures. Je ne m'occupe que de moi et de ma toilette. Tout l'après-midi je lis et j'écris. Coucher à 9 heures et demie.

30 Juin 1916

À 6 heures et demie départ mis j'ai la fièvre et je ne marche pas. C'est un autre qui prend ma voiture. Journée complète de repos. Je me couche à 10 heures.

1er Juillet 1916

Je me lève à 5 heures et demie. Départ à 6 heures et demie. Je vais à Carrière. Là j'ai un petit accident pas ordinaire. En chargeant des caisses vides j'en reçois une en plein dans la tempe. Cela saigne abondamment. Je me fais panser par un infirmier puis je repars et je rentre à Fleury. Coucher à 10 heures

2 Juillet 1916

C'est dimanche. Je ne marche pas aujourd'hui. Il fait très beau et c'est navrant de se voir encore là à cette époque-ci. Je passe la journée comme je peux. Coucher à 10 heures.

3 Juillet 1916

Départ à 6 heures et demie. Au dernier moment je ne marche pas car mon camion est indisponible. Il y a bien des choses à revoir. Le temps à changé. La pluie ne décesse pas depuis ce matin. Je travaille toute la journée après mon camion. Le soir je me couche à 10 heures.

4 Juillet 1916

Je ne marche pas encore pas aujourd'hui car un collègue m'a demandé de marcher à ma place. Il voulait ainsi se trouver avec un de ses camarades. J'en profite pour me reposer encore. Il pleut presque tout le temps. Mon collègue rentre à 7 heures. Après la soupe je m'occupe de ma voiture et me couche à 10 heures

5 Juillet 1916

Je me lève à 6 heures car il y départ à 6 heures et demie. Puis tout-à-coup contre-ordre. On attend pour partir. À midi et demi départ pour la Gare de Fleury. Je suis à Frama. En route je dépanne un camarade ce qui me fait perdre bien du temps. A Frama la pluie tombe tellement fort que l'on est obligé d'arrêter le déchargement pendant une demi-heure. Je rentre ainsi à 11 heures du soir et me couche à 11 heures et demie.

6 Juillet 1916

Levé à 7 heures et demie. C'est mon jour de repos. Il fait très beau. Le soleil brille. Cela compense un peu et cela fait du bien. La journée se passe à peu près. Je me couche à 10 heures.

7 Juillet 1916

Journée complète de pluie. Je vais à Maisons-Rouge d'où je rentre dégoûté

8 Juillet 1916

Revue de camions à 11 heures. Cela me dégoûte tellement que je me fais coller d'ordinaire pour éviter la revue. C'est tellement idiot de faire des revues en ce moment. Le tantôt repos.

9 Juillet 1916

C'est dimanche. Je suis de repos. Avec des camarades nous organisons un déjeuner fin auquel nous invitons notre Maréchal – des lapins. Le tantôt nous allons faire une promenade dans les bois. Le soir coucher à 10 heures.

10 Juillet 1916

11 Juillet 1916

Départ à 11 heures et demie. Je charge à la gare de Souilly et vais à Maisons-Rouge. Je ramène mon brigadier avec moi. Il prend le volant ce qui me soulage un peu. Au-dessus d'Ippécourt nous faisons une belle embardée en pleins champs. La direction vient de casser net. Je téléphone à Ippécourt pour que l'on vienne nous dépanner. Pendant ce temps nous travaillons et faisons si bien qu'avec des moyens de fortune nous rentrons par nos propres moyens à 9 heures du soir. Je me couche à 10 heures et demie.

12 Juillet 1916

Levé à 7 heures et demie. je vais à l'atelier où j'aide à la réparation de ma voiture. Le tantôt elle est prête. Je l'essaye et elle à l'air de bien marcher. L'après-midi se passe à peu près. Le soir je me couche à 10 heures.

13 Juillet 1916

Levé à 7 heures et demie. Départ à 11 heures pou r la gare de Fleury et de là à Maisons-Rouge. Là nous sommes bombardés. À 150 mètres de nous nous voyons tomber 5 chevaux et 2 artilleurs puis plusieurs blessés. Heureusement nous nous en tirons indemnes. Je rentre à 7 heures et demie. À 9 heures et demie nous faisons un retrait aux flambeaux avec un tambour et 2 lampions. Je me couche à 10 heures et demie.

14 Juillet 1916

Je suis de repos. C'est la fête nationale. Bon déjeuner et le soir surtout bon dîner avec un lapin et deux tout jeunes poulets que nous avons acheté – très bon marché. De mon idée et afin de nous amuser un peu nous mettons une magnéto sous la table avec courant dessus et chaque personne qui vient nous voir est invitée à boire un quart avec nous mais elle ne le peut car de suite elle est électrisée. On m'a confié la décoration de la casba et j'en fais un superbe bouquet pour notre sous-officier qui préside naturellement. J'ai fait un lai avec une toile de tente et des fleurs. Je reçois des compliments de partout. Avant 9 heures beaucoup sont ivres. À minuit on se retire car chacun en a assez. À minuit et demie. Je me couche.

15 Juillet 1916

À 5 heures et demie je me lève pour partir à 6 heurs. Cela ne va pas du tout. j'ai un mal de tête fou et l'estomac plus qu'oppressé. Cela sent un lendemain de boule. Je vais à la cuisine boire un quart de café et quelques minutes après j'en vomis au moins quatre. Je monte sur ma voiture. Au moment de partir il y en a un de trop virement. Je laisse tout là et je remonte me coucher jusqu'à 9 heures et demie. Cela va beaucoup mieux. La journée se passe à peu près. Le soir je me couche à 10 heures.

16 Juillet 1916

À 6 heures et demie départ. Je vais à la gare de Fleury puis à Maisons-Rouge. Le tout va très rapidement et à Midi cinq, je suis de retour. Comme c'est dimanche et que je n'aime pas être de service ce jour-là c'est tout ou rien. La rage me prend et j'astique ma voiture du haut en bas. Le restant de la journée se passe à peu près. Je me couche à 10 heures.

17 Juillet 1916

Je me lève à 7 heures et demie. La section est de repos aussi rien à faire. Un camarade rentre de Paris se dit bien informé et nous affirme que la guerre sera finie pour Octobre. Si seulement il paraît dire vraie. La journée se traîne en longueur. Je me couche à 10 Heures.

18 Juillet 1916

Je ne marche pas aujourd'hui. Je passe ma journée en lectures et écritures. J'ai un cafard monstre et je m'ennuie beaucoup. Le soir je me couche à 10 heures.

19 Juillet 1916

Levé à 5 heures et demi. Départ à 6 heures et demie. Je vais à Frama. À Fleury j'ai une panne de magnéto dont je me tire rapidement. Le soir coucher à 10 heures après être rentré à 3 heures.

20 Juillet 1916

Levé à 6 heures. Je suis de corvée d'essence à 7 heures. Pas de service aujourd'hui. On ne fait autant dire plus rien. Je passe ma journée comme je le peux mais surtout dans l'ennui. C'est aujourd'hui la Sainte Marguerite fête de ma femme. Elle qui aime tant que je la lui souhaite et je suis ici à faire l'imbécile luttant pour une indépendance problématique plutôt d'être paisiblement chez moi jouissant d'une bonne saine et honnête fête de famille. Enfin il faut endurer tout cela car le régime nous tient. Le soir je suis énervé et me couche à 10 heures.

21 Juillet 1916

Levé à 7 heures et demie. La section ne marche encore pas aujourd'hui. Décidément on ne fait pas grand' chose en ce moment-ci. La journée se passe en traînant à droite et à gauche. Le soir je me couche à 10 heures et demie.

22 Juillet 1916

Levé à 7 heures et demie. Je suis de repos aussi journée bien calme où je m'ennuie beaucoup à ne rien faire. J'ai un cafard monstre. Le soir nous buvons le vin blanc en plein air avec notre sous-officier jusqu'à 10 heures et demie. Heure à laquelle je me couche.

23 Juillet 1916

C'est dimanche. Il y a repos pour tout le monde. On passe la journée comme l'on peut. Il y a des ordres nouveaux. Le soir appel à 9 heures et extinction des feux à 10 heures. Tout le monde est furieux car moins on a à faire et plus l'on nous embête. Pour la peine je me couche à 11 heures.

24 Juillet 1916

À 6 heures départ pour la gare de Souilly pour aller à 4 kilomètres plus loin à Lemmes transporter des grenades. Transport dangereux par excellence. Je rentre à 11 heures et demie. Une vraie balade de santé. Les ordres sont formels. Coucher à 10 heures.

25 Juillet 1916

Il y a encore repos aujourd'hui. On ne sait que faire. On s'abrutit sur une partie de 31 jusqu'à 10 heures du soir. Heure à laquelle je me couche.

26 Juillet 1916

Ce n'est pas mon jour à marcher. Je m'embête de plus en plus. Je passe ma journée à faire des cigarettes et à jouer aux cartes. Coucher à 10 heures.

27 Juillet 1916

Repos aujourd'hui. On s'embête toujours. Les journées sont bien longues. Coucher à 10 heures.

28 Juillet 1916

Départ à 6 heures de matin pour la gare de Souilly où nous attendons le train de munitions pendant 4 heures. Pendant ce temps nous voyons dégringoler un avion Boche par les nôtres. Je rentre à 3 heures. Après la soupe une partie de cartes et coucher à 10 heures.

29 Juillet 1916

On ne marche pas aujourd'hui. À partir de demain on marche à deux par camion car à la TM 83 par suite d'un accident il y a eu un conducteur de tué. À 7 heures et demie je suis demandé par le sous-lieutenant Daran pour assister à une répétition pour un concert qui doit avoir lieu le 15 Août. Il y a un piano un violon une flûte et un hautbois. Il me demande de faire venir ma clarinette pour tenir une partie. Je vais m'en occuper. le soir je suis de garde et je me couche à 11 heures.

30 Juillet 1916

C'est dimanche. Départ à 7 heures et quart. Nous allons à Frama et rentrons à midi Cinq. Il fait très chaud. J'ai beaucoup le cafard à cause de petits ennuis personnels. Le soir je flâne et me couche à 10 heures.

31 Juillet 1916

Levé à 6 heures et demi. On ne sort pas on s'occupe des camions. Le tantôt je vais dans une prairie rêver sous un pommier. Le soir coucher à 10 heures.

1 Août 1916

Levé à 5 heures. Départ à 6 heures pour la gare de Souilly et ensuite Maisons-Rouge. Je rentre à 2 heures et aussitôt le Lieutenant m'informe que nous parton demain où après demain à Ligny-en-Barrois. Je ne suis pas fâcher de quitter le pays car je m'ennuie bien ici. Toute la soirée on boit du vin blanc en jouant aux cartes. Coucher à 10 heures.

2 Août 1916

Levé à 5 heures. Départ à midi et demie par une chaleur torride. Route longue et poussiéreuse. Arrivé à Ligny-en-Barrois à 4 heures. Enfin une ville avec des maisons entières et des femmes propres même chics. Un cantonnement dans la ville même peu confortable. Je tâcherai de trouver une chambre. Nos camions sont dans un grand parc. De la bière à boire. J'en bois deux litres pour moi tout seul en mangeant. Nous sommes venus ici pour nous reposer et faire éventuellement des transports de troupes. Je crois que malgré tout nous ne serons pas très foulés. Je fais un tour dans la ville qui est bien. Tout le monde et du monde civilisé prend le frais sur les portes. On sent que l'on existe ici.

3 Août 1916

Dès le matin on s'occupe du nettoyage des camions puis l'après-midi on est tranquille. On en profite pour se reposer au frais. Le soir après la soupe je fais un bon tour en ville et prends un litre de bière au Café des Oiseaux avant de me coucher. Ici appel à 9 heures mais à 10 heures on est encore dans les rues.

4 Août 1916

Levé à 2 heures du matin. Départ à 3 heures et demie. Nous allons chercher des tirailleurs à Villers-le-Sec. Puis nous allons les transportons à Moulin-Brûlé. Là nous reprenons du Génie et nous le déposons à l'entrée de Bar-le-Duc. Nous rentrons enfin à Ligny-en-Barrois à 9 heures et demie du soir. Le temps de manger un morceau et bien esquintés par la chaleur la poussière et le trajet, je me couche à 11 heures.

5 Août 1916

À cause de la fatigue de la journée d'hier on ne nous fait lever qu'à 7 heures et demie. Nous allons laver nos camions à grande eau puis en faire le graissage. Le tantôt nous retournons aux camions. Puis je lis et j'écris pour passer mon temps. Le soir je fais un bon tour en ville. Coucher à 10 heures.

6 Août 1916

Levé à 6 heures. À 7 heures aux camions où l'on fait peu de chose. Le tantôt repos. Nous allons à la pêche dans le canal d'où nous revenons avec 65 poissons. Le soir on mage une bonne friture. Après le dîner un petit tour et coucher à 10 heures et demie.

7 Août 1916

Levé à 6 heures À 7 heures aux camions. À 8 heures on nous fait faire de l'exercice au fusil. Tout le monde rouspète et pourtant ce que l'on nous fait faire est peu de chose mais le principe est là car il est bien certain que le fusil est incompatible avec l'automobile. Le tantôt je donne un coup de peinture à mon camion. Le soir sortie en ville et coucher à 10 heures.

8 Août 1916

Levé à 6 heures et demie. À 8 heures encore exercice au fusil commandé par le Lieutenant. C'est ignoble car ce monsieur n'a jamais servi dans l'infanterie.(Je ne sais même pas s'il a jamais fait de service militaire) et il a la prétention de commander à ceux qui en savent plus long que lui. Enfin – pauvre anarchie. Depuis deux jours j'apprends l'anglais avec un ami qui le parle parfaitement. Cela me distrait un peu. Le tantôt on s'occupe comme l'on peut aux camions. Nous sommes en alerte prêts à partir pour un transport de troupes. Malgré cela après la soupe je vais à la pêche avec des camarades. Nous prenons encore une bonne petite friture. Je me couche à 10 heures.

9 Août 1916

Nous avons été dérangés deux fois dans la nuit pour un transport de troupes qui a été décommandé. Je me lève à 6 heures et demie. Ensuite aux camions où je fais – de l'anglais. J'ai reçu ma clarinette et pense ainsi passer quelques bons moments. le soir après 5 heures la pêche. Coucher à 10 heures.

10 Août 1916

Levé à 8 heures. La section est partie depuis 5 heures pour un transport de troupes et moi je suis de garde au groupement Barthez à 10 heures et demie avec le Lieutenant le Maréchal des logis et un camarade. C'est un service embêtant mais nous passons notre temps à blaguer les petites femmes qui passent.

Le soir je vais avec le Marechal-des-logis faires des rondes et des patrouilles dans la ville pour nous amuser. Je reste dehors jusqu'à minuit quarante cinq. À une heure je me couche puis je me relève à 3 heures pour prendre la faction. Le tantôt j'ai repos. Après la soupe je vais à la pêche où je deviens bon. Coucher à 10 heures.

11 Août 1916

12 Août 1916

Levé à 7 heures. À 8 heures et demie exercice au fusil. (Cette bêtise reprend) Le tantôt je m'embête et comme je n'ai rien à faire je vais à la pêche où nous sommes contents. Nous mangeons une belle friture au dîner. Coucher à 10 heures.

13 Août 1916

C'est dimanche. À 9 heures et demi je vais entendre un bout de messe. À 10 heures et demie, revue en tenue de sortie (faut-il être idiot) Le tantôt il pleut un peu. Je vais à la pêche et fais une tour en fille. Le soir après la soupe nous retournons à la pêche. Coucher à 10 heures et demie.

14 Août 1916

Levé à 7 heures. À 9 heures une petite théorie sans grande importance puis j'écris. On nous dit que demain à 11 heures il y a une messe en musique et à deux heures un concert où je dois au pied-levé faire une partie de clarinette. Le soir à la pêche. Coucher à 10 heures.

15 Août 1916

Tout est loupé – la messe et le concert. Départ à 5 heures et demie du matin. Nous chargeons des troupes à Pretz puis nous les déposons à Nixéville. De là nous allons à Blercourt en chercher d'autres et nous les menons à Fains. Nous rentrons esquintés à 8 heures et demie du soir. Coucher à 10 heures.

16 Août 1916

Levé à 7 heures. Toute la journée aux camions pour le nettoyage. Le soir nous allons encore à la pêche et en rentrant on nous prévient que nous partons demain à 6 heures du matin pour un transport de troupes. Ici c'est tout ou rien. Ou on en fiche pas un coup ou l'on nous esquinte plusieurs jours de suite. Coucher à 10 heures.

17 Août 1916

Levé à 4 heures et demie. À 6 heures nous allons prendre de l'artillerie et des brancardiers divisionnaires à Nançois-le-Petit. Nous les menons à Nixe ville où nous arrivons à 11 heures et demie. À 1 heure et demie on repart. La route est longue et je m'endors à moitié en route. À 6 heures et demie nous rentrons plutôt fatigués. je me couche à 10 heures.

18 Août 1916

Levé à 6 heures quarante cinq. Astiquage des camions. On s'en donne à cœur joie bien que très fatigués. Ainsi se passe la matinée. Le tantôt je travaille un peu mon anglais. Le soir après la soupe grande promenade dans les bois. Coucher à 10 heures.

19 Août 1916

Levé à 7 heures. Il n'y a pas d'ordre de travaille aussi j'en profite par écrire. Toute la journée on flâne. Coucher à 10 heures.

20 Août 1916

Levé à 7 heures. Grande journée de nouba. Il ya 3 mois la section avait acheté un petit cochon pour 20 francs. On l'avait appelé Auguste. On l'a engraissé – trimballé avec nous dans tous nos déplacements et on vient de le vendre au charcutier pour 184 francs. Avec le bénéfice le lieutenant nous offre un gueuleton. Comme il va bientôt se marier à cette occasion il ajoute à ses frais le champagne et les cigares. Dans le parc nous dressons une table de 50 couverts agrémentés de fleurs et de drapeaux. Le lieutenant tient à présider la séance et il vient manger avec nous. Comme menu: Filets de harengs, Beurre, Boudin, rosbeef, pommes frites, riz à la groseille, vins, champagne, café, cigares.

Au champagne chacun doit chanter une chanson. Moi j'y vais de la chanson du 69 qui a toujours beaucoup de succès. Officiers et soldats tout le monde se tord. À 3 heures le Lieutenant se retire et la fête continue.

Le soir je vais avec des camarades faire un grand tour dans la campagne. En rentrant je ne puis manger qu'un peu de riz à la groseille car j'en ai trop bien déjeuné. Coucher à 10 heures.

21 Août 1916

Levé à 7 heures. Pas d'ordre de marche. On visite les camions. J'écris et j'apprends de l'anglais. Coucher à 10 heures.

22 Août 1916

Levé à 7 heures. On ne marche toujours pas. Je passe mon temps à lire et écrire. Je me couche à 10 heures.

23 Août 1916

Levé à 7 heures. Travail aux camions. À 2 heures grand branle-bas. Revue pour le Capitaine Barthez pour tout le groupe en treillis bleus, ceinturon avec cartouchières casque et fusil. Nous sommes ainsi plus de 1,500 qui avons l'air tout-à-fait ridicule car de l'avis de tous ce n'est pas du travail pour automobilistes. Sur la route de St. Dizier le Capitaine nous fait présenter les armes. Enfin on rentre complètement écœurés. Coucher à 10 heures.

24 Août 1916

Levé à 7 heures. Je vais aux camions où je bricole un peu. Le tantôt comme je n'ai rien à faire et je m'ennuie je vais sans rien dire à la pêche jusqu'à 5 heures. À cinq heures et demie alors que je finissais de dîner, mon ami Schumpff vient me voir. Il est arrivé à faire venir sa femme auprès de lui et il vint m'inviter à dîner pour 7 heures avec trois autre amis à l'Hôtel du Cheval Blanc. Ma foi bien qu'ayant déjà dîné, j'accepte et nous passons une charmante soirée jusqu'à 9 heures et demie. Je me couche à 10 heures.

25 Août 1916

Levé à 7 heures. Je vais aux camions où j'écris toute la matinée. Toujours rien à faire nous ne sortons toujours pas. Le tantôt une revue d'outillage pour passer le temps. Le soir après la soupe promenade mais survient un orage qui nous fait rentrer au café. Comme toujours coucher à 10 heures.

26 Août 1916

Levé à 7 heures. Toujours pas de marche. Toujours rien à faire. Journée très calme. On s'ennuie ferme. Un de nos bons camarades part en permission à Paris – quel veinard. Il paraît que cela sera mon tour dans trois semaines. J'en suis bien impatient. Coucher à 10 heures.

27 Août 1916

Levé à 7 heures. C'est dimanche. Il pleut par intervalles. Au rapport on à demandé des musiciens pour former un orchestre sous la direction d'un Lieutenant. Je me suis fait inscrire naturellement. Ce projet aboutira-t-il? Je ne sais mais je le voudrais bien car ainsi nous passerions de bons moments. Le tantôt nous sortons environ deux heures pour aller jusqu'à l'infirmerie voir mon camarade professeur d'anglais qui est malade. Après la soupe nous faisons un petit tour dans la campagne. Je me couche à 10 heures.

28 Août 1916

Levé à 7 heures. Aux camions. Rien à faire. À 5 heures le bruit se répand que l'Italie a déclaré la guerre à l'Allemagne. À 6 heures les journaux de Pris nous le confirme. Un peu tard on nous dit au bureau du groupement que la Romanie marche avec nous et a déclaré la guerre à l'Autriche. Bien que ce renseignement vienne d'une source autant dire certaine nous restons sceptiques et nous attendons à demain pour en avoir la confirmation dans les journaux. Coucher à 10 heures.

29 Août 1916

À peine levés à 7 heures nous nous précipitons sur les journaux. Le fait est exact. La Roumanie marche. Cela fait plaisir à tout le monde. Quart de vin supplémentaire à cette occasion. La journée se passe à flâner comme toujours. Coucher à 10 heures.

30 Août 1916

Levé à 7 heures. Dix minutes d'exercice. Le reste du temps libre. Le tantôt la pluie tombe à plein temps. Le soir obligé de s'enfermer au café. Coucher à 10 heures.

31 Août 1916

Levé à 7 heures. Toujours rien à faire. Journée plus que calme. Rien à signaler. Comme toujours coucher à 10 heures.

1er Septembre 1916

On ne marche toujours pas. Rien à faire. Levé à 7 heures. Coucher à 10 heures.

2 Septembre 1916

Levé à 7 heures. On change deux roues à mon camion. De plus il faut que je lui donne un coup de peinture. Je m'y attèle toute la journée. Le soir après la soupe nous allons à la pêche. Coucher à 10 heures.

3 Septembre 1916

Levé à 7 heures. Je vais de suite continuer à peindre ma voiture. À midi il arrive un ordre d'évacuer nos cantonnements pour laisser la place à toute une division qui vient ici pour quelques jours avant de retourner au feu. De ce fait nous allons coucher dans les camions. Dans les régiments qui arrivent se prouve le 222ème d'Infanterie. Parmi ceux-ci trouvent des anciens du 37ème que je revois avec plaisir. Le soir nous buvons ensemble au café. Coucher à 10 heures.

4 Septembre 1916

Il a plu toute la nuit. Heureusement ma tâche e camion est bonne et ne fuit pas. Je fais toujours ma peinture et je remonte une roue. Il pleut de plus en plus. Le soir on ne peut sortir. Coucher à 10 heures.

5 Septembre 1916

À minuit il nous arrive un ordre de départ pour 3 heures et demie du matin. Je me dispute pour ne pas partir à cause de ma peinture qui est toute fraîche. Il n'y a rien à faire faut que je marche aussi. Je suis furieux. À 3 heures par une pluie battante nous trasportons nos affaires dans des camions que ne marchent pas. À 3 heures et demie à la lueur des phares nous partons par une pluie torrentielle qui ne nous a lâchés qu'à 11 heures. Nous allons à Seigneulles prendre le 122ème d'infanterie que nous transportons à Clermont-en-Argonne en passant par Les Islettes. Pays dont il ne reste plus rien. Nous sommes, obligés de mettre nos casques car cela bombarde ferme par là. On est d'ailleurs en pleine vue. Nous rentrons à 5 heures et demie très esquintés et j'ai un fort mal de tête. Je me couche à 9 heures et demie.

6 Septembre 1916

Levé à 7 heures et demie. À 3 heures du matin j'ai dû prendre un comprimé d'aspirine tellement j'avais mal à la tête. À 8 heures j'en reprends un autre puis je me mets à graisser ma voiture. Le tantôt repos car il y a un grand concert vocal et instrumental donné par les troupes de passage. À deux heures nous y allons. C'est très bien. Le soir après la soupe grande retraite donné par les musiques de trois régiments. C'est parfait. Je me couche à 10 heures.

7 Septembre 1916

Levé à 7 heures. On s'occupe des camions. Je me suis blessé légèrement à la main droite aussi je ne puis faire grand' chose. J'en profite pour écrire et faire un peu d'anglais. Je me couche à 10 heures.

8 Septembre 1916

Levé à 7 heures. J'ai toujours mal à la main et je ne fais rien. De plus j'ai mal à une dent qu'il me faudra faire arracher. Les troupes de passage quittent le pays petit à petit et je pense que sous peu nous allons reprendre nos cantonnements. Le soir après la soupe nous allons faire un tour et nous promenons une grande heure au clair de lune qui est superbe.

9 Septembre 1916

Levé à 7 heures. On ne fait pas grand' Chose. Il fait beau et nous allons à la pêche. Le soir à 7 camarades nous mangeons une friture de 92 poissons. Coucher à 10 heures.

10 Septembre 1916

Réveil à trois heures. Départ à 4 heures. heureusement cette fois-ci il fait très beau temps. Nous allons chercher des troupes à Dugny-sur-Meuse et nous les emmenons à Trémont-sur-Saulx. Grande chaleur et beaucoup de poussière. Nous rentrons à 6 heures et demie le soir. Je vais faire un tour en ville et me couche à 10 heures.

11 Septembre 1916

Levé à 7 heures. Astiquage complet des camions. Le tantôt on bibelotte. Après la soupe nous réintégrons notre cantonnement. Ensuite un tour au café et coucher à 10 heures.

12 Septembre 1916

Levé à 7 heures. Aux camions où l'on s'occupe toute la journée. Le soir à 9 heures on nous prévient que nous sommes 6 voitures à partir ce matin à deux heures. Coucher à 10 heures.

13 Septembre 1916

Levé à une heure du matin. Départ à 2 heures. C'est moi qui mène le train aussi cela marche rondement et tout le monde est content. Nous allons prendre des troupes des Trésors et Postes à Dugny-sur-Meuse et les menons à Rancourt. Comme nous sommes tranquilles nous déjeunons dans un café à Rancourt où nous restons deux heures de temps. Nous repartons en vitesse sommes de retour à 3 heures et quart. Le lieutenant ne nous attendait qu'entre 6 à 7 heures. Il en est baba. Je me couche à 10 heures.

14 Septembre 1916

Levé à 7 heures. Astiquage des camions puis libres ensuite. La journée se passe à peu près. Coucher à 10 heures.

15 Septembre 1916

Levé à 7 heures. Je n'ai rien à faire. Aussi toute la journée je m'occupe de moi car c'est demain que je pars en permission. Coucher à 10 heures.

16 Septembre 1916

Levé à 7 heures. Je prépare mes affaires. À 2 heures 18, départ accompagné par quelques camarades. Bon voyage. Arrivé à Paris à une heure et demie du matin.

17 Septembre 1916

Je ne m'étendrai pas sur ma permission. D'abord parce que ce n'est pas la guerre et ensuite une permission si courte soit-elle est trop belle pour pouvoir bien se raconter. À deux heures du matin chez moi où je trouve ma femme et ma belle sœur Vonvon. À 11 heures je vais voir ma mère. A midi déjeuner à Joinville. Le tantôt Vonvon me présente un jeune soldat anglais qui est presque son fiancé parait-il mais je n'aime pas beaucoup ces gens-là. Je les ai trop vus à l'œuvre à nos côtés. Le soir il dîne à Joinville avec nous. Nous rentrons à 11 heures

18 Septembre 1916

Levé à 8 heures. Déjeuner à la maison. Visite à Delapraz, Le Bazar, Le Louvre, Les galeries Lafayette., Madame Bakx, ma sœur Marie, et dîner chez ma mère. Rentré à 11 heures et demie.

19 Septembre 1916

Levé à 6 heures et demie. Je vais à Saint-Cloud rendre visite au fiancé de ma blanchisseuse de Ligny-en-Barrois. Il est blessé et à l'hôpital. Déjeuner chez ma sœur Marie. Visite à la sœur d'un camarade. Dîner chez Madame Bakx. Rentrés à 11 heures et demie.

20 Septembre 1916

Levé à 8 heures. Je reste à la maison où je bibelotte toute la journée. le soir nous avons les Delapraz à dîner. On s'amuse bien. Aymée Aguellet vient aussi un peu plus tard. Chahut monstre après le repas. On se sépare à 11 heures. Coucher à minuit.

21 Septembre 1916

Ma femme est partie ce matin à Argenton chercher ma fille. Je me lève à 7 heures. A midi je déjeune aux Galeries Lafayette. Le tantôt visite aux Morret-Jourdan qui ne sont pas là. Repassé chez ma mère. A 6 heures 54, je vais à la gare des Invalides chercher ma femme et ma fille. A 8 heures nous rentrons. Après le dîner je prends une leçon d'anglais avec Vonvon.

22 Septembre 1916

Levé à 8 heures. Aujourd'hui je reste à la maison et je fais le jardin. Le soir un peu d'anglais avec Vonvon.

23 Septembre 1916

Levé à 8 heures et dime. Déjeuner chez Delapraz. Tous très gentils. Le tantôt avec ma femme et ma fille promenade sur les boulevards. Dîner à la maison. Le soir un peu d'anglais.

24 Septembre 1916

Toute la journée chez ma mère. Rentrés tard.

25 Septembre 1916

Levé à 8 heures. Déjeuner puis départ car ma permission est terminée. Train à 3 heures vingt-quatre. Suis triste. Voyage seul. Arrivé à Ligny-en-Barrois à 3 heures du matin.

26 Septembre 1916

À trois du matin bonjour aux amis. Déjeuner entre copains. Le tantôt le Lieutenant essaye des camions sur la route. Après la soupe visite à mon ami Achard qui va beaucoup mieux. Le soir esquinté. Coucher à 10 heures.

27 Septembre 1916

À 5 heures 45, départ. Nous allons chercher des nègres à Savonnières et les menons à Nixéville. Puis nous rentrons à 6 heures et quart ayant fait 170 kilomètres. Coucher à 10 heures.

28 Septembre 1916

Levé à 7 heures. Nettoyage du camion. Le tantôt vaccination par antityphoïdique. Je suis forcé d'y passer malgré mes réclamations comme l'ayant été il y a à peine deux ans ce qui m'avait rendu bien malade. À 6 heures cela ne rate pas. Je suis malade de l'intestin et je vomis tan et plus. Je rencontre le Major en route et je l'attrape devant le Capitaine. Je me couche à 7 heures avec une fièvre de cheval. Dans la nuit je prends ma température qui dépasse 40°. C'est idiot de nous rendre malade lorsque l'on est bien portant. Je ne quitte pas le lit.

29 Septembre 1916

Je me lève à 10 heures. J'ai moins de fièvre mais tout de même encore 38°. Impossible de rester toute la journée debout. Après la soupe je m'allonge à nouveau sur mon lit. Le soir cela va un peu mieux. Je m'attrape avec le Lieutenant parce qu'il ne veut pas que je mange du jambon. Je suis obligé de céder. Je me recouche à 8 heures.

30 Septembre 1916

Je me lève à 8 heures. Cela va beaucoup mieux. J'ai seulement encore une douleur à l'épaule. Je me repose toute la journée. Le soir nous sortons un peu après la soupe. Je me couche à 10 heures.

1 Octobre 1916

Il y a une grand chasse au sanglier organisée par les officiers. Avec quelques camarades nous nous arrangeons pour ne pas y aller et en profitons pour nous lever à 8 heures. Après le déjeuner j'écris assez longuement puis nous sortons faire une longue promenade ans la campagne. Le soir après la soupe nous faisons une manille. Je me couche à 9 heures.

2 Octobre 1916

Levé à 7 heures. Pas grand' chose à faire. La journée traîne en longueur. Coucher à 10 heures.

3 Octobre 1916

Levé à 4 heures et demie. Départ à 5 heures 45. Nous allons chercher les troupes à Nançois-le-Petit et nous les transportons à Ancerville. Nous sommes de retour à 11 heures et demi. Le tantôt on s'occupe des camions. Le soir coucher à 10 heures.

4 Octobre 1916

Repos toute la journée. Je m'occupe à mettre un peu d'ordre dans mes affaires. Le soir toujours couché à 10 heures.

5 Octobre 1916

Levé à 4 heures et demie. Départ à 5 heures et demie. Nous allons charger le matériel d'un régiment à Haudainville. Puis nous le transportons à Naïves-devant-Bar. En route j'ai deux soupapes de grillés et je rentre péniblement à 8 heures du soir. Je me couche à 10 heures.

6 Octobre 1916

Levé à 7 heures. Je vais à mon camion où il y a deux soupapes à changer. Puis le tantôt je vais à l'atelier faire refaire le plancher intérieur. Je me couche à 10 heures.

7 Octobre 1916

Levé à 7 heures. À 8 heures je vais à l'atelier chercher ma voiture. Puis le tantôt je m'occupe à recaler le moteur. Ainsi la journée se passe. Coucher à 10 heures.

8 Octobre 1916

Levé à 7 heures. Un jour aux camions. À 9 heures et demie je vais à la grand' messe avec un camarade.   Le tantôt nous déménageons car à huit camarades nous avons loué un grand logement où nous serons très bien. Notre journée se passe ainsi et il pleut à verse. Le soir nous sommes esquintés et malgré cela je me couche à 10 heures et demie.

9 Octobre 1916

Levé à 7 heures. Rien de bon particulier. Toujours du travail après ma voiture. Le soir coucher à 10 heures.

10 Octobre 1916

Levé à 6 heures et demie. Je vais avec ma voiture chercher de la pierre pou me faire un emplacement pour y mettre mon camion. Même travail toute la journée. Coucher à 10 heures.

11 Octobre 1916

Levé à 3 heures et demie du matin. Départ à 4 heures 40. Nous allons chercher des troupes à Chaumont-sur-Aire. Puis nous les transportons à Blercourt. De là nous en reprenons d'autres que nous ramenons à Chaumont-sur-Aire. Nous rentrons à 5 heures et demie. Je prends une petite leçon d'anglais et me couche à 9 heures et demie.

12 Octobre 1916

Levé à 6 heures et demie. Nettoyage des camions le matin e le soir. le soir nous apprenons que notre Lieutenant nous quitte pour aller comme Officier-régulateur à Moulin-Brûlé pour un mois. Nous le regrettons tous. À 9 heures du soir on nous annonce départ pour un. TP (Transport personnel) demain matin à 3 heures quarante-cinq. Aussi coucher 9 heures et demie.

13 Octobre 1916

Levé à 2 heures et demie du matin. Départ à 3 heures quarante. Nous changeons des troupes à Blercourt et les menons à Pretz. J'ai deux pannes de magnéto en route. Nous rentrons esquintés à 5 heures et demie. La soupe, puis coucher à 9 heures.

14 Octobre 1916

Levé à 6 heures et demie. À 7 heures je m'occupe de ma voiture où il y a beaucoup à faire. Il faut donner de l'avance à la magnéto et c'est du travail de précision qui demande une bonne partie de la journée. A 2 heures séance nouvelle de vaccin contre la typhoïde. Je fais dire au Major que s'il me touche je lui fiche un coup de fusil. On me flanque la paix ce dont je suis fort content. Le soir après la soupe je lis un peu puis je me couche à 10 heures.

15 Octobre 1916

C'est dimanche. Je me lève à 7 heures. Je vais à la grand' messe. Toute la journée il pleut à torrent. Aussi nous rentrons dans notre cantonnement où nous passons notre temps à jouer aux cartes. Coucher à 10 heures.

16 Octobre 1916

Levé à 6 heures et demie. Toute la journée travail aux camions et la pluie ne décesse pas. Rien de particulier. Coucher à 10 heures.

17 Octobre 1916

Levé à 6 heures et demie. À 7 heures et demi lavage des camions. Il pleut et fait très froid. Le tantôt je vais à la corvée de bois pour la cuisine comme conducteur. Notre nouveau Lieutenant qui est très gentil nous offre un paquet de cigarettes. Le soir après la soupe nous faisons un bon feu et une partie de manille. Puis je me couche à 10 heures.

18 Octobre 1916

Levé à 6 heures. Il pleut à verre toute la journée. On va aux camions quand-même. Le soir manille et coucher à 10 heures.

19 Octobre 1916

Levé à 6 heures. Aux camions. Le tantôt revue d'outillage. Il pleut toujours à verse. Le soir manille et coucher à 10 heures.

20 Octobre 1916

Levé à 6 heures et demie. Aux camions où l'on n'a rien à faire. Il fait bien froid. Toute la journée on bricole. Coucher à 10 heures.

21 Octobre 1916

Levé à 6 heures. Il arrive un ordre de partir à 7 heures et demie. On va charger le 4ème Mixte à Tronville-en-Barrois et nous les menons à Nixéville. En route un accident terrible. Une de nos voitures verse dans un ravin un peu avant Issancourt. Trois zouaves sont blessés et notre malheureux conducteur est tué. Nous rentrons tous navrés à 8 heures. Coucher à 10 heures.

22 Octobre 1916

Levé à 6 heures. Départ à 6 heures quarante-cinq. Nous chargeons des troupes à Géry pour aller à Dugny. La journée se passe sans incident. Il a fait bien froid. Coucher à 10 heures.

23 Octobre 1916

Levé à 6 heures et demie. À 7 heures et demie, travail à la voiture jusqu'à 3 heures et demie de l'après-midi. Coucher à 10 heures.

24 Octobre 1916

Levé à 6 heures et demie. Aux camions pour ne rein faire. mon ami Achard qui m'apprenait l'anglais nous quitte demain pour aller dans un autre section. Le soir je suis de garde aux camions de 9 heures à minuit. J'y reste jusqu'à 11 heures et quart, car j'en ai assez. Coucher à 11 heures et demie.

25 Octobre 1916

Levé à 6 heures et demie. Aux camions à 7 heures et demie où nous n'avons d'ailleurs rien à faire. Le tantôt à 2 heures le lieutenant nous emmène en plain camps pour faire des exercices d'assouplissement et des course à pieds. Charmant mais bien esquintant. En plus de cela il pleut et l'on rentre tout trempés à 5 heures moins dix. Le soir je fais un peu d'anglais avec Achard et je me couche à 10 heures.

26 Octobre 1916

Levé à 6 heures et demie. À 7 heures et demie aux camions. On flâne toute la matinée. Le tantôt on nous fait nettoyer un nouveau cantonnement. Le soir après dîner je fais seul un peu d'anglais pour ne pas le perdre. Coucher à 10 heures.

27 Octobre 1916

Levé à 6 heures et demie. A 7 heures et demie aux camions où l'on n'a rien à faire. Le tantôt troisième piqure de vaccin mais je ne me dérange même pas. Comme il pleut je reste toute la journée notre chambre. Le soir après la soupe je travaille deux heures à mon anglais. Coucher à 10 heures

28 Octobre 1916

Levé à 6 heures et demie. Le matin aux camions. L'après-midi à une heure et quart à la corvée de bois d'où l'on rentre à 4 heures et demie. Il pleut presque toute la journée. Après la soupe je fais un peu d'anglais. Coucher à 10 heures.

29 Octobre 1916

Levé à 7 heures. C'est dimanche. Je fais un peu de toilette. Un coup d'œil aux camions vers 9 heures. A ç heures et demi à la grand' messe. Le tantôt il pleut à verse aussi tout l'après-midi. Je reste dans la chambre à écrire. Le soir, coucher à 10 heures.

30 Octobre 1916

Levé à 4 heures. Départ à 5 heures et quart. Nous allons charger des troupes à Chamouilley. Puis nous les transportons à Érize-la-Brûlée. Encore de la pluie. J'ai la veine de faire vite aussi nous sommes de retour à 3 heures et quart. je fis les pleins et à la soupe. Coucher à 10 heures

31 Octobre 1916

Levé à 3 heures. Départ à 4 heures. Nous chargeons des hommes à Salonneset les menons à Nixéville. J'ai une panne en route. Je rentre à 11 heures du soir. Je dîne et me couche aussitôt.

1er Novembre 1916

Levé à 3 heures. Partis à 4 heures. Nous allons chercher des troupes à Aulnois-en-Perthois et nous les menons à Dugny. Nous rentrons à 9 heures du soir. Dîner puis coucher aussitôt.

2 Novembre 1916

Je pars avec un camarade chacun sur notre voiture en mission spéciale. Nous allons à Rupt-devant-St-Mihiel, puis de là à Gironville. Très mauvaise route. Nous sommes à 2 kilomètres des Boches. Pas un seul obus pas même un coud de canon. Nous revenons sans lumière par une très belle route et à toute allure. Nous sommes de retour à 11 heures du soir. Dîner puis coucher à minuit.

3 Novembre 1916

Je me lève à 8 heures. J'ai fait une gonne nuit qui m'a bien reposé. Je m'occupe de ma voiture toute la journée. Le soir j'ai grande hâte de me coucher. Aussi je me mets au lit à 9 heures.

4 Novembre 1916

Levé à 7 heures. Aux camions toute la journée. Le soir à 9 heures et demie on nous apprend départ pour demain matin à 5 heures. Je me couche aussitôt.

5 Novembre 1916

Levé à 4 heures. Départ à 5 heures. Il fait un temps de tempête effrayant. de la pluie e de vent. On va charger du matériel à Rupt-aux-Nonains pour aller à Haudainville. En route mon cardan se casse. Panne plus que sérieuse qui m'empêchera de sortir pendant un assez longtemps. Je suis là et j'attends que l'on vienne me chercher. Heureusement cela n'est pas trop long. Je fais 38 kilomètres à la remorque et je rentre à 10 heures. Je dîne et me couche aussitôt.

6 Novembre 1916

Levé à 7 heures. À 8 heures je vais à l'atelier. Il y a pour plusieurs jours de travail après ma voiture. Il faut que je prête la main aux mécaniciens. Toute la journée je suis après. Le soir après la soupe je fais un peu d'anglais puis je me couche à 10 heures.

7 Novembre 1916

Levé à 7 heures. À 8 heures je vais à l'atelier d'où je ne sors pas de la journée. Il y a beaucoup à faire après ma voiture aussi je travaille tant et plus. Le soir un peu d'anglais et coucher à 10 heures.

8 Novembre 1916

Levé à 7 heures. À 8 heures à l'atelier. Deux roues à démonter – travail assez dur. L'après-midi je travaille encore. Le soir je suis de garde de 6 à 9 heures. Je rentre. Je lis un peu et me couche à 10 heures.

9 Novembre 1916

Levé à 7 heures. À 8 heures à l'atelier où je travaille à ma voiture qui est loin d'être réparée. J'y passe la journée. Le soir après la soupe un peu d'anglais et coucher à 10 heures.

10 Novembre 1916

Levé à 7 heures et demie. Les camarades sont partis en convoi à 3 heures quarante-cinq. Je vais encore travailler à l'atelier. Le tantôt un avion boches survole la ville mais sans aucun dommage. Le soir j'écris et lis. Coucher à 10 heures

11 Novembre 1916

Levé à 7 heures. À 8 heures je vais à l'atelier où je bibelotte pour ne pas faire grand' chose. Et ainsi toute la journée. En attendant je ne roule pas. Le soir après la soupe un peu d'anglais et coucher à 10 heures.

12 Novembre 1916

C'est aujourd'hui ma fête la Saint-René. Elle ne sera pas gaie cette fête passée encore loin des miens cette année-ci. C'est dimanche. Je me lève à 7 heures et demie. A 9 heures revue par le Lieutenant en tenue de drap. À 9 heures et demie je vais à la grand' messe. Le tantôt, j'écris puis nous allons à quatre faire un bon tour dans la campagne et sur les hauteurs. Cela nous change un peu les idées. Nous rentrons seulement pour la soupe et je me couche à 10 heures.

13 Novembre 1916

Levé à 7 heures. À 8 heures à l'atelier où je travaille toute la journée. Le soir un peu d'anglais. Coucher à 10 heures.

14 Novembre 1916

Les camarades sont partis ce matin à 6 heures pour un transport de troupes. Je me lève à 7 heures et demi. Je vais un peu à l'atelier où je n'ai rien à faire. Le tantôt je me repose. Le soir je suis de garde de 9 heures à minuit. A cette heure-là je rentre et me couche de suite.

15 Novembre 1916

Levé à 7 heures. À 8 heures à l'atelier. À 10 heures je vais voir le dentiste mais je ne puis être reçu car avant il faut y être autorisé par le docteur. Quelle formalité idiote mon Dieu!! Je reste toute la journée à l'atelier où je n'ai rien à faire et comme je suis en plein courants-d'air j'attrape un rhume carabiné. Le soir un p eu d'anglais et coucher à 10 heures.

16 Novembre 1916

Les camarades sont partis à 5 heures du matin. Je me lève à 8 heures très enrhumé. Je vais à la visite demander une autorisation pour aller chez le dentiste. Je déjeune tout seul. A 2 heures je vais chez le dentiste. Celui-ci veut bien m'arranger ma dent mais comme il n'a pas le temps en ce moment, il me remet – à 2 mois. On ne peut se fiche plus aimablement du monde. Qui sait où nous serons dans deux mois. Je fais un tour à l'atelier. Je vais dîner seul puis je prends la garde aux camions de 6 à 9 heures. Je rentre tout grelottant de fièvre. Je me fais du vin chaud et me couche à 11 heures.

17 Novembre 1916

Je me lève à 7 heures et demie. Je ne vais pas à l'atelier. Je suis mal fichu et je me repose. Justement l'on me chercher car mon arbre de cardan est arrivé. Le tantôt je vais aider à le mettre en place mais ce n'est pas terminé dans la journée. Le soir je me couche à 10 heures.

18 Novembre 1916

Je me lève à 7 heures et demie. Je suis de garde à 11 heures au Groupement Barthez pour 24 heures. Je prends la faction de 1 à 3 heures puis de 9 heures à 11 heures du soir. À 10 heures du soir un incident. On vient chercher la garde pour mettre à la raison un malheureux fou de l'active qui veut tuer tout le monde dans le bureau du groupe. Il est vite mâté. À 11 heures tout rentre dans le calme. Aussi je vais me coucher jusqu'à 5 heures du matin

19 Novembre 1916

De faction de 5 à 7 heures du matin. Je ne me recouche pas. À 11 heures je descends de garde. Le tantôt on m'informe que ma voiture est sortie de l'atelier. Elle n'est pas conforme à ce que je désire et malgré cela je suis désigné pour partir en route demain matin avec. Je prends la garde aux camions de 6 à 9 heures du soir, puis je me couche aussitôt.

20 Novembre 1916

Levé à 3 heures du matin. Départ à 3 heures et demie. Ma voiture comme je le pensais ne tire pas bien. À 9 heures et demie je demande à rentrer car elle ne marche pas du tout. Je rentre à midi et remets ma voiture de suite à l'atelier. Ensuite je reste tranquille. Le soir j'écris un peu et me couche à 10 heures.

21 Novembre 1916

Levé à 7 heures. À 8 heures à l'atelier. Le tantôt ma machine est réparée. Je l'essaye. Elle est au point. Le soir je fais un peu d'anglais. Coucher à 10 heures.

22 Novembre 1916

Levé à 7 heures. À 8 heures aux camions et ainsi toute la journée. Le soir un peu d'anglais et coucher à 10 heures

23 Novembre 1916

Levé à 7 heures. À 8 heures aux camions. On met le tout en état. Rien d'autre à faire de la journée. Coucher à10 heures.

24 Novembre 1916

Levé à 7 heures. À 8 heures aux camions où il n'ya rien à faire. Le tantôt un peu d'exercice idiot. Le soir de l'anglais. Coucher à 10 heures.

25 Novembre 1916

Levé à 7 heures. À 8 heures aux camions. On les met au point toute la journée. Le soir je suis désigné de garde pour demain. A 9 heures et demie des ordres de départ pour demain 3 heures et demie du matin. Je me couche à 10 heures.

26 Novembre 1916

Les camarades se lèvent à 2 heures et demie du matin pour partir. Moi je me lève à 8 heures. La garde toute la journée. Rien de bien intéressant. Je me couche à 9 heures et je me relève à 11 heures pour prendre la garde jusqu'à une heure du matin. A une heure je me recouche.

27 Novembre 1916

Levé à 7 heures. Aux camions toute la journée où l'on s'occupe à peu près. Le soir un peu d'anglais et coucher à 10 heures.

28 Novembre 1916

Levé à 3 heures et demie. Départ à 4 heures et demie. Nous allons charger des troupes à Montplonne et les transportons à Nixéville. Puis nous rentrons à 4 heures et demie. Aussitôt nous apprenons que notre Lieutenant part demain pour Salonique. Tant mieux. Le soir un peu d'anglais. Coucher à 10 heures.

29 Novembre 1916

Levé à 7 heures. À 8 heures aux camions. A deux heures le lieutenant nous fait ses adieux car il part à 3 heures et demie. L'après-midi se passe à peu près. Le soir je suis de garde de 8 à 10 heures. A 10 heures je rentre et je me couche.

30 Novembre 1916

Levé à 7 heures. À 8 heures aux camions où l'on ne fait pas grand' chose. Le tantôt nous sommes libres aussi nous allons à trois cueillir une salade de mâche que nous mangeons le soir. Après la soupe un peu d'anglais et coucher à 10 heures.

1 Décembre 1916

Levé à 7 heures. À 8 heures aux camions où il n'y a rien à faire. Le tantôt sous prétexte d'exercice on nous emmène faire un tour au canal, puis nous sommes libre. Le soir un peu d'anglais et coucher à 10 heures.

2 Décembre 1916

Levé à 4 heures. Départ à 5 heures et demie. Nous allons chercher des troupes à Pont-sur-Meuse et les menons à Charmontois-le Roi. Il fait très froid. Nous rentrons à 5 heures et demie. Coucher à 10 heures.

3 Décembre 1916

Levé à 6 heures et demie. À 7 heures et demie aux camions où l'on astique ferme. Le tantôt nous sommes libres et en profitons pour nous reposer un peu. Le soir coucher à 10 heures.

4 Décembre 1916

Levé à 7 heures et demie. À 8 heures aux camions. Je vais à Nançois-le-petit chercher de la paille et le tantôt on tresse des paillons pour garantir les radiateurs. Le soir anglais. Coucher à 10 heures.

5 Décembre 1916

Levé à 7 heures et demie. À 8 heures aux camions où il n'y à rien à faire. le tantôt on tresse encore des paillons. Le soir un peu d'écritures et coucher à 10 heures.

6 Décembre 1916

Levé à 7 heures et demie. Aux camions à 9 heures. À 10 dix heures on rentre. Le tantôt on est libre. Coucher à 10 heures.

7 Décembre 1916

Levé à 7 heures. À 9 heures aux camions où l'on reste une demi-heure puis l'on rentre chez soi. Le tantôt on ne fait rien et à 3 heures quarante-cinq aux douches. Le soir je vais prendre la garde de 10 heures à minuit. Coucher à minuit et demi.

8 Décembre 1916

Levé à 7 heures et demie. À 9 heures aux camions. Le tantôt on fait encore des paillons. Ainsi la journée se passe. Coucher à 10 heures.

9 Décembre 1916

Levé à 7 heures et demie. Même programme que la veille ce qui n'a rien de bien intéressant.

10 Décembre 1916

Levé à 7 heures. Un peu de toilette car c'est dimanche. Un tour aux camions à 9 heures. À 9 heures et demie à la grand' messe. Le tantôt nous allons dans les champs cueillir une salade de mâche que nous mangeons le soir. Coucher à 10 heures.

11 Décembre 1916

Levé à une heure du matin. Départ à 2 heures. Nous chargeons des tirailleurs à Velaines et les menons à Regret à deux pas de Verdun. Il fait très froid par endroits et très humide par d'autres. Nous rentrons à 3 heures et demie de l'après-midi. Je fais les pleins de ma voiture puis je dîne. Ensuite j'écris mais j'ai tellement mal à la tête que je me couche à 8 heures et demie.

12 Décembre 1916

Levé à 5 heures. Je suis désigné pour partir à 6 heures et quart sur un autre camion que le mien. Comme la chose ne me va pas et que je ne puis refuser, je trouve plus simple de me faire porter malade. Cela dérange le service il est vrai mais cela m'est égal. Je laisse partir le convoi et vais à la visite pour névralgies. Je suis reconnu d'emblé. L'adjudant Lemaire (homme charmant) qui commande la section est tellement stupéfait de ma façon de faire qu'à une heure il me fait appeler dans son bureau. J'ai avec lui une explication presque amicale qui dure près de trois quarts d'heure et ensuite de laquelle il me donne pleinement raison. À 9 heures et demie le convoi dont je devrais faire partie rentre et dans quel état. Il a essuyé un bombardement sérieux à Verdun. Personne n'a été touché mais 4 camions sur 5 ont été amochés et ont dus être remorqués pour pouvoir rentrer. Je puis dire que j'ai eu de la veine et que je l'ai échappé belle. Coucher à 10 heures

13 Décembre 1916

Levé à 2 heures du matin. À 3 heures départ. Nous allons charger du matériel à Magneux et le transportons à Ménil-sur-Saux.

14 Décembre 1916

Levé à 7 heures. Aux camions toute la journée. Le soir après la soupe on nous annonce que nous partons demain matin pour deux jours. Il y a une grande attaque à la côte du Poivres et nous devons monter des renforts. Je me couche aussitôt à 9 heures et demie.

15 Décembre 1916

Levé à 5 heures. Départ à 6 heures et demie. Nous allons chercher des troupes à Behone, puis nous les menons à Heippes. Ensuite nous allons à Neuville-en-Verdunois. Là nous restons à attendre. À 3 heures nous apprenons la prise de la côte du Poivres par nos troupes. Tout va bien et nous n'aurons peut-être pas à monter de renforts. À 5 heures nous mangeons chez un bistro, puis à 8 heures je me couche dans une grange.

16 Décembre 1916

À 6 heures et quart, je suis réveillé par le froid. On à fait du café chaud sur la place. je vais en prendre un quart en attendant les évènements. À 7 heures arrive une touriste qui nous donne l'ordre de rentrer à 8 heures à Ligny. Tout le monde est content car cela prouve que tout a bien marché à Verdun. Nous arrivons à midi. On fait le plein les voitures, puis on va manger un morceau. Ensuite on retourne apprêter les voitures car l'on prévoit repartir demain.

Le soir je suis de garde de 8 à 10 heures. Il pleut à plein temps et je n'ai pas sommeil. Je fais chauffer de l'eau et me fait un bon nettoyage dont j'ai grand besoin. Je me couche à 11 heures

17 Décembre 1916

Levé à 7 heures. Aux camions vers 9 heures où l'on ne fait pas grand' chose. Le tantôt on est libre. Le soir coucher à 10 heures.

18 Décembre 1916

Levé à 7 heures. Aux camions où l'on travaille toute la journée. Coucher à 10 heures.

19 Décembre 1916

Levé à 5 heures. Départ à 6 heures. On va chercher le 8ème mixte à Regret (ou du moins ce qu'il en reste) car ce sont les troupes qui on fait les dernières attaques. Les hommes sont dans un état minable. On les mène à Demange-aux-Forges. On rentre à 9 heures. Dîner puis coucher à 11 heures.

20 Décembre 1916

Levé à 7 heures. Aux camions à 8 heures et demie où l'on prépare les voitures toute la journée car l'on doit marcher demain. Coucher à 10 heures.

21 Décembre 1916

Levé à 4 heures. Départ à 5 heures. On va chercher des troupes à Rumont. Puis on les mène à Glorieux. Partis par un froid terrible nous revenons par une pluie battante à 7 heures et demie. On va vite dîner puis coucher à 9 heures et demie.

22 Décembre 1916

Levé à 7 heures. À 8 heures et demie aux camions. Pendant que je prépare ma voiture on me dit que je pars en permission aujourd'hui même par le train de 2 heures dix-huit. Aussitôt je me prépare. À 2 heures je vais à la gare. Le train a du retard. Jusqu'à Épernay tout va à peu près bien. Là changement de train – 4 heures de retard. Nous repartons dans un train bondé à minuit et demi.

23 Décembre 1916

Arrivé à Paris à 6 heures et demie esquinté. Vivement dans le métro. À la maison à 7 heures vingt. Ma femme va partir travailler chez Nestlé. Je me rapproprie et vais la chercher à son bureau à midi. Déjeuner tous deux chez Biffinger. Le tantôt visite à ma mère et aux Galeries. Dîner à la maison. Coucher à 11 heures.

24 Décembre 1916

Je fais viser ma permission à la gare Saint-Mandé puis à la gendarmerie. Ainsi je gagnerai deux jours. Toute la journée à Joinville. Coucher à 11 heures.

25 Décembre 1916

Noel. Déjeuner chez ma sœur marie. Le tantôt à Champigny voir une usine. Dîner chez ma mère. Coucher à 11 heures et demie.

26 Décembre

Levé à 9 heures. Déjeuner avec ma femme au Trianon. Le tantôt visite aux Galeries. Dîner à la maison. Coucher à 11 heures.

27 Décembre 1916

Levé à 8 heures et demie. À 11 heures je vais déjeuner chez mes cousins de Puteaux où je vois que ceux-ci ont la chance étant mobilisés chez eux d'être merveilleusement embusqués dans leur usine. J'avoue que mon seul regret est de ne pouvoir être comme eux. Le tantôt je rentre à la maison vers 5 heures. Coucher à 11 heures.

28 Décembre 1916

Levé à 8 heures et demie. Déjeuner à Paris. visite à Faubourg. Dîner à la maison. Coucher à 11 heures.

29 Décembre 1916

Levé à 9 heures. Déjeuner superbe avec Delapraz au Savoia. Visite aux Bakx. Dîner à la maison. Coucher à 10 heures et demie.

30 Décembre 1916

Levé à 8 heures et demie. Déjeuner à la maison. Visite à Marguerite Spichiger. Le tantôt promenade aux grands boulevards. Le soir dîner chez Duval. Au théâtre de la Scala voir la Dame de Chez Maxim's. Rentré à minuit. Coucher à minuit et demi.

31 Décembre 1916

Levé à 8 heures et demie. Déjeuner à la maison. Visite aux Bakx chez qui nous dînons. Rentrés à 10 heures et demie. Coucher à 11 heures.

1er Janvier 1917

Encore une année nouvelle qui commence. Espérons enfin que celle-ci verra se terminer cette infernale guerre dont nous avons tous le cauchemar. Ma femme et moi nous sommes souhaités la bonne année à Minuit. Puis nous nous sommes levés à 8 heures. Je suis allé avec Vonvon voir les Aguellet. Nous sommes allés ensuite déjeuner à Joinville puis dîner chez ma mère. Rentrés à 11 heures et couchés à 11 heures et demie

2 Janvier 1917

Levé à 8 heures. Je m'apprête pou le départ. Déjeuner avec ma femme puis le train à 3 heures et demie. Voyage long et pénible. Plus que gros cœur d'avoir quitté tous les miens. À quand le retour final.

3 Janvier 1917

Arrivé à Ligny à 3 heures et demie du matin. Bonjour aux amis. Couché puis levé à 7 heures et demie. Vu l'Adjudant qui accepte les explications de ma permission qu'il trouve que j'ai un peu allongée. Déjeuner plus que simple. Quel cafard mon Dieu c'est incroyable. Le tantôt j'écris. Le soir mes camarades qui décidément m'estiment beaucoup ont voulu fêter dignement mon retour. Nous mangeons un saucisson et un jambon que j'ai apporté. Puis eux offrent deux bouteilles de bon vin. Marguerite vient nous rendre une petite visite avec sa sœur Laure. La présence de femmes chez nous me ragaillardit un peu. On fait une petite boule jusqu'à 11 heures. Ensuite je me couche.

4 Janvier 1917

Levé à 7 heures et demie. Je m'occupe de ma voiture toute la matinée. En la lavant je fais la connaissance d'un anglais avec qui je cause un bon moment. Il me donne rend-z-vous pour tantôt 4 heures pour aller prendre un verre de bière. Le tantôt je travaille encore à ma voiture. Le soir Laure et Marguerite viennent nous voir et l'on chante un peu. Puis je vais prendre la garde de minuit à 2 heures. À 2 heures et demie, je me couche.

5 Janvier 1917

Levé à 7 heures et demie. À 9 heures aux camions où l'on ne fait rien. Mon anglais n'es pas venu me voir hier comme il me l'avait promis. Je le rechercherai. Le tantôt nous faisons une répétition de prise d'arme pour notre grand chef le Capitaine Barthez qui doit être décoré de la Légion d'Honneur demain. Quelle idiotie. Toute la ville se fiche de nous. À 3 heures on rentre chacun dans sa chambre. Le soir après la soupe je fais un peu d'anglais et me couche à 10 heures.

6 Janvier 1917

Ce matin décoration du Capitaine Barthez à 8 heures. C'est honteux. Il fait un temps de chien car il neige à plein temps. À 8 heures et demie nous sommes libre. Je vais à la recherche de mon anglais que je trouve et je l'invite pour ce soir avec Laure et Marguerite à tirer les Rois. Nous profitons avec les copains de nous amuser tous ensemble. Aussitôt après dîner arrivent Laure et Marguerite puis monanglais. Nous causons anglais ensemble tout le temps. Puis nous tirons les Rois avec une galette et quelques litres. je cause avec mon anglais jusqu'à 10 heures et demie, heure à laquelle il s'en va. J'en ai la tête farcie. Je lui ai demandé son nom. Il s'appelle Mr Whitton. Je me couche à 11 heures.

7 Janvier 1917

Levé à 8 heures avec un mal de tête fou. Je prends de l'aspirine puis je vais aux camions. Le tantôt repos. J'en profite pour écrire. Mon anglais doit venir ce soir. À 7 heures il arrive avec deux bouteilles de champagne dans ses poches. Laure et Marguerite sont là. Cela devient une vraie boule – vin, petits gâteaux et champagne. Puis chansons de toutes sortes. Cela ne m'empêche pas de causer anglais bien au contraire car je me fais l'interprète de tous pour ce qu'il veut leur dire. On se sépare à 11 heures en me promettant de revenir demain. Coucher à 11 heures.

8 Janvier 1917

Levé à 7 heures quarante-cinq. À 9 heures aux camions où l'on ne fait rire. Il pleut à torrent et sans décesser. À 10 heures je remonte dans ma chambre. Le tantôt après une petite théorie nous sommes libre aussi j'en profite pour écrire. Le soir Mr Whitton ne peut venir car il a un lumbago. Je fais seul de l'anglais et me couche à 10 heures et demie.

9 Janvier 1917

Levé à 7 heures. Aix camions à 9 heures. À 9 heures et demie, je vais voir Mr Whitton. Il va un peu mieux. Je reste une heure à causer avec lui puis je remonte dans ma chambre. Le tantôt rien à faire. Coucher à 11 heures.

10 Janvier 1917

Levé à 8 heures. Aux camions à 9 heures. Mr Whitton va un peu mieux et pense venir demain soir. Le tantôt rien à faire. j'écris. Le soir coucher à 10 heures.

11 Janvier 1917

Levé à 6 heures et demie. Aux camions à 7 heures et demie pour enlever des roues. Mr Whitton devait venir ce soir mais il me fait dire qu'il ne peut pas et que ce sera pour demain. J'étudie donc l'anglais seul ce soir. Je me couche à 10heures.

12 Janvier 1917

Levée à 6 heures et demie. Tout le monde aux camions à 7 heures et demie. Puis de nouveau à midi et demie car il y a une revue du Capitaine a 3 heures. On lave sous la neige et ce n'est pas gai. le soir avec mr Whitton nous causons jusqu'à 10 heures et demie. Coucher à 11 heures.

13 Janvier 1917

Levé à 6 heures et demie. À 7 heures et demie revue d'un nouveau capitaine. Il neige à plein temps. La revue se passe bien. Le tantôt repos. J'en profite pour écrire. Le soir je fais de l'anglais tout seul. Coucher à 11 heures.

14 Janvier 1917

Levé à 4 heures. Départ à 5 heures. Nous allons prendre du matériel à Érize-la-Grande et nous le transportons à Sommedieue. Il y a le long des routes plus d'un demi-mètre de neige aussi la route est dure. Nous rentrons à 8 heures et demie du soir. Nous dînons à 9 heures. Je me couche à 10 heures et demie.

15 Janvier 1917

Levé à 8 heures. Aux camions à 9 heures. On nous apprend que nous quittons d'ici après demain pour aller à Longeville. Le soir Mr Whitton vient me faire ses adieux car lui aussi part après demain sans savoir pour où. Je me couche à 11 heures.

16 Janvier 1917

Levé à 8 heures. La neige n'a pas cessé de tomber depuis hier au soir. Le tantôt on en mesure 15 centimètres. On se prépare pour partir demain. Le soir à 8 heures il nous arrive un contre-ordre pour le départ demain car nous somme autant dire bloquées par les neiges. Aucune voiture ne peut sortir. Les quelques unes qui ont essayé sont restés en panne au milieu de la route. Le soir je fais un peu d'anglais et je me couche à 10 heures.

17 Janvier 1917

Levé à 8 heures. La neige s'amoncèle toujours. Il y a de 25 à 30 centimètres. Notre départ est suspendu et l'on attend de nouveaux ordres. À 8 heures du soir ordre de partir demain matin à 11 heures et demie. Mr Whitton est là qui est venu me voir et prendre une tasse de thé. Nous nous séparons à 10 heures et demie. Coucher à 11 heures.

18 Janvier 1917

Levé à 6 heures et demie. Tout le monde emballe pour le départ. À 11 heures et demie départ. Arrivés à Longeville à une heure et demie. Deux heures pour faire 10 kilomètres. Nous trouvons une superbe chambre où nous pouvons installer nos lits à 6 et nous payons chacun 5 sous par jour. Mais je ne puis en profiter ce soir car je suis désigné avec un camarade pour aller à la régulatrice de Bar-le-Duc à 5 heures quarante-cinq. De là on nous envoie transporter jusqu'à Ancemont, par un chemin très détourné, 4 officiers qui rejoignent le front. Quelle honte de dépenser ainsi tant d'argent pour ceux qui en gagnent tant.

En route mon phare ne veut pas marcher et j'ai tous les ennuis possibles. Je marche péniblement sans lumière. Nous passons toute la nuit dehors par un froid terrible. À 5 heures et demie nous reprenons

2 officiers que nous menons prendre le train à Bar-le Duc pour aller en permission. Quelle double honte que cette façon de faire.

19 Janvier 1917

À 9 heures et demie du matin je rentre. Vite un quart de café chaud puis je vais me débarbouiller. Je n'ai pas dormi de la nuit et je suis esquinté. À une heure je vais faire les pleins de ma voiture pis à trois heures je rentre et j'écris. Le soir je suis tellement fatigué que je me couche à 8 heures et demie.

20 Janvier 1917

Levé à 4 heures de matin. Départ à 5 heures pour un transport de troupes très loin. À Lavaincourt lieu de chargement j'ai la veine de retourner à vite car ma porte de derrière est cassée et ainsi je ne puis prendre du monde. Je suis de retour à Longeville à une heure de l'après-midi. Je déjeune – puis ma toilette, puis j'écris. Ensuite je m'occupe de ma voiture. Le soir je dîne et me couche à 9 heures.

21 Janvier 1917

Levé à 8 heures. J'ai bien dormi et cela m'a reposé. Toilette puis travaille aux camions. L'après-midi est libre et j'en profite pour écrire. Le soir nous prenons une tasse de thé avec des amis. Coucher à 10 heures.

22 Janvier 1917

Ordre de partir à 4 heures et demie mais comme il y a la porte de ma voiture à réparer (ce que je ne presse pas de faire) je reste là. Je me lève à 8 heures. À 9 heures je vais à l'atelier. J'y reste toute la journée. Le soir je suis de garde de 8 à 10 puis je me couche à 11 heures.

23 Janvier 1917

Levé à 8 heures et demie. Je vais à l'atelier où l'on me termine ma voiture. Je bricole tout l'après-midi. Le soir un eu d'anglais puis coucher à 10 heures.

24 Janvier 1917

Levé à 5 heures. Départ à 6 heures et quart. Nous allons à 2 voitures charger des hommes à Landroff pour les mener à Autrécourt-sur-aire Bonne journée car nous faisons vite et je suis de retour à 3 heures et demie. Le soir un peu d'anglais et coucher à 10 heures.

25 Janvier 1917

Levé à 6 heures. Départ à 7 heures. Nous allons charger du matériel à Velaines puis nous le transportons à Ambly-sur-Meuse. De là nous en rechargeons d'autre à Troyons-sur-Meuse et le menons à Longchamps. Route dure et pénible et très grand froid. Nous rentrons à 9 heures et demie du soir sans avoir dîné. je mange un morceau puis je me couche.

26 Janvier 1917

Levé à 8 heures. Nous ne sortons pas aujourd'hui. Nous avons repos et pour cause. À 2 heures grande cérémonie pour une prise d'armes pour décor er de la Croix de Guerre notre Maréchal des Logis Clémençon. Pour avoir quoi fait – avoir subi un bombardement à Verdun. C'est une honte. Mais ce qui est encore plus honteux c'est qu'il n'y a même pas un simple mot de félicitation pour les 7 conducteurs qui l'accompagnaient et qui eux ont tout fait. Comme cela est bien militaire. Le tantôt nous nous reposons. Le soir je fais un peu d'anglais. Coucher à 10 heures.

27 Janvier 1917

Levé à 7 heures et demie. Je ne marche pas car mon réservoir d'essence est crevé. Il faut que je le passe réparer et je passe toute la journée après ma voiture. Quel froid. Il y a 15 degrés en dessous de zéro. Avec cela un vent qui nous coupe la figure. À 4 heures je rentre me chauffer un peu. Coucher à10 heures et demie.

28 Janvier 1917

Levé à 5 heures. Départ à 6 heures. Nous allons charger du matériel à Condé-en-Barrois pou le mener à Ménaucourt. Un peu avant Génicourt-en-Barrois, l'axe gauche de ma barre d'accouplement se casse. À ce moment je ne suis plus maître de ma direction et bien que je sers immédiatement mes deux freins, je vais donner en plein dans un arbre. Mon camarade à côté de moi se cogne la tête contre le réservoir d'essence. Moi-même je me frappe la jambe sur la barre de direction et je reçois un coup de volant dans l'estomac. Le choc a été rude. Je descends et je constate que ma machine est brisée. La manivelle, le radiateur, le ventilateur et le moteur ne forment plus qu'un accordéon. Un peu de plus et nous pourrions être tués car sans l'arbre qui nous a reçus nous roulions dans un ravin de trois mètres.

Fort heureusement un camarade peut me tirer de là et je rentre à la remorque à 2 heures et demie de l'après-midi. Aussitôt le Lieutenant me fait appeler et me demande des explications sur mon accident. Devant mon permis de conduire de conduire datant déjà de 15 ans il s'incline presque et reconnaît que je ne suis pas fautif. Nous marchons trop souvent de suite et nous n'avons même pas le temps de vérifier la mécanique de nos voitures. Quand on pense que la casse d'une simple goupille a été la cause de cet accident comme cela est bête. Le soir je suis abruti et n'ai le courage de rien faire. Je me couche à 9 heures et demie.

29 Janvier 1917

Levé à 7 heures et demie. Je vais voir ma voiture car il faut que je la déshabille. Elle va au parc où sans doute on me la changera pour une neuve. Pauvre voiture dont j'ai pris tant de soins. C'est idiot mais cela me fait quelque chose de la voir partir ainsi. Comme c'est bien la guerre d'usure. Toute la journée je travaille à l'atelier. Le soir j'écris un peu puis je me couche à 10 heures.

30 Janvier 1917

Levé à 7 heures et demie. À 9 heures et demie on me confie momentanément le camion No. 6 pour aller à Verdun. En route à La Queue de Mala la fusée de la roue arrière droite casse net. Décidément c'est la poisse. Me voici en pleine route avec une panne sérieuse. Je téléphone pour que l'on vienne me chercher. Heureusement je suis arrêté devant le cantonnement d'une RVF qui me donne un peu à manger. Je passe la nuit dans mon camion où je ne puis dormir tellement je suis gelé. Le thermomètre à cet endroit 27 ° en dessous de zéro.

31 Janvier 1917

Il est 10 heures du matin. Personne n'est encore venu me chercher. Je suis esquinté par le froid et le sommeil. Comme je ne sers plus mes jambes et ne peut marcher, je me plante une épingle dans un mollet. Je ne sens rien et il ne sort pas une goutte de sang. Que vais-je devenir. Il neige à plein temps. Je mange péniblement un peu de pain et de rillettes gelées. Je bois une goutte de vin gelé et mon repas est fait avec cela. Il vient un peu de soleil. Je m'étale sur la banquette du camion où je m'endors à moitié. À deux heures on arrive pour me dépanner. On fait le travail de mettre le camion à cul ce qui demande une heure. Puis nous nous en retournons en arrière jusqu'à Longeville où nous arrivons à 8 heures et demie. Il faut que je paye le vin blanc au mécanicien qui m'a dépanné. Je dîne un peu et à 10 heures et demie je me couche.

1 Février 1917

Levé à 8 heures. J'ai bien dormi et j'en avais besoin. Je demande à me reposer la journée mais on me confie de suite un autre camion dont il faut que je m'occupe ce qui me demande tout l'après-midi. Coucher à 10 heures.

2 Février 1917

Levé à 5 heures et demie. Départ à 6 heures et demie. Je vais au parc de Bar-le-Duc prendre en remorque une voiture touriste que je mène à St Dizier. J'en profite pour déjeuner dans un petit restaurant où je me refais un peu. Le tantôt je suis de retour à 3 heures. En rentrant j'apprends qu'un camarade est en panne sur la route. J'en ai pitié et je vais le dépanner pour qu'il ne passe pas la nuit dehors comme je l'ai fait dernièrement. Cela nous demande 2 heures et demie et nous rentrons seulement à 5 heures et demie. Le soir je me chauffe un peu puis je vais vite me coucher à 9 heures

3 Février 1917

Levé à 7 heures. Je ne sors pas aujourd'hui mais j'ai beaucoup à faire après ma nouvelle voiture. Il me faut faire ressouder le radiateur qui fuit. Cela me demande toute la journée et je finis seulement à 6 heures. Le soir je travaille un peu et me couche à 10 heures et demie.

4 Février 1917

Levé à 5 heures quarante-cinq. Je dois partir à 6 heures quarante-cinq mais il fait tellement froid que mon moteur ne veut rien savoir et je ne puis démarrer avant 9 heures quarante.

Je vais avec un convoyeur chercher des vieux effets à Érize-St-Dizier. À Rozières impossible de monter la côte tellement cela dérape sur la neige. Obligé de mettre chaînes et câbles autour des roues. Le tantôt au moment de repartir je vais en plein dans un fossé que je n'ai pas vu à cause de la neige et il me faut une heure et demie pou me dégager. Je rentre à 7 heures. Je suis esquinté, fourbu et rompu. Je me couche à 9 heures et demi.

5 Février 1917

Levé à 8 heures. Je ne m'occupe même pas de mon camion de toute la matinée. Je suis tellement courbaturé que je n'ai le courage de rien. Le tantôt je vais malgré tout travailler de une à trois heures. Puis je rentre me chauffer un peu. Le soir nous faisons une petite bombe avec un morceau de veau et des petits pos. Cela nous change un peu. Puis nous prenons du thé au rhum et je me couche à 10 heures.

6 Février 1917

Levé à 8 heures et demie. je ne marche pas aujourd'hui. Aussi j'en profite pour me soigner un peu car J'ai attrapé de la grippe. Je vais faire un tour aux camions vers 10 heures mais je ne travaille pas. L'après-midi je reste au chaud dans ma chambre où j'écris. Je me couche à 9 heures.

7 Février 1917

Levé à 5 heures et demie. Départ à 6 heures et demie. Nous allons chercher du matériel à Fains puis nous le transportons à Verdun à la caserne Bévaux.

En route le lieutenant m'apprend une chose formidable. Il paraît qu'une plainte en Conseil de Guerre à été déposé contre moi entre les mains du Général Dubail par un nommé Marius Rebatel de Chez Nicolas à Joinville en présence duquel j'avais prononcé des paroles séditieuses ce qui est archifaux car je ne connais même pas ce sale type. Le Lieutenant qui est heureusement un charmant homme se se charge de l'enquête et me tiendra au courant. Il paraît que j'avais dit que ceux qui sont dans les tranchés encore maintenant s'appellent des B.C.F. (Lire Bons couillons du Front) J'avoue que je suis abruti par cela.

Je rentre à 7 heures et demie et je n'ai le courage de rien. Je dîne et me couche à 9 heures et demie.

8 Février 1917

J'étais commandé pour marcher ce matin mais je n'en ai pas la force. je me suis fait porter malade. Je me lève à 8 heures. À 9 heures et demie je vais à la visite. je suis facilement reconnu car en plus d'un peu d'entérite j'ai à la main gauche une mauvaise piqure qui va me déterminer un petit abcès. J'en profite pour rester au chaud l'après-midi et écrire. Le soir à 8 heures et demie on vient nous prévenir qu'un camion part au secours de nos camarades qui sont enlisés dans les neiges. Nous les plaignons beaucoup. Coucher à 10 heures.

9 Février 1917

Nous avons été dérangés toute la nuit car les camarades sont rentrés entre minuit et 5 heures. Je me lève à 8 heures et demie. À 9 heures je vais à la visite et le docteur m'ouvre le doigt au bistouri ce qui me fait légèrement souffrir. Le tantôt je me repose et j'écris. Le soir je fais un peu d'anglais. Coucher à 10 heures.

10 Février 1917

Levé à 8 heures. À 8 heures et demie je vais à l'infirmerie me faire faire un pansement mais sans pour cela voir le major. Le tantôt je vais travailler à ma voiture car il y a beaucoup à faire. J'en ai pour jusqu'à 4 heures et demie. Le soir on cause en se chauffant au coin du feu. Coucher à 10 heures.

11 Février 1917

Je voulais me faire encore porter malade mais on me prie de n'en rien faire car il y a trop de service. Levé à 5 heures et quart. Départ à 6 heures et quart. Je vais au par de Bar –le-Duc où de là l'on m'envoie porter des pièces détachées dans la ville. Petit service agréable car je rentre à midi. Le tantôt je suis libre et j'écris. le soir un peu d'anglais et coucher à 10 heures.

12 Février 1917

Levé à 6 heures et demie. Départ à 7 heures et demie pour charger à Tannois de personnel d'État-major et le transporter à Génicourt-sur-Meuse. Tout va bien et nous rentrons à 4 heures quarante-cinq. Je fais le plein de ma voiture en cas de départ pour demain. Le soir après la soupe j'écris un peu puis étant fatigué je me couche à 9 heures.

13 Février 1917

Levé à 7 heures et demie. Je vais au camion où je passe la matinée car j'y ai beaucoup à faire. Aussitôt après la soupe je retourne à ma voiture jusqu'à 5 heures et demie. Le soir après dîner on prend un air de feu et je me couche à 10 heures;

14 Février 1917

Levé à 5 heures et quart. Départ à 6 heures et quart. Je vais au parc de Bar-le Duc et de là deux fois au parc d'essence. La route est très mauvaise et dans une descente très rapide je dérape et vais droit dans une haie. Léger incident dont je me tire indemne. Je rentre à 3 heures. Je me lave et j'écris. Le soir après la soupe nous causons un peu au coint du feu. Je me couche à 9 heures et demie.

15 Février 1917

Levé à 8 heures. Aujourd'hui je ne marche pas. Je vais toute la journée au camion jusqu'à 4 heures. Le soir je fais un peu d'anglais et coucher à 10 heures.

16 Février 1917

Lev é à 4 heures. Départ à 5 heures. Je vais chercher de l'intendance à Triaucourt pour aller à Frama. Bon voyage car il dégèle et ne fait pas froid. Il fait même un bon soleil. Je rentre à 4 heures. J'écris et coucher à 10 heures

17 Février 1917

Levé à 7 heures. Aux camions à 8 heures. On ne roule pas à cause du dégel. Toute la journée on travaille aux voitures. Le soir un peu d'anglais. Coucher à 10 heures.

18 Février 1917

Levé à 5 heures et quart. Départ à 6 heures. Je vais au parc de Bar-le-Duc pour une corvée de bois. Celle-ci n'a pas lieu et l'on me renvoie à 11 heures. Tout l'après-midi j'écris. Coucher à 10 heures et demie.

19 Février 1917

Nous ne marchons pas aujourd'hui. Toute la matinée se passe aux voitures. Le tantôt à 2 heures on me demande par complaisance d'aller le soir à Ancemont. J'accepte. À 4 heures quarante-cinq je pars mais arrivé à Bar-le-Duc je suis de trop et à 7 heures et demie je rentre pas fâché. Je dîne en rentrant puis je lis et me couche à 10 heures et demie.

20 Février 1917

Levé à 7 heures. Je ne marche pas aujourd'hui. Aux camions à 8 heures où l'on bricole toute la matinée. Au dessert Madame Blanche notre propriétaire nous apporte des Pets-de-nonne. Elle est vraiment gentille. Le tantôt il pleut et n'ayant rein à faire nous allons faire un tour au canal. Le soir un peu d'anglais et coucher à 10 heures.

21 Février 1917

Levé à 5 heures et demie. Départ à 6 heures et demie. Je vais aux abattoirs de Bar-le—Duc et de là à ceux de la Queue de Mala pour y chercher des pieds et des panses de vaches. je suis accompagné d'un boucher qui me paye du sauterne et me fait à moitié prendre la cuite. Je rentre à toute allure et je suis surpris d'aller aussi droit. je rentre à 7 heures et demie. Je dîne et me couche à 9 heures et demie.

22 Février 1917

Levé à 7 heures. À 6 heures j'ai dû prendre une aspirine tellement je souffrais de la tête- résultat d'hier sans doute. Toute la matinée aux camions où l'on travaille ferme. Le tantôt rien à faire et l'on en profite pour se reposer un peu. Le soir on fait une manille. Coucher à 10 heures.

23 Février 1917

Levé à 7 heures. Aux camions à 8 heures. Travail jusqu'à 10 heures. le tantôt je vais voir notre Lieutenant qui nous quitte demain. Je lui dis au revoir et me lis le contre-rapport qu'il a fait en ma faveur auprès du Général Dubail – contre-rapport qui m'affirme-t-il me tirera d'affaire. Ensuite je vais avec un camarade faire une salade de pissenlits que nous mangerons ce soir. Après la soupe un peu d'anglais. Coucher à 10 heures.

24 Février 1917

Levé à 7 heures. Je ne sors pas encore aujourd'hui. À 8 heures aux camions À 11 heures adieux du Lieutenant que nous regrettons tous. Le tantôt aux camions où l'on reste jusqu'à 4 heures et demie. Le soir un peu de lecture. Coucher à 10 heures et demie.

25 Février 1917

Levé à 5 heures et demie. Départ à 6 heures et quart. Je vais à Bar-le-Duc où je passe la journée à livrer du vin à l'Intendance. Je rentre à 5 heures. Le soir je suis fatigué et me couche à 9 heures et demie.

26 Février 1917

Levé à 7 heures. À 8 heures je vais à l'atelier car ma voiture a besoin d'une petite révision et en a pour deux jours de réparations. J'y passe ainsi toute la journée. Coucher à 10 heures.

27 Février 1917

Levé à 7 heures. À 8 heures je vais à l'atelier. Ma voiture est prête vers les 3 heures et nous allons l'essayer. À 4 heures Je finis de la mettre au point. Le soir après la soupe je lis un peu puis coucher à 10 heures.

28 Février 1917

Levé à 7 heures. À 8 heures aux camions où je bricole toute la matinée. Le tantôt rien à faire. Je passe mon temps a écrire. Coucher à 9 heures et demie.

1er Mars 1917

Levé à 7 heures. Je ne marche pas car mon tour a été oublié. À 8 heures aux camions. Comme je n'ai rien à faire je rentre me raser car il pleut. Le tantôt je lis et j'écris. Le soir un coin de feu et coucher à 10 heures.

2 Mars 1917

Levé à 7 heures. Aux camions à 8 heures où je n'ai rien à faire. Je passe ma journée à bricoler. Le soir on cause un peu puis coucher à 9 heures et demie.

3 Mars 1917

Levé à 3 heures et quart. Départ à 6 heures et quart. Je fais le transport de pièces d'auto du parc à la gare de Bar-le-Duc. Je rentre à 5 heures et demie. J'écris et coucher à 10 heures.

4 Mars 1917

Levé à 7 heures. Aux camions à 8 heures où je mets le mien en état. Le tantôt nous sommes libres aussi j'en profite pour faire avec deux camarades une longe promenade dans un très joli site au-dessus de Tannois. Nous rentrons à 4 heures et demie. Le soir après la soupe je lis un peu et coucher à 9 heures et demie.

5 Mars 1917

Levé à 5 heures et quart. Départ à 6 heures et quart. toute la journée je fais le service rasoir du Parc à la Gare de Bar-le-Duc. Je rentre à 5 heures. Le soir je lis. Coucher à 10 heures.

6 Mars 1917

Levé à 7 heures. Toute la journée je bibelotte aux camions. La journée se passe ainsi. Je rentre le tantôt pour écrire. Coucher à 10 heures.

7 Mars 1917

Levé à 6 heures et demie. Départ à 7 heures et demie. Je vais à Guerpont et à Nançois pour transporter du matériel. Je rentre à 6 heures et demie. Le temps de dîner puis j'écris. Coucher à 9 heures et demie.

8 Mars 1917

Levé à 7 heures. La neige n'a pas cessé de tomber pendant toute la nuit et il y en a environ 20 centimètres. je vais faire un tour aux camions mais je n'y reste pas longtemps. Je rentre faire un peu de toilette en attendant le déjeuner. Le tantôt il neige tellement que je sors à peine. Le soir je fais un peu d'anglais. Coucher à 10 heures.

9 Mars 1917

Levé à 7 heures. Aux camions à 8 heures. À 10 heures et demie nous somme reçus par un nouveau Lieutenant (Pelletier) qui nous souhaite la bienvenue. il a l'air bien. Le tantôt je vais bricoler un peu aux camions puis je rentre à 4 heures. Le soir après la soupe je lis un peu puis je me couche à 9 heures et demie.

10 Mars 1917

Levé à 5 heures et quart. Départ à 6 heures et quart. je vais à la gare de Bar-le-Duc où je commence seulement le travail à 2 heures de l'après-midi. Je rentre à 5 heures et quart. Après la soupe je lis et j'écris. Coucher à 9 heures et demie.

11 Mars 1917

Levé à 7 heures. À 8 heures aux camions où je bibelotte toute la matinée. Le tantôt nous allons cueillir une bonne salade de pissenlits que nous épluchons en rentrant. Le soir on cause un peu. Coucher à 10 heures.

12 Mars 1917

Levé à 4 heures et quart. Départ à 5 heures et quart. Je vais seul charger les bagages d'une brigade à Houdelaincourt pour les transporter à la gare de Vaucouleurs. La route est superbe mais très dure car elle est pleine de côtes et de boue. En route obligé de m'arrêter tellement le moteur chauffe. Au retour cela va tout seul et je franchis mes 53 kilomètres en 2 heures et demie. Je rentre à 3 heures et demie. Je fais le plein puis je vais dîner. Après la soupe j'écris et je me couche à 9 heures et demie.

13 Mars 1917

Levé à 7 heures. Aux camions à 8 heures où je travaille toute la matinée. Le tantôt je bibelotte un peu. Le soir un peu de lecture et coucher à 10 heures.

14 Mars 1917

Levé à 6 heures et demie. Aux camions à 8 heures où je n'ai rien à faire. À 10 heures on rapport un petit incident. Par la voix du rapport et par l'intermédiaire de notre Lieutenant de section je suis l'objet de félicitations spéciales de la part du Lieutenant chef de Groupe pour avoir avec ma nouvelle voiture roulé 45 jours sans la Page 416 moindre avariegrâce à sa bonne conduite et à son bon entretien. C'est peu mais cela fait toujours plaisir. Le tantôt je n'ai rien à faire et je me repose un peu. Puis mon Maréchal des Logis m'emmène avec lui à la pêche où au filet nous prenons environ une livre de vairons Le soir je lis. Coucher à 10 heures.

15 Mars 1917

Levé à 7 heures. À 8 heures je vais aux camions où je n'ai rien à faire. Il neige à plein temps. Aussi à 9 heures je rentre dans ma chambre. Le tantôt je bibelotte puis le soir on cause un peu. Coucher à 9 heures et demie.

16 Mars 1917

Levé à 5 heures et demie. Départ à 6 heures et demie. Je vais à Bar-le-Duc faire leservice de l'Intendance. J'y reste toute la journée et rentre seulement à 7 heures du soir. Je dîne, j'écris et coucher à 10 heures.

17 Mars 1917

Levé à 6 heures et demie. Aux camions à 7 heures et quart où je m'occupe de ma voiture toute la matinée. Nous apprenons que notre Lieutenant nous quitte demain ce dont nous sommes bien contents car il n'aurait pas fait notre affaire étant un peu trop stricte. Tout l'après-midi je bibelotte. Le soir un peu de lecture et coucher à 10 heures.

18 Mars 1917

Levé à 7 heures. µToute la matinée je m'occupe de ma toilette. le tantôt je reste à la chambre à lire et à écrire. Après la soupe je fais un petit tour au jardin car il fait beau puis nous rentrons faire une manille. Coucher à 10 heures.

19 Mars 1917

Levé à 7 heures. Je vais aux camions où je n'ai rien à faire. Je passe la matinée à flâner un, peu. À 10 heures on nous annonce par un coup de téléphone de Bar-le-Duc une avance de 20 kilomètres en profondeur sur le front de la Somme. Cela nous met le cœur en fête. Le tantôt on se repose. Coucher à 10 heures.

20 Mars 1917

Levé à 5 heures et demie. Départ à 6 heures et demie. Je vais à Tronville charger des bagages pour les mener à Sommedieue. Sale temps car il neige beaucoup. Je rentre à 8 heures et demie du soir. Je dîne et me couche à 10 heures.

21 Mars 1917

Levé à 7 heures. Aux camions à 8 heures. On travaille toute la matinée. Nous apprenons que nous quittons Longeville après demain pour aller dans la Somme. Cela nous met tout en émoi. À 2 heures on nous présente un nouveau Lieutenant qui paraît très chic. Chacun rentre chez soi et l'on prépare ses petites affaires. Le soir à 5 heures on nous apprend que nous ne partons que samedi soir où dimanche matin. Après la soupe causerie. Coucher à 10 heures.

22 Mars 1917

Levé à 6 heures et demie. Tout l'après-midi on travaille à se préparer puis l'on se repose. Le soir lecture. Coucher à 9 heures et demie

23 Mars 1917

Levé à 7 heures. Rien à faire. À midi et demi je vais à Bar-le-Duc où je charge des planches dans ma voiture. Je rentre et j'écris. Le soir je les un peu. Coucher à 10 heures.

24 Mars 1917

Nous sommes réveillés à 2 heures et demie par des ordres qui arrivent. Quelques uns de nos camarades partent à 3 heures pour chercher des prisonniers Boches à Fleury-sur-Aire. De là ils les transportent à Arcis-sur-Aube puis ils vont à Chervey. Nous devons partir demain à 8 heures trente pour aller les rejoindre. Madame Blanche notre propriétaire vient nous voir à 4 heures. On blague avec Clémençon. À 5 heures je vais chercher le café puis on le boit au lait. À 11 heures et demie on déjeune avec un poulet qu'un camarade permissionnaire a rapporté. Madame Blanche nous l'a fait cuire. Elle vient prendre le dessert avec nous et Clémençon paye le champagne. Ce n'est que blague sur blague et cela se prolonge ainsi jusqu'à 3 heures et demie. Avec Clémençon je m'amuse à faire la vaisselle puis je rentre écrire un peu. Le soir Madame Blanche nous fait une tarte puis après le dîner elle vient passer la soirée avec nous. On s'amuse et l'on chante. Je me couche à minuit.

25 Mars 1917

Levé à 5 heures. À 7 heures départ. Temps superbe et bonne route. Nous nous séparons de Madame Blanche en nous embrassant par trois fois. Quelle bonne personne, elle est vraiment gentille. Nous arrivons à Cheppy à 3 heures et demie. En fait de Somme c'est dans la marne où nous sommes. Pas moyen de trouver à se coucher. À 4 nous nous logeons dans une étable à cochons. Douce perspective. Heureusement nous trouvons de braves gens où nous pouvons prendre nos repas. Le soir coucher à 9 heures.

26 Mars 1917

Levé à 7 heures. À 8 heures aux camions où l'on nous occupe toute la journée. Il neige à plein temps et l'on a bien froid. Qu'est ce qu'on est venu foutre ici. Le soir je me couche à 8 heures et demie.

27 Mars 1917

Levé à 7 heures. À 8 heures aux camions où l'on bricole jusqu'à 11 heures. Notre nouveau Lieutenant qui paraissait très chic n'est qu'une sale bête. Il nous fait un discours en nous disant qu'il veut nous voir toujours occupés même lorsqu'il n'y a rien à faire. Aussi pour la peine nous ne faisons rien de l'après-midi. Après la soupe nous allons un moment à trois dans un café. Coucher à 9 heures.

28 Mars 1917

Levé à 7 heures et demie. À 8 heures aux camions où l'on bricole. À 11 heures je reçois l'ordre d'être prêt et d'avoir mangé en un quart d'heure pour aller chercher des troupes à Marson et les mener à Mourmelon-le-Petit. Mais arrivé à Marson on s'aperçoit que je suis de trop et l'on me renvoit à Cheppy. Je rentre et j'écris. Le soir après la soupe je lis un peu et me couche à 9 heures.

29 Mars 1917

Levé à 7 heures. Il neige à plein temps. On ne fait rien de toute la journée. Le soir trois orages de suite en moins d'une heure. Notre cabane à cochon est inondée et il faut enlever l'eau. Après la soupe on fait une manille. Coucher à 10 heures et demie

30 Mars 1917

Levé à 7 heures et demie. Les autres sont partis en convoi à 7 heures. Je n'ai rien à faire. Nous avons trouvé hier à louer toute une grande maison pour 8 (20 francs par mois en tout). Elle est habitée par un vieux bonhomme à qui je donne un coup de main pour déménager ses affaires. Le tantôt je fais du nettoyage dans la maison puis on me demande de dépanner le moteur d'une batteuse ce qui me prend jusqu'à 5 heures. coucher à 10 heures.

31 Mars 1917

Levée à 7 heures et demie. Quelques camarades son sortis mais pas moi. Le matin je flâne un peu après la voiture. Le tantôt nous avons les clés de la maison que nous avons louée aussi tout l'après-midi se passe en déménagements et installations. Le soir nous couchons enfin à l'abri du vent et de l'humidité car nous sommes très bien. Fatigué je me couche à 10 heures.

1er Avril 1917

Levé à 7 heures. Je n'ai rien à faire. C'est le jour des rameaux aussi. Je vais à la messe à 9 heures et demie. Après la soupe notre lieutenant qui n'est décidément qu'un loufoque nous force à aller laver du linge au canal. On y va mais personne ne lave et tout le monde cueille de la salade. À 4 heures quarante-cinq, le lieutenant rapplique furieux et nous menace de punitions. Nous répondons par la grande force d'inertie qui caractérise si bien notre section. Après la soupe nous écrivons un peu puis je me couche à 10 heures.

2 Avril 1917

Levé à 7 heures. Comme nous n'avons rien à faire toute notre journée se passe en installation. Après la soupe j'écris et me couche à 9 heures et demie.

3 Avril 1917

Levé à 7 heures et demie. Aux camions à 8 heures où il n'y a rien à faire. De même pour l'après-midi où je bibelotte un peu après ma voiture. Après la soupe nous allons cueillir une salade de pissenlits. Je rentre et j'écris. Coucher à 10 heures.

4 Avril 1917

Levé à 7 heures et demie. Quelques camarades sont partis à 5 heures. Je bibelotte tout la journée car je n'ai rien de précis à faire. Le soir un peu de lecture. Coucher à 10 heures.

5 Avril 1917

Réveil à 4 heures. Départ à 5 heures. Nous allons à la gare de Louvercy où nous chargeons des munitions pour les transporter à Mont de Billy-le Grand où un nouveau dépôt s'est monté ce matin. Décidément il se prépare un grand coup par ici. Nous faisons deux voyages puis nous rentrons à 5 heures quarante-cinq du soir. Un peu de toilette puis le dîner. Après la soupe, j'écris. Coucher à 9 heures et demie.

6 Avril 1917

Levé à 7 heures et demie. Aux camions à 8 heures où l'on travaille toute la journéeIl fait un temps splendide qui fait plaisir. Le soir après la soupe j'écris. Coucher à 9 heures et demie.

7 Avril 1917

Levé à 3 heures. Départ à 4 heures. Nous allons à la ferme du Mont Frenet à 3 kilomètres de Suippes. Nous allons chercher des obus dans un dépôt merveilleusement installé dans un petit bois. Jamais je n'en ai vu un aussi bien. De là nous allons mener ces obus à Mont de Billy. Ilo fait un sale temps froid et il pleut toute la journée. De plus j'ai mal à une dent d'une façon folle qui me fait peine à tenir sur mon siège. Nous rentrons à 4 heures. Aussitôt arrivés on s'occupe des voitures rapidement puis nous préparons une bonne friture que nous avons acheté en route et une salade que nous avons ramassée. Nous dînons à 7 heures. Après la soupe, j'écris un peu puis je me couche à 10 heures.

8 Avril 1917

Levé à 7 heures. Nous ne sortons pas aujourd'hui. Dès le lever je fais un peu de toilette car c'est jour de Pâques. À 9 heures je vais à la grand' messe avec quelques camarades. Après la soupe nous sommes libres. Aussi nous en profitons pour aller visiter des carrières de craie très intéressantes. Le soir à la soupe nous nous confectionnons une succulente omelette aux pommes de terre. Après la soupe j'écris et me couche à 10 heures.

9 Avril 1917

Départ à 8 heures. Nous allons chercher des obus à la ferme de Piémont pour les transporter à Mont de Billy. Il fait un froid intense. Il pleut. Il grêle et il neige. Le déchargement est très long et nous rentrons seulement à 7 heures. J'ai un mal de dents terrible. Aussitôt après dîner je me couche à 9 heures et demie.

10 Avril 1917

Levé à 7 heures et demie. J'ai passé une mauvaise nuit car j'ai beaucoup souffert des dents. Aussi je prends mon courage à deux mains et je vais à la visite voir le Major. Il me donne un billet pour aller voir un dentiste militaire à Larry petit village situé à 5 kilomètres de là. Je vais en camionnette par une vraie bourrasque de neige. Là je trouve un Monsieur très gentil qui me dit que ma dent est foutue et qu'il va me l'arracher. Il m'insensibilise à la cocaïne mais malgré cela il s'y reprend à quatre fois au risque de casser son outil. Je passe un moment de jouissance pas ordinaire. Mais enfin je sens que cela m'a soulagé. Je rentre à pieds par un bon et beau soleil à 3 heures de l'après-midi. Après la soupe je lis et j'écris mais je suis énervé. Coucher à 10 heures.

11 Avril 1917

Levé à 8 heures. J'ai passé une bonne nuit car je n'ai pas souffert. Je m'occupe un peu de ma voiture dans la matinée. Puis l'après-midi n'ayant rien à faire je vais avec un camarade cueillir une salade de pissenlits. Après la soupe j'écris et me couche à 9 heures.

12 Avril 1917

Levé à 7 heures. Nous ne sortons pas encore aujourd'hui. Je passe ma journée à bêcher le jardin jusqu'à 5 heures. Le soir après la soupe je lis. Coucher à 10 heures.

13 Avril 1917

Levé à 5 heures. À 6 heures départ. À un kilomètre de là je suis en panne. J'ai voulu mettre un gicleur plus petit pour faire des économies d'essence et cela ne marche pas. Le temps de remettre l'ancien puis je repars. Nous allons charger des obus à la ferme de Piémont puis nous les transportons à Mont de Billy. L'attaque doit être déclenché de ce côté car le canon n'arrête pas et les crêtes sont noires de fumée. Chose bizarre, les Boches ne répondent pas. Se seraient-ils enfuis par hasard. Ce serait vraiment heureux. Le temps est assez beau. Nous rentrons vers 6 heures. Aussitôt arrivé je fais le plein de ma voiture puis après la soupe j'écris. Coucher à 10 heures.

14 Avril 1917

Levé à 7 heures et demie. Nous ne sortons pas aujourd'hui. À 8 heures aux camions où l'on travaille ferme. Nous apprenons que dans un groupe de notre groupement hier à Mourmelon 6 automobilistes ont été tués par un bombardement. Nous attendons confirmation de cette nouvelle. Le tantôt je fais un peu d'anglais. Le soir après la soupe un camarade vient me trouver et me propose de partir à sa place en permission samedi prochain et de prendre la mienne au 1er Mai. Cela m'arrange mieux et lui aussi. Coucher à 10 heures.

15 Avril 1917

Nous sommes réveillés à 5 heures pour un départ qui a lieu à 6 heures mais je n'en suis pas car ce n'est pas mon tour à marcher. Je me lève à 7 heures et demie. Un peu de toilette et à 11 heures je mène mon camion à l'atelier car il y a une légère avance à donner à la magnéto. À une heure je vais assister au travail qui dure jusqu'à 4 heures. Nous faisons un petit tour pour essayer la voiture puis je rentre à 4 heures et demie. Après la soupe j'écris longuement. Coucher à 11 heures.

16 Avril 1917

Levé à 7 heures et demie. Rien à faire de la journée. Ilya aujourd'hui un an je quittais Nancy pour aller à Lunéville joindre ma section. Toute la journée nous travaillons au jardin pour nous passer le temps. Le canon tonne au loin d'une façon tout à fait extraordinaire. L'attaque doit surement être déclenchée. Nous restons au jardin jusqu'à 5 heures. Après la soupe un peu de lecture. Coucher à 10 heures.

17 Avril 1917

Levé à 7 heures. Rien à faire aujourd'hui. Il fait un sale temps. Heureusement j'ai trouvé à emprunter un violon ce qui me fera passer le temps. Après la soupe du matin je me dispose à l'arranger, lorsqu'à une heure et demie on nous met en alerte. À 2 heures 40 nous partons pour aller charger des munitions à St Etienne-au-temple. Là nous mettons 6 heures pour charge des caisses de 75. Nous les portons entre Sept-Saulx et Mourmelon-le-Petit à 4 kilomètres du front. Nous faisons le chemin par une nuit très noire et sans aucune lumière. À chaque

211

instant nous croisons des convois d'artillerie qui eux viennent sans cesse charger des munitions aussi il se produit quelques emboutissages. Le canon tonne c'est effrayant car il y a une attaque juste au moment où nous sommes là. Nos pièces tirent tellement que c'est un véritable feu d'artifice. Nous avons plutôt hâte de repartir car ici l'on peut craindre les éclaboussures.

Le retour s'effectue lentement d'abord car nous sommes toujours sans lumière et l'on croise constamment des voitures. Enfin sur la grande route on peut allumer les phares et la route est libre. puis le jour vient petit à petit et nous rentrons à 5 heures et demie.

18 Avril 1917

À sept heures je me couche un peu jusqu'à 11 heures. Nous mangeons seulement à midi. Il pleut à verse. L'après-midi on donne un petit coup aux voitures puis l'on se rentre. Le tantôt repos. Le soir coucher à 9 heures.

19 Avril 1917

Levé à 8 heures. Je me suis bien reposé. La journée se passe à bricoler car on ne sort pas. Le soir on me présente un garçon qui joue fort bien de la flûte aussi après la soupe on fait un véritable concert qui dure jusqu'à 11 heures. Coucher à 11 heures et demie.

20 Avril 1917

Anniversaire de mes 39 ans. À 4 heures et demie, départ. Nous allons chercher des obus à Nantinet puis nous les transportons à Mont de Billy. Là nous recevons un ordre pour un transport de troupes. Nous allons les chercher à Trépail et nous les transportons au-dessus de Baconnes à 4 kilomètres du front. Puis nous rentrons à 11 heures du soir se qui fait la journée complète. Nous dînons puis je me couche à minuit.

21 Avril 1917

Levé à 7 heures. Je prépare mes affaires car tantôt je pars en permission avec deux camarades. À une heure nous partons en camion à Châlons-sur-Marne. À une heure et demie nous y sommes. Nous visitons la ville assez cassée d'ailleurs. À 6 heures 53, nous sautons dans un train qui nous mène à Épernay. De là nous passons avec les convoyeurs d'un train de marchandises qui nous amène à Paris à 3 heures quarante-cinq du matin. Vite un taxi et je suis chez moi à 4 heures et demie. Je me couche à 5 heures et je n'oublie pas que le 22 est mon anniversaire de mariage.

22 Avril 1917

Levé à 8 heures et demie. Un peu de toilette. Visite à Delapraz. Déjeuner à la maison. Visite à ma mère et à mes sœurs et beaux-frères. Apéritif avec Georges et Jeanne. Dîner à la maison. Coucher à 10 heures et demie.

23 Avril 1917

Levé à 8 heures. Déjeuner au restaurant avec Marguerite et Vonvon. Promenade le tantôt. Dîner à la maison.

24 Avril 1917

Levé à 7 heures et demie. Course à Paris. Déjeuner à paris avec Marguerite et Vonvon. Promenade. Dîner à la maison.

25 Avril 1917

Levé à 8 heures. Déjeuner à Paris avec Marguerite et Vonvon. Courses. Dîner chez Jourdan.

26 Avril 1917

Levé à 8 heures. Déjeuner à Bateaux avec Marg. Vu Alex en revenant. dîner chez ma mère.

27 Avril 1917

Levé à 8 heurs. Déjeuner au restaurant avec Marg. et Vonvon. Le soir vu Debout au café. Dîner au restaurant avant d'aller à La Scala. Pendant le spectacle j'ai un commencement d'empoisonnement par des moules. Je suis si malade que nous devons quitter le théâtre après le second acte et nous rentrons précipitamment. Je suis malade toute la nuit.

28 Avril 1917

Levé à 10 heures et demie. Cela va un peu mieux. je déjeune seul à la maison. À 5 heures et demie je vais chercher ma sœur Jeanne au C.A.M.A. Le soir dîner à la maison.

29 Avril 1917

Levé à 8 heures et demie. Un peu de toilette soignée. Déjeuner chez ma sœur Maire. Le soir dîner chez ma mère.

30 Avril 1917

Levé à 8 heures. Déjeuner au restaurant avec Marguerite et Vonvon. Le soir dîner au restaurant avec Marguerite puis de nouveau à La Scala.

1er Mai 1917

Levé à 8 heures et demie. Grande toilette. Passé à la gare de St-Mandé pour faire viser ma permission. Puis à Paris. Déjeuner Chez Bofinger avec Delapraz, Jeanne, Marguerite, Vonvon et moi. Le soir Dîner à la maison.

2 Mai 1917

Levé à 8 heures. Préparatifs de départ. Je Déjeune à la maison avec Marguerite. Départ de la maison à une heure. À la gare de l'Est. Parti à 3 heures 25. Suis bien triste surtout de ce beau temps. Arrivé à Châlons-sur-Marne à 9 heures et demie. 9 kilomètres à pieds seul dans la nuit et au clair de lune. Arrivé à 11 heures et demie. Débarbouillé un peu. Coucher à minuit.

3 Mai 1917

Levé à 7 heures et demie. Bien reçu par tous les camarades auxquels j'ai beaucoup manqué paraît-il. Nous ne sortons pas. La journée se passe à ranger mes affaires. Le soir avec quelques camarades nous mangeons une bonne omelette et un jambonneau que j'ai apporté. Cela dissipe pour un instant le cafard monstre qui m'obsède. Nous causons jusqu'à 10 heures. Coucher à 10 heures et demie.

4 Mai 1917

Levé à 7 heures et demie. Nous ne sortons pas donc rien à faire de toute la journée. je fais un peu de couture puis j'écris. Je tâche de passer mon gros cafard. Le soir après la soupe nous allons faire un tour. Il a fait très chaud toute la journée aussi nous profitons de la fraîcheur du soir pour respirer un peu. Coucher à 11 heures et demie.

5 Mai 1917

Levé à 7 heures et demie. Nous ne sortons pas encore. La matinée se passe à peu près. le tantôt nous faisons un peu de musique avec un bon violoniste. Cela nous passe un moment agréable. On nous annonce le passage d'une division d'Infanterie. Aussi nous nous calfeutrons chez nous pour ne pas être dérangés. Je me couche à 10 heures.

6 Mai 1917

Levé à 7 heures et demi. La division d'Infanterie n'est pas venue et nous n'avons pas été dérangés. Nous ne sortons pas encore aujourd'hui et l'on s'ennuie à ne rien faire. Le soir après la soupe nous faisons un petit tour dans le pays puis je rentre écrire. Coucher à 10 heures et demie.

7 Mai 1917

Levé à 7 heures quarante-cinq. Nous ne sortons pas encore. C'est à n'y rien comprendre. Nous nous demandons ce que veut dire ce repos prolongé. Le tantôt je vais cueillir une salade dans les champs avec un camarade. Le soir un peu d'écritures puis je me couche à 10 heures et demie.

8 Mai 1917

Levé à 7 heures et demie. Nous ne marchons pas encore aujourd'hui ce qui est extraordinaire. Toute la journée se passe à Bibeloter bêtement. Le temps n'est pas beau car il pleut et il ne fait pas chaud. Le soir il pleut encore et je ne sors pas. Coucher à 10 heures et demie.

9 Mai 1917

Levé à 8 heures. Un peu de toilette. Nous ne sortons toujours pas. Après la soupe on m'appelle au bureau et l'on me demande si je veux remplacer celui qui s'occupe de l'ordinaire pendant le temps de sa permission. Je m'ennuie tellement que j'accepte. Cela durera une vingtaine de jours. À une heure je pars à Châlons avec la camionnette. Le travail consiste à faire des achats de nourriture pour la section et aussi les achats particuliers des camarades. Ce n'est pas très compliqué. On a du temps de libre et l'on part se promener en ville. Nous rentrons à 5 heures. Le soir j'écris. Coucher à 11 heures.

10 Mai 1917

Levé à 8 heures. Toilette. Puis je vais au bureau pour préparer les fiches de l'ordinaire. À une heure départ pour Châlons. L'ordinaire se passe bien. Balade en ville que survolent deux taubes qui heureusement ne bombardent pas. Rentré à 5 heures. À 6 heures je dîne avec mon prédécesseur qui m'a invité. Le soir j'écris puis je me couche à 10 heures et demie.

11 Mai 1917

Levé à 8 heures. Je prépare ma tournée de tantôt. À une heure départ pour Châlons mais en camion car il y a beaucoup à rapporter. Nous nous attardons toute la journée car nous touchons de l'habillement. Nous rentrons à 6 heures et demie. Je dine puis je vais au bureau pour faire mon rapport. Ensuite je vais faire un tour, j'écris et me couche à 11 heures.

12 Mai 1917

Levé à 6 heures et demie. je pars à Châlons à 7 heures car nous sommes autorisés à aller acheter au marché. J'achète des choux-fleurs pour la section et des asperges pour moi. Je rentre à 10 heures. Je reprépare mes affaires puis je repars à Châlons à une heure. Là nous faisons l'ordinaire puis nous rentrons à 5 heures. Le soir un peu d'écriture et coucher à 11 heures.

13 Mai 1917

Levé à 7 heures et demie. Grande toilette du dimanche. À une heure départ à l'ordinaire. Dans Châlons tout est bien morne car tout est fermé. Je suis atterré car ce soir je reçois une lettre de Vonvon qui me dit que Marg à l'appendicite. J'en suis fou et ne sais que penser. Je ne demande qu'à vieillir pour avoir des nouvelles. Quelles sacré guerre et comme j'en veux à l'humanité toute entière de faire souffrir ainsi des pauvres êtres que ne lui ont rien fait. Enfin j'ai toujours conservé en Dieu une confiance qui m'a toujours soutenue. À 5 heures nous rentrons. Coucher à 11 heures.

14 Mai 1917

Levé à 8 heures. Le tantôt à l'ordinaire j'ai des nouvelles un peu meilleures de Marg, mais ce n'est pas encore cela. À la suite d'une discussion entre notre Propriétaire et le Capitaine Le Praz, chef de groupe, on nous a mis provisoirement à la porte de notre domicile si bien que je couche dans mon camion. Depuis quelques jours je n'étais pas très bien or ce matin je me suis aperçu que j'avais rapporté de permission une blennorragie bien corsée. Sale garce je te revaudrais cela. En attendant je grelotte la fièvre. J'écris un peu. Coucher à 10 heures.

15 Mai 1917

Levé à 8 heures. Cela ne va pas car ma maladie a pris grandes proportions. Je dois cesser mon service d'ordinaire et vais voir le major. Il voudrait me mettre à l'hôpital. Je lui demande si possible de me soigner sur place. Il veut bien essayer mais pour tout le monde j'aurais soi-disant attrapé un effort. Il me faut prendre des gains et absorber du santal. Je commence de suite le traitement. Coucher à 10 heures.

16 Mai 1917

Levé à 8 heures. À 9 heures à la visite. Toujours du repos. je reste allongé toute la journée et je m'ennuie ferme.

17 Mai 1917

Levé à 8 heures. Toujours le même traitement 3 à 4 litres de chiendent à boire dans la journée. Je souffre toujours beaucoup. Bains tièdes toute la journée et repos le plus complet. De plus les nouvelles que j'aie reçues de Marg ne sont pas excellentes. Je la crois assez fortement atteinte bien qu'on ne veuille pas me le dire absolument. Ce que cette vie me dégoûte ce n'est pas croyable. J'en arrive à me dire tout le genre humain en l'accusant de mes souffrances. Le soir j'ai un peu de fièvre aussi j'écris rapidement et me couche à 9 heures.

18 Mai 1917

Levé à 8 heures. Cela ne va toujours pas bien fort. Un incident. Il arrive deux bataillons de l'infanterie dans le pays. Aussi il nous faut encore déménager. Notre propriétaire nous offre une place pour trois dans son grenier. Nous ne serons pas très bien mais c'est toujours cela. Je passe une grande partie de la journée à me reposer sur mon lit. Le soir j'écris et me couche à 10 heures.

19 Mai 1917

Levé à 8 heures. Je suis toujours très esquinté. Je passe la journée paisiblement. Nous avons un orage très fort vers 4 heures. Le courrier m'apporte des nouvelles un peu meilleures de Marg mais ce n'est pas encore cela. Après la soupe j'écris un peu. Coucher à 9 heures et demie.

20 Mai 1917

Levé à 8 heures. À 9 heures je vais à la visite où je suis encore exempt pour 4 jours. Le docteur me dit de boire du chiendent en quantité. La journée se tire toujours en longueur.

Le soir j'écris un peu. Coucher à 10 heures.

21 Mai 1917

Levé à 8 heures. Je suis esquinté car le chiendent a fait son effet. Depuis minuit et demi je n'ai pas passé une demi-heure sans être obligé d'aller uriner et ce avec de très fortes douleurs. Le docteur que je vois me dit que c'est parfait et ne peut que me faire du bien. Je continue donc le traitement. Le soir coucher à 9 heures.

22 Mai 1917

Levé à 8 heures. Je me suis encore levé bien des fois la nuit. Ce matin je suis esquinté et j'ai bien du mal à me traîner. Aussi je passe toute la journée allongé sur mon lit. Le soir j'ai une fièvre assez intense. Je prends un comprimé d'aspirine puis je me couche à 10 heures.

23 Mai 1917

Levé à 8 heures. Je ne me suis levé que deux fois la nuit dernière. Cela dot être l'effet de l'aspirine. Malgré cela Je suis toujours bien mal fichu et j'urine tout le temps. Pourtant je devrais être un peu plus heureux car j'ai de bien meilleures nouvelles de chez moi. D'autre part le Capitaine Legras a sérieusement reçu sur les doigts car il a reçu l'ordre de nous laisser à nouveau pénétrer dans notre maison lorsque les troupes de passage seront parties. Nous attendons donc ce moment avec impatience. Sur le soir la fièvre me reprend comme la veille. Après la soupe j'écris un peu puis je me couche à 10 heures.

24 Mai 1917

Levé à 8 heures. Je n'ai pas passé une très bonne nuit car avec la fièvre j'ai été pris d'une transpiration qui m'a mis tout à plat. À 9 heures et demie je vais à la visite. Le major qui constate mon abattement me fait cesser le traitement au chiendent puis m'ordonne de commencer des lavages au permanganate de potasse. Nous allons voir le résultat. Toute la journée je passe mon temps à lire pour m'occuper un peu. Le soir j'écris et me couche vers 10 heures.

25 Mai 1917

Levé à 8 heures. Au rapport à 10 heures et demie. On nous joue une bien sale blague. Nous voulons réintégrer notre ancienne maison mais le bureau veut se mettre avec nous. Comme nous n'en voulons pas le fourrier ne trouve rien de mieux que de nous faire supprimer l'autorisation de coucher en ville et de nous forcer dès ce soir à coucher au cantonnement. (Quel sale type) Toute notre journée se passe donc en installation nouvelle. Il nous va falloir coucher en commun dans une grange et pour moi qui suis assez mal fichu la perspective n'est pas gaie. Le soir après la soupe j'écris sur mon genou, puis je me couche à 9 heures et demie

26 Mai 1917

Levé à 7 heures car ici c'est le chahut et il n'y a pas moyen de dormir plus longtemps. Vers le matin il n'a pas fait très chaud. Je me dégoûte profondément dans ce milieu dont j'ai toujours cherché à éviter la promiscuité. Je reste allongé sur mon lit et je lis. La journée se passe à peu près. Je me couche à 9 heures et demie.

27 Mai 1917

Levé à 7 heures. Toujours le même bruit auquel j'ai bien du mal m'habituer. Le tantôt le Lieutenant autorise un camarade à coucher hors du cantonnement. Je demande la même faveur mais elle m'est refusée. Je me dégoûte de plus en plus et ce n'est pas peu dire. Après la soupe je vais faire un petit tour à la campagne mais cela me fatigue vite car je ne suis pas fort. Je rentre et me couche à 9 heures et demie.

28 Mai 1917

Levé à 7 heures. Impossible de dormir plus tard ici il n'y faut pas compter car il y en a qui se lève trop tôt pour cela. À 9 heures et demie je vais voir le Major qui m'exempte encore de 4 jours. Mais je ne sais pourquoi il me semble que je souffre plus. Il me dit au j'ai la cystite et il me fait résumer le traitement au chiendent. Toute la journée je me trouve suer mon lit. Le soir après la soupe Je vais faire un petit tour jusqu'au canal. Coucher à 10 heures.

29 Mai 1917

Levé à 7 heures et demie. Il me semble que je souffre un peu plus que la veille. Je ne puis passer une demi-heure sans avoir des envies terribles d'uriner et je soufre beaucoup chaque fois que je le fais. Comme le Major est parti en permission si cela ne va pas mieux j'irai demain voir son remplacement. Je passe la journée sur mon lit. le soir je sors un peu et me couche à 10 heures.

30 Mai 1917

Levé à 7 heures. Je souffre toujours. Je vais pour voir le docteur mais il est déjà passé. L'infirmier me donne 4 capsules de santal à prendre dans la journée mais cela ne me fait pas grand bien. La journée se tire en longueur. Le soir un petit tour. Coucher à 10 heures.

31 Mai 1917

Levé à 7 heures quarante cinq. Je souffre toujours. Je reprends du santal. Demain j'irai voir le Major. Toute la journée je me repose. Le soir j'écris longuement et me couche à 10 heures.

1 Juin 1917

Levé à 7 heures et demie. À 9 heures et demie je vais à la visite où je vois un nouveau Major. Celui-ci m'examine du haut en bas et me dit que j'ai une très forte dépression nerveuse. Que cela surtout est mon mal. Il me donne à prendre du bromure. Le tantôt sans être beaucoup mieux je ne suis pas plus mal. je passe l'après-midi à me reposer. Le soir je sors un peu et me couche à 10 heures.

2 Juin 1917

Levé à 7 heures et demie. Je souffre peut-être un peu moins mais si peu que je n'ose le dire. Presque toute la journée je bibelotte à ma voiture pour remettre un phare et cela me distrait un peu. il paraît que le è au plus tard nous devons partir d'ici pour aller vivre dans les bois du côté de Lemmes. C'est un vrai cauchemar pour nous que d'aller revoir encore cette route de Verdun mais rien n'est encore décidé. Le soir j'écris longuement et me couche à 10 heures.

3 Juin 1917

Levé à 7 heures et demie. À 9 heures et demie je vais à la visite. Je ne vais pas plus mal au contraire. Le docteur me donne encore des médicaments et deux jours de repos. Le tantôt je vais faire un tour au canal pour me distraire. Le soir après la soupe j'écris puis je retourne au canal chercher des camarades. Je rentre on flâne un peu puis je me couche à 10 heures et demie.

4 Juin 1917

Levé à 7 heures et demie. Rien à faire. Je me sens un peu mieux ce matin sans savoir trop pourquoi. La matinée se passe à peu près. Le tantôt nous allons à la pêche pour nous distraire. Nous apprenons des choses formidables. Deux régiments auxquels on avait promis 35 jours de repos ont dû être remontés au front car les affaires paraît-il marchent mal du côté du Mont Cornillet. Arrivés à Marson petit village à quelques kilomètres d'ici ils sont descendus des autos et ont refusé d'aller plus loin voulant le repos promis d'abord. On a dû les laisser là où ils sont gardés à vue par de la cavalerie. D'autre part un peu plus loin d'autres régiments refusent aussi d'avancer. Ils sont enfermés dans un pays où on ne les nourrit pas. Ils sont entourés par des canons de 75 et mangent paraît-il leurs vivres de réserve. Ceci est le commencement d'une révolte qui pourrait bien avancer la fin de la guerre pour peu qu'elle se propage un peu Le soir j'écris et me couche à 9 heures.

5 Juin 1917

Levé à 7 heures. À 9 heures et demie je vais à la visite où le Major me trouve mieux et me fait suivre le même traitement. Des Hussards nous apprennent qu'ils sont une quantité de désigné pour aller à Vallon-les-Dames pays situé à 38 kilomètres d'ici pour aller fusiller une quantité d'hommes d'une division qui refusent de marcher. Décidément les affaires marchent mal. Le tantôt nous allons au canal faire un petit tour. À notre retour nous apprenons un nouvel incident. À Marson un général a voulu aller exhorter les troupes au calme. Les soldats lui ont arraché ses étoiles et ses décorations. Puis au moment où il voulait remonter en voiture il lui à jeté une grenade. Trois chauffeurs ont été tués et le général lui-même a été blessé. Naturellement nous discutons fort et commentons ces évènements. J'écris un peu et me couche à 10 heures et demie.

6 Juin 1917

Levé à 7 heures quarante-cinq. Toujours rien à faire. Je flâne toute la matinée après ma toilette. Après la soupe nous allons à la pêche mais c'est plutôt pour prendre un peu le frais au bord de l'eau car il fait très lourd aujourd'hui. Le soir j'écris longuement et je fais un peu d'anglais ce qui ne m'était pas arrivé depuis longtemps. Je me couche à dix heures et demie

7 Juin 1917

Levé à 7 heures. À 9 heures et demie à la visite. Le Major ne me trouve pas plus mal et me fait suivre le même traitement. Il fait si chaud que je passe tout l'après midi à lire sur mon lit. Le soir je me couche à 10 heures.

8 Juin 1917

Levé à 7 heures. Tout le monde passe sa journée en préparatifs car il paraît que nous partons demain pour Foucaucourt-sur-Thabas pays perdu de la Meuse et en Argonne. On va là bas paraît-il pour un service de munitions. Nous devons partir à 3 heures et demie du matin. Aussi je me couche vivement à 9 heures et demie.

9 Juin 1917

Levé à 2 heures. À 3 heures et demie départ. Brouillard et temps très froid avec un peu de pluie. Route lente et très fatigante.Pourtant je ne souffre pas trop. Arrivé à Foucaucourt à 4 heures du soir. Installation pénible mais cantonnement potable dans un grand grenier. De suite nous trouvons à manger dans une maison et sur une table propre. Esquinté et pas la force d'écrire. Couché à 9 heures et demie.

10 Juin 1917

Levé à 6 heures. J'ai bien dormi. Beaucoup d'ouvrage après la voiture et corvées de toutes sortes jusqu'à 5 heures. Après la soupe je vais écrire sur mon camion pour être tranquille. Puis je me couche à 10 heures.

11 Juin 1917

Levé à 4 heures. Départ à 5 heures et quart nous allons à Osches charger pour les mener à Ancemont. De là nous allons à Sommedieue charger le 58ème et nous le menons à Refroi[court]. Nous faisons un chemin impossible et c'est littéralement esquintés que nous rentrons à 2 heures et demie du matin. Je me couche en arrivant.

12 Juin 1917

Levé à 8 heures. Je ne me tiens pas sur les reins. Jusqu'à la soupe je travaille après la voiture. Le tantôt je continue le travail mais j'en ai vite assez aussi je viens écrire pour me reposer un peu. Puis après la soupe avec deux camarades nous allons faire un bon tour dans le pays. Je rentre me coucher à 10 heures et demie.

13 Juin 1917

Levé à 7 heures et demie. je vais faire un tour au camion où je bricole un peu mais sans grand courage. Le tantôt je travaille un peu plus puis je viens écrire. Le soir je fais un tour et me couche à 10 heures.

14 Juin 1917

Levé à 5 heures. À 6 heures départ. Nous allons à Rupt-en-Voévre chercher un détachement du 7ème Génie puis nous le transportons à Rozières-en-Blois. Nous faisons ainsi près de 200 kilomètres par une très forte chaleur. En rentrant tout le monde autant dire dort au volant tellement on est assoné par la fatigue. Nous rentrons à une heure et demie du matin. Je bois un quart de café et me couche aussitôt.

15 Juin 1917

Levé à 8 heures. De suite à l'ouvrage aux camions jusqu'à 11 heures. le tantôt il nous faut encore travailler car il paraît qu'il y a départ demain matin à 2 heures. Vers 4 heures j'écris un pot puis après la soupe je vais me reposer dans un champ car la journée a été très chaude. Je me couche à 10 heures et demie.

16 Juin 1917

Levé à 7 heures. Il n'y a pas eu de départ contrairement à ce que nous pensions. La matinée se passe à bricoler jusqu'à 11 heures. Le tantôt il fait si chaud que nous sommes libre et en profitons pour nous reposer. Je pose seulement un verre à mon phare puis après la soupe je vais à la Maraude des cerises. Je me couche à 10 heures et demie.

17 Juin 1917

Levé à 7 heures et quart. Nous ne marchons pas encore aujourd'hui. le matin je vais à la messe. Puis le tantôt il fait si chaud que pour nous reposer nous allons à la pêche. Je prends une cinquantaine de vairons à moi tout seul. Ainsi le temps se passe jusqu'à 5 heures. Le soir nous allons cueillir des cerises puis j'écris. Coucher à 10 heures et demie.

18 Juin 1917

Levé à 8 heures. Il y a eu un départ pour un long convoi à une heure et demie du matin. Il y avait des voitures de trop et comme l'on sait que je suis fatigué en ce moment-ci on m'a fait rester ce dont j ne me plains pas. Toute la journée je bricole et je m'amuse plutôt mais malgré tout je me repose. Le soir je vais faire un tour dans la campagne puis je me couche à 9 heures et demie.

19 Juin 1917

Levé à 8 heures. Les camarades sont rentrés à 2 heures et demie ce matin. Ils ont fait 300 kilomètres. Ils sont tellement esquintés qu'à 9 heures il n'y a que 4 de levés. J'ai eu une vraie veine. Toute la journée je me repose puis le soir je vais faire un tour dans la campagne Je me couche à 10 heures.

20 Juin 1917

Levé à 7 heures et demie. Je bricole un peu toute la matinée. Le tantôt je vais à la pêche où je prends une trentaine de vairons jusqu'à 5 heures. En rentrant je suis pris d'une rage de dents. Aussi après la soupe j'écris un peu puis je me couche à 9 heures et demie.

21 Juin 1917

Levé à 8 heures. Je n'ai pas fermé l'œil de la nuit tellement j'ai souffert d'un coup de froid dans les dents. J'ai la joue et les gencives toutes enflés. Je passe mon temps à me gargariser à l'eau chaude ce qui me fait du bien. Vers les 2 heures il survient un orage avec une pluie diluvienne. Cela nous fait reposer. Je profite de cela pour écrire puis après la soupe nous allons au loin cueillir des cerises. Je me couche à 10 heures.

22 Juin 1917

Levé à 8 heures. Le temps a changé. Beaucoup de vent et la nuit a été très froide. Il pleut sans décesser ce qui nous donne un repos forcé. Je passe mon après-midi à lire. Le soir après la soupe je vais aux cerises puis je me couche à 10 heures.

23 Juin 1917

Levé à 3 heures et demie. Départ à 4 heures et demie. Nous allons charger des munitions à Rarécourt pour les porter à Bois Lecomte en pleine Argonne. Le travail est un peu dur mais pas très long car nous rentrons à 3 heures. Je m'occupe de suite de la voiture puis j'écris. Après la soupe je sors un peu et me couche à 10 heures.

24 Juin 1917

Levé à 7 heures et demie. De suite travail à la voiture jusqu'à 9 heures et demie. Un peu de toilette puisque c'est dimanche. Le tantôt repos et l'on flâne tout l'après-midi. Le soir promenade puis coucher à 10 heures et demie.

25 Juin 1917

Levé à 8 heures. Journée très calme et l'on se repose. Je lis et j'écris. Coucher à 10 heures.

26 Juin 1917

Levé à 7 heures. À 8 heures on nous prévient que nous partons pour deux jours chercher des troupes et nous allons jusqu'à Germay où nous arrivons à 11 heures et demie du soir après un voyage long, pénible et fatigant parce que plein de poussière. Nous couchons sur la route et dans nos voitures. Je trouve du foin dan un champ et je couche sur le parquet du camion. À minuit je m'endors.

27 Juin 1917

À 4 heures on se lève. On prépare les voitures puis on charge les troupes. (Le 27ème d'infanterie). À 5 heures 20, nous partons pour Herpont. Convoi dur et fatigant car nous arrivons seulement à 9 heures du soir. À 10 heures nous repartons par la nuit et la poussière. Nous rentrons à Une heure du matin. Je lis quelques lettres puis je me couche.

28 Juin 1917

Levé à 8 heures. Je suis un des premiers. Je travaille toute la journée après mon camion qui en a besoin après la randonnée d'hier. Le temps se passe ainsi jusqu'à 5 heures. Après le dîner j'écris puis je vais faire un tour. À 9 heures du soir le Lieutenant me fait appeler pour me dire que je vais partir en permission le 11 Juillet comme je l'ai demandé. Ceci me fait plaisir. Je me couche à 10 heures.

29 Juin 1917

Levé à 8 heures. Un peu de travail aux camions puis ensuite repos. L'après-midi je me repose jusqu'à 5 heures. Après le dîner je vais chercher des cerises. J'en mage beaucoup et j'en rapporte pas mal. En rentrant l'on cause un moment puis je me couche à 10 heures et demie

30 Juin 1917

Levé à 7 heures et demie. Travail aux camions toute la matinée on se tient prêt car nous sommes en alerte. Le tantôt repos. À 3 heures l'alerte est levée. J'écris jusqu'à 5 heures. Je vais aux cerises et me couche à 10 heures.

1er Juillet 1917

Levé à 7 heures et demie. Rien à faire. Aussi l'on flâne jusqu'à la soupe. À 3 heures et demie départ immédiat pour aller chercher 1200 blessés dans la forêt de Hesse. Il s'est passé des coups de marins très durs ces derniers jours et les sanitaires ne suffisent plus. Un quart d'heure après nous partons en vitesse arrivés à Remicourt nous attendons pendant deux heures puis au bout de ce temps on s'aperçoit que l'on a demandé beaucoup trop de voitures. Ah! Douce pagaille française. Nous retournons tous à vide au cantonnement où nous arrivons à 10 heures 10. Je n'ai pas sommeil et je met mets à écrire jusqu'à minuit. Puis je me couche

2 Juillet 1917

Levé à 7 heures et demie. Du travail après la voiture pout toute la journée. Le soir après la soupe nous aidons les gens chez qui nous mangeons à rentrer une charrette de foin ce qui est très esquintant mais cela aussi nous passe un moment. Je rentre. Nous causons un peu et je me couche à 10 heures et demie. La rentrée du foin nous a rapporté un verre de vin.

3 Juillet 1917

Levé à 7 heures et demie. Rien à faire. Je flâne toute la matinée et l'après-midi se passe de même. Le soir après la soupe nous déchargeons deux charrettes de foin jusqu'à 8 heures du soir, puis comme il fait très doux je vais m'étendre sur l'herbe jusqu'à 10 heures quarante-cinq. Je me couche à 11 heures.

4 Juillet 1917

Levé à 7 heures et demie. Nous ne sortons pas et je n'ai rien à faire. Je flâne toute la journée qui me semble bien longue. Le soir je vais aux cerises et j'écris. Coucher à 10 heures.

5 Juillet 1917

Levé à 7 heures et demie. On ne sort pas. pas plus à faire que la veille. toute la journée je flâne et je m'ennuie. le soir aux cerises. Coucher à 11 heures. J'ai tant mangé de cerises que je ne puis dormir. Chaque fois que je me retourne dans mon lit mon ventre fait floc, floc.

6 Juillet 1917

Levé à 8 heures. Je flâne la matinée. Le soir nous partons à 6 heures et quart et nous allons à Brocourt charger des obus de 220 que nous menons dans les Bois de la Marre à 1500 mètres des lignes. Le canon tonne très fort et les lieux ne sont pas surs. Nous repartons au petit jour à toute allure car nous sommes in pleine vue de l'ennemi. Je rentre à 5 heures vingt.

7 Juillet 1917

Je fais le plein de ma voiture puis je me couche jusqu'à 10 heures. Ensuite la soupe puis je m'étends su mon lit où je dors jusqu'à 4 heures. Le soir j'écris et me couche à 112 heures.

8 Juillet 1917

Levé à 5 heures et demie. À 9 heures et demie revue par un Capitaine d'Installation des lits dans les camions – quelle idiotie!!!! L'après-midi et le soir nous jouons aux cartes. Coucher à 10 heures.

9 Juillet 1917

Levé à 7 heures. À 8 heures et demie je pars en permission à la gare d'Èvres. Arrêt à Revigny où je déjeune. Bon voyage

10 Juillet 1917

Arrivé à la garde de l'Est à 6 heures et demie et à la maison à 7 heures. Je trouve porte close car ma femme est en Suisse et Vonvon est je ne sais où. une petite visite à ma mère. Puis je vais à Paris où je vois Vonvon. Déjeuner Rue le Montmorency avec Delapraz. le tantôt je vais chercher ma sœur Jeanne au CAMA. Apéritif puis je dîne chez Delapraz. Coucher à 11 heures et demie.

11 Juillet 1917

Levé à 8 heures. Je m'habille et vais déjeuner avec Vonvon à la Chaussée D'Antin. Puis je fais un tour de boulevards. Je rentre puis à 6 heures je vais prendre l'apéritif avec Georges et Jeanne. Ensuite dîner chez ma mère qui me retient à coucher. Ce que je fais à 11 heures.

12 Juillet 1917

Levé à 8 heures. Je travaille à arranger un vélo. Déjeuner au Châtelet Chez Chartier avec Vonvon. Le soir dîner chez ma sœur Maire. Coucher à 11 heures.

13 Juillet 1917

Levé à 8 heures. Déjeuner à la maison où je reçois Vonvon et lui fais presque une petite fête. Le soir apéritif avec César à L'Espérance. Puis dîner chez Roger avec Marguerite Spichiger et une des ses amies. Ensuite à La Scala à la première du Sursis. Coucher à une heure du matin.

14 Juillet 1917

Journée bien calme pour moi car naturellement je ne vais pas à la revue que je ne puis sentir. Je déjeune chez ma mère et y passe la journée. Le soir je dîne chez ma sœur marie puis je rentre me coucher à 11 heures.

15 Juillet 1917

Levé à 5 heures quarante-cinq pour une partie de vélo. Nous devons partir à 8 heures mais la pluie nous force à attendre jusqu'à 11 heures. Nous sommes Marguerite Spichiger et César et deux de ses amis puis

Vonvon et moi. Nous allons déjeuner à Grobois. Nous faisons les fous toute la journée. Nous rentrons dîner chez César. Le soir musique et nous dansons. Je rentre à la maison et nous couchons à minuit.

16 Juillet 1917

Déjeuner à Puteaux. Retourné diner chez ma mère où je reste à coucher.

17 Juillet 1917

Levé à 8 heures. Je rentre chez moi à 9 heures. À midi je vais au bureau chercher Vonvon qui m'accompagne jusqu'aux Galeries où je déjeune en compagnie de Madame Perroud et de plusieurs autres de ces dames. Le tantôt je fais quelques course dans paris. Je rentre me reposer un peu à la maison. À 7 heures je dîne chez César et rentre me coucher à 11 heures et demie.

18 Juillet 1917

Levé à 8 heures. je v   ais chercher Vonvon au bureau et nous allons déjeuner à la Chaussée d'Antin. Je passe faire un tour aux Galeries puis quelques courses dans Paris. Je rentre à la maison puis vais chercher ma sœur Jeanne au CAMA. Nous prenons l'apéritif puis je dîne chez ma mère et y couche.

19 Juillet 1917

Lev2 à 8 heures. À 11 heures je vais chercher ma fille puis je vais avec elle déjeuner chez ma mère. J'y passe l'après-midi puis je ramène ma fille à la pension vers les 6 heures et demie. Vonvon vient à la maison et à 7 heures et demie nous allons dîner chez Delapraz. à 11 onze heures nous rentrons nous coucher Vonvon et moi.

20 Juillet 1917

Levé à 7 heures et demie. Vonvon est restée pour m'accompagner à la
gare car ma permission est terminée. Nous déjeunons ensemble puis
je passe voir ma fille et je prends le train à 2 heures vint-cinq.

21 Juillet 1917

Après un long voyage nous arrivons à Bar-le-Duc et nous apprenons
que la section est déménagée. On nous conduit au nouvel emplacement.
C'est entre Lemmes et Ancemont en pleins champs à côté d'un camp
d'aviation. Pas un arbre pour s'abriter des baraquements pour coucher.
La journée se passe en installation puis je me couche à 10 heures.

22 Juillet 1917

Levé à 7 heures. Je m'occupe de ma voiture. À 2 heures je pars chercher
des permissionnaires à la gare de Landrecourt et les mène à Verdun à
la Caserne Bévaux. Je rentre à 6 heures. Je fais le plein. Je dîne et me
couche à 9 heures.

23 Juillet 1917

Levé à 8 heures. À 2 heures et demie départ pour la gare de Dugny et
le Faubourg-Pavé à Verdun. Retour à 6 heures et demie. je suis esquinté
et l'on dirait que ma maladie me reprend. Je dîne un peu et me couche
à 9 heures et demie.

24 Juillet 1917

Levé à 8 heures. Je ne sors pas aujourd'hui et je me repose. Comme je
suis mal fichu je vais voir le docteur qui me donne deux jours de repos
et m'ordonne une purge à l'huile de ricin pour demain matin. J'ai de
l'embarras gastrique. Le soir je vais faire un tour dans les champs puis
je me couche à 9 heures et demie.

25 Juillet 1917

Levé à 8 heures. Je suis toujours malade et fiévreux. Je passe la journée à flâner. Le soir il pleut et fait de l'orage. je me couche à 9 heures et demie.

26 Juillet 1917

Levé à 8 heures. Cela ne va toujours pas fort car j'ai toujours de la fièvre. Le tantôt je vais voir le docteur. Il me fait prendre ma température – j'ai 38,8°. Il en est surpris lui-même et dit qu'on le rappelle demain matin si ma température n'a pas baissée. Je me fais poser des ventouses pour me dégager un peu. je reste allongé sur mon lit puis je prends deux comprimés de quinine et me couche à 9 heures et demie.

27 Juillet 1917

Levé à 8 heures. La fièvre s'est calmée mais je suis encore bien faible. je passe toute ma journée à lire et à me reposer car il fait très chaud. Très ennuyé car je reçois des nouvelles me disant que ma femme n'est pas encore bien et elle est avec Jeanne Delapraz en Suisse. J'attends impatiemment d'autres nouvelles.

Le soir à 11 heures une détonation formidable alors qu'il y a une heure seulement nous sommes couchés. Ce sont les Boches qui viennent de nous faire sauter le dépôt de munition s de Saint-Michel auprès de Verdun. Nous sortons de suite et nous voyons une lueur immense. Nous rentrons et nous entendons les obus qui sautent pendant toute la nuit.

28 Juillet 1917

Levé à 8 heures. je bricole jusqu'à près de midi pour arranger le silencieux de ma voiture. Il fait une chaleur torride. Le tantôt je me repose et je lis. Puis je vais voir le Major qui me donne encore deux jours de repos. le soir après la soupe il fait si chaud que nous restons étendus sur l'herbe jusqu'à 10 heures. Je me couche à 10 heures et demie.

29 Juillet 1917

Levé à 7 heures et demi. Un peu de toilette puis je m'occupe de ma voiture. Il fait une chaleur insensée. Toute la journée je reste allongé sur mon lit abruti par la chaleur. Le soir vers les 5 heures éclate un orage très violent. Cela rafraîchit un peu le temps. Après la soupe on flâne. Je me couche à 9 heures et demie.

30 Juillet 1917

Levé à 8 heures. Je m'occupe un peu de ma voiture puis le restant de la journée se passe à flâner sur mon lit. Le tantôt je vais voir le docteur que me donne encore deux jours de repos. Le soir on cause un peu. Coucher à 10 heures.

31 Juillet 1917

Levé à 7 heures et demie. Rien à faire et je m'ennuie. À 11 heures la pluie se met à tomber et ne décesse pas de la journée. Aussi je passe mon temps à lire et à écrire. Coucher à 9 heures et demie.

1 Août 1917

Levé à 8 heures. Je vais à ma voiture où j'ai à faire. Toute ma journée se passe à bricoler. Le soir après la soupe il y a un duel d'artillerie à la côte 304 et nous montons sur une crête pour en voir les effets. Puis nous redescendons et je me couche à 10 heures.

2 Août 1917

Levé à 7 heures. je vais ma toilette puis je mange à 9 heures et demie. À 10 heures et quart je pars à la gare de Dugny et par un temps affreux de vent et de pluie je fais deux voyages de permissionnaires de Dugny à Houdainville et retour. Puis je rentre à 4 heures quarante-cinq. Après la soupe nous causons un eu entre camarades. Coucher à 10 heures.

3 Août 1917

Levé à 7 heures. J'ai à faire après ma voiture et cela m'occupe toute la journée. Il pleut sans décesser. Le soir après la soupe nous jouons à la manille et je me couche à 10 heures.

4 Août 1917

Levé à 7 heures. Je suis libre car mon camion est parti sans moi. Toute la journée je flâne. Le soir une manille et coucher à 10 heures.

5 Août 1917

Levé à 8 heures. je ne marche pas. Toute la journée je m'embête ferme. le soir nous causons un peu et je me couche à 10 heures.

6 Août 1917

Levé à 7 heures. Je me prépare. À 10 heures je vais à Dugny et fais deux voyages de permissionnaires de Verdun à la Tour-du-Champ. Nous rentrons à 6 heures et demie du soir. Après la soupe une manille et coucher à 10 heures;

7 Août 1917

Levé à 7 heures. Je ne sors pas aujourd'hui. Toute la matinée je m'occupe de ma voiture. Le tantôt je fais un peu de couture ce qui me passe le temps. le soir une manille et coucher à 10 heures et demie.

8 Août 1917

Levé à 7 heures et demie. Rien à faire aussi toute la journée. Je lis et j'écris. Le soir après la soupe nous allons faire un grand tour au camp d'aviation. Puis vers 9 heures et demie, il éclate un orage formidable. Je me couche à 10 heures.

9 Août 1917

Levé à 7 heures. Je ne sors pas et je n'ai rien à faire. Ma journée se passe à lire et écrire. Le soir nous faisons une manille. Puis je me couche à 10 heures.

10 Août 1917

Levé à 7 heures. J'ai une légère réparation à faire à ma voiture et je m'y occupe toute la journée. Le soir après la soupe nous allons cueillir et manger des fruits frais. Nous rentrons faire une manille. Coucher à 10 heures.

11 Août 1917

Levé à 7 heures. Toute la journée je travaille à la réparation de ma voiture ce qui me passe le temps. Le soir après la soupe nous allons faire un tour au poste d'observation d'avions qui est à côté. Nous causons là un bon moment avec les observateurs puis nous rentrons. Coucher à 10 heures et demie.

12 Août 1917

Levé à 7 heures. Je termine la réparation à ma voiture ce qui me demande la matinée. Le tantôt je lis et j'écris. Le soir nous allons observer les crêtes car cela tire beaucoup. Nous voyons un avion Boche abattu par un avion français. Puis il est tard et nous rentrons. Je me couche à 10 heures et demie.

13 Août 1917

Levé à 7 heures. Je déjeune à 9 heures puis je pars à 9 heures et demie pour aller chercher des permissionnaires à Landrecourt et les mener à Verdun. Nous faisons deux voyages. le premier se passe bien. Au second nous sommes pris par un orage terrible. La foudre tombe par 4 fois pas lin de nous. Jamais je n'ai vu tomber tant d'eau et je n'en ai surtout jamais tant reçu. Nous sommes tous trempés jusqu'aux os. De plus en arrivant à Verdun les obus tombent ce qui fait le complément de la journée. Enfin à 5 heures et demie je rentre et je puis me changer.

Comme l'artillerie tape très fort nous allons le soir au poste d'observation des avions mais nous ne distinguons rien d'extraordinaire. Je me couche à 9 heures et demie.

14 Août 1917

Levé à 7 heures. La pluie se met encore à tomber. Je m'occupe de ma voiture toute la matinée. À midi le fourrier me demande si je sais assez d'anglais pour aller comme interprète dans une formation de B.M. (Bataillon de Marche) Américaine. Quel dommage que mes connaissances en cette langue ne me permettent pas d'y aller car ce serait le rêve. le tantôt j'écris et je lis. Le soir je me couche à 10 heures.

15 Août 1917

Bien difficile de s'endormir hier au soir tellement le canon tondit fort à la côte du Poivre. Puis à 11 heures un orage se met encore à éclater et la pluie nous tombe dessus. Ce matin je me lève à 7 heures. Je m'occupe du camion jusqu'à l'heure du déjeuner. Le tantôt se passe tristement pour un jour de fête car il pleut presque continuellement. le soir une partie de manille et coucher à 10 heures.

16 Août 1917

Changement de service. Cela chauffe tellement de notre côté que l'on suspend le service des permissionnaires pour faire le transport des munitions. Levé à 6 heures. À 7 heures départ et nous allons charger à Lempire pour aller au-dessus de Belrupt. Nous faisons ainsi 4 voyages dans la journée. Il pleut par instant et le sol est très gras aussi l'on dérape facilement. Je rentre à 8 heures du soir. Après avoir dîné nous causons longuement puis je me couche à 10 heures et demie.

17 Août 1917

Levé à 7 heures. Toute la matinée je m'occupe de ma voiture où l'on répare le plancher. L'après-midi se passe à lire et à écrire. Le soir nous faisons une manille. Je me couche à 10 heures et demie.

18 Août 1917

Levé à 7 heures. Aux camions toute la matinée. tout l'après-midi je passe mon temps à lire et à écrire car je n'ai rien à faire. Le soir une manille et coucher à 10 heures.

19 Août 1917

Levé à 7 heures 45. je passe la matinée à ma toilette jusqu'à l'heure de la soupe. À quatre heures de l'après-midi départ pour aller à la côte 304 porter des obus au bois Bourrus. Jamais encore je n'ai vécu ce qui s'est passé – comme en suis-je revenu indemne je me le demande et ne puis me l'expliquer. Nous avons été criblés d'obus et de gaz asphyxiants. J'étais la dernière voiture et avec mon ami le Brigadier Malfroy nous devions surveiller l'arrière du convoi. En deux mots nous nous sommes jurés de faire notre devoir jusqu'au bout et coûte que coûte en ne partant que lorsque tout le monde serait sauvé à moins d'y rester nous-mêmes ce qui à ce moment me semblait très possible tellement la tourmente faisait rage.

Tout allait pourtant sans trop de dommage et nous espérions pouvoir repartir bientôt quand tout à coup j'entends ce " *À moi, Besnard! Viens vite ou je vais crever*" C'était mon ami le Maréchal des Logis Clémençon qui avait été atteint par un obus et était très fortement intoxiqué par les gaz. Il connaissait mes qualités de brancardier et faisait appel à mon dévouement. L'endroit où il se trouvait n'était pas faile à aborder. Cependant je ne fais qu'un bond près de lui et je vois qu'il était pas blessé mais seulement intoxiqué. Le porter n'était pas facile car il pèse 103 kilos. Je le traîne comme je peux dans un fossé derrière un terre-plein et légèrement à l'abri des obus qui tombent de tous côtés.

Pendant 7 heures dans cette situation, je lui fais sucer de l'alcool de menthe sur mon doigt pour qu'il n'étouffe pas. Entre temps je suis appelé par un camarade un brave garçon (Desbordes) qui me dit de venir le chercher car il se sent fortement blessé. Je bondis encore et le ramène auprès de mon autre blessé. Il a un éclat d'obus au bras droit et saigne fortement. Puis il est brulé par les gaz à la figure et aux mains. C'est à la lueur des éclatements des obus qui n'arrêtent pas de tomber que j'arrive à pouvoir lui faire un pansement bien sommaire.

Enfin après bien du temps la tourmente se calme un peu. Je laisse mes blessés dans le fossé et avec Malfroy nous allons voir si nous pourrons nous frayer un passage sur la route. Personne autour de nous pas un gradé – pas un homme. Nous hissons nos deux blessés dans le camion. Je me mets au volant et Malfroy marche devant ma voiture pour me guider. Je sens que je marche sur des corps de chevaux et peut-être d'hommes aussi.

Enfin après deux heures d'efforts nous arrivons au bas de la côte au village de Bétzeuville. Là je trouve mon Lieutenant qui nous attend tranquillement et me demande à voir les blessés. La colère me prend et je luis dis brutalement de s'en aller à 5 kilomètres au moins de là car ici je ne me sens pas encore en sureté. J'ajoute que s'il était allé là-haut avec nous, il serait peut être un peu moins calme. Il me rouspète pas et fait ce que je lui dis. Malfroy me traite d'imbécile et me dit que je n'y coups pas pour de la prison. Mais je m'en fiche car je suis hors de moi. J'ai été aussi touché par les gaz et je sens l'estomac qui me flambe.

Nous repartons. À quelques kilomètres plus loin, je vois le Lieutenant sur le bord de la route. Il me demande encore à voir les blessés. Je lui réponds qu'il va les voir de près car j'exige qu'il les prenne dans sa touriste et les emmène de suite à l'hôpital de Bar-le-Duc. Il me répond rien et exécute ponctuellement mes ordres. Qu'est-ce qui va me tomber sur le coude de la cafetière me dit Malfroy? Je ne luis réponds pas tellement j'ai le feu dans l'estomac. J'allume une cigarette et nous repartons.

À 3 heures et demie du matin nous rentrons. J'absorbe plus d'un litre de café et je me couche abruti.

20 Août 1917

Je me lève à 8 heures sans avoir pu dormir et en ayant toujours très mal à l'estomac. je vais voir ma pauvre voiture qui a pris bien des atouts. Le phare est en miettes; la toile des côtés est toute arrachée et la carrosserie elle-même est enfoncée en partie.

À 9 heures le Capitaine de groupe (Truc) me fait appeler. Cela y est me dis-je c'est la bûche prévue par mon ami Malfroy pour la façon dont j'ai répondu au Lieutenant dans la nuit. Maintenant que c'est passé je me sens embêté et pourtant je ne suis pas disposé à faire des excuses. Coup de théâtre. J'entre dans le baraquement qui sert de bureau. Le Capitaine Truc se lève d'un bond et la main tendue m'adresse toute ses félicitations devant mon Lieutenant. Celui-ci vient à moi s'excuse de n'avoir pu être à son poste au moment critique et me sert la main par trois fois. Le Capitaine Truc me promet de s'occuper de moi ce qui me laisse rêveur.

Dans l'Après-midi j'apprends qu'une demande de **citation à la Croix de Guerre** est faite pour moi mais je ne m'illusionne pas. Du fait d'avoir eu un gradé avec moi c'est luis qui en récoltera tout le bénéfice. La justice n'existe pas dans le métier militaire et une fois de plus je ne suis pas surpris. je suis toujours très gêné par les gaz aussi je vais voir le docteur. Est-ce qu'il ne parle pas de m'envoyer à l'hôpital. Je pense qu'il est un peu fou. Je lui demande de surseoir quelques jours me jurant bien de ne pas aller le revoir et me soigner seul. Je suis fatigué et me couche à 9 heures et demie.

21 Août 1917

Levé à 7 heures. Je souffre encore mais pourtant cela à l'air d'aller un peu mieux. À 10 heures départ pour la Gare d'Èvres d'où nous faisons deux voyages de munitions à Rarécourt. Cela dure toute la journée et je rentre à 11 heures du soir. Je me couche en arrivant.

22 Août 1917

Levé à 8 heures. je souffre encore dans l'estomac et suis esquinté. J'apprends que ma proposition de citation à suscité des quantités de jalousies et même des réclamations mais je m'en fiche de plus en plus et tout me dégoûte. Jusqu'à la soupe je travaille à ma voiture. À une heure nous apprenons que nous partons à 5 heures. En effet nous allons charger à Maisons-Rouges et nous allons ravitailler des batteries au-dessus de Germainville. Heureusement cette fois tout se passe bien et nous rentrons à 3 heures du matin. J'ai tellement faim que je mange jusqu'à 4 heures. Puis je me couche.

23 Août 1917

Je me lève à 7 heures et demie. J'arrange ma voiture puis comme nous ne sortons pas je me repose tout l'après-midi. À 7 heures du soir je suis stupéfait d'avoir la visite de mon ami Xavier Lefèvre qui est dans l'artillerie et vient s'installer auprès de nous. Il y a trois ans que nous ne nous sommes pas vus aussi cela nous fait bien plaisir. Ensemble nous buvons le champagne et je vais demander la permission de ne pas rouler demain pour passer la journée avec lui. Je me couche à 10 heures.

24 Août 1917

Je n'ai rien à faire Il y a un départ à midi mais j'ai demandé à ne pas sortir car j'ai donné rendez-vous à mon ami Xavier. Je l'attends tout l'après-midi mais il a été obligé de sortir en service. Le soir nous nous voyons à 6 heures. Coucher à 9 heures et demie.

25 Août 1917

Réveil à 4 heures et demie. Départ à 5 heures et demie. Nous allons au dépôt de munitions de Lemmes et nous faisons deux voyages jusqu'au dépôt du Champ de la Gaille. Nous rentrons à 4 heures. Le soir après la soupe je bois le champagne avec mon ami Lefèvre. Puis je me couche à 9 heures et demie.

26 Août 1917

Levé à 8 heures. Je m'habille pour aller à la messe à 9 heures à Lenoncourt mais il n'y en a pas et nous revenons. Un ordre arrive pour le soir. À 5 heures nous partons pour aller charger des obus de 220 à Frama et les porter aux batteries à 1200 mètres au nord de Montzéville et à 3 kilomètres des Boches. Dans la journée j'ai reçu des mains du groupement le brassard de la Croix Rouge ave le titre d'infirmier de convoi. C'est donc moi qui doit soigner les blessés en route si nous en avons – ceci en raison des évènements d'il ya 8 jours. (Comme Croix de Guerre cela n'est pas mal n'est-ce pas?) Notre transport se passe bien et malgré quelques obus un peu loin nous nous en tirons et nous rentrons à 11 heures. je mange un morceau puis je me couche aussitôt.

27 Août 1917

Levé à 8 heures. Je fais le plein de ma voiture puis je n'y touche plus car elle doit aller à l'atelier pour être revue complètement. Le tantôt je lis et j'écris puis le soir Lefèvre vient me voir. Nous buvons une bonne bouteille de Graves, puis nous faisons une manille et je me couche à 9 heures et demie.

28 Août 1917

Levé à 7 heures. À 8 heures je mène ma voiture à l'atelier et je me mets aussitôt au travail avec un mécanicien. Il fait un sale vent très froid. Je travaille toute la journée. Le soir après la soupe je vais voir Lefèvre et je passe un moment avec lui. Je me couche à 9 heures et demie.

29 Août 1917

Levé à 6 heures quarante-cinq. Je vais à l'atelier m'occuper de ma voiture et j'y travaille toute la journée. Mes camarades vont faire une TP et ne rentreront qu'à une heure et demie le matin. Le soir après la soupe je vais voir Lefèvre et nous passons la soirée en buvant le champagne. Je me couche à 10 heures.

30 Août 1917

Levé à 7 heures. Je vais à l'atelier pour terminer ma voiture. J'y travaille jusqu'à 3 heures puis je vais l'essayer. Elle va bien. Je rentre et me repose un peu. Le soir après la soupe je vais voir Lefèvre puis je rentre et me couche à 10 heures.

31 Août 1917

Levé à 7 heures. Pas de sortie aujourd'hui. Je prépare mes affaires car nous devons déménager demain pour aller à St. André. Le soir Lefèvre vient passer la soirée. Nous buvons quelques bonnes bouteilles puis je me couche à 10 heures.

1er Septembre 1917

Lever à une heure et demie du matin. Je vais chercher des permissionnaires à Rupt-en-Woëvre. Je rentre à 6 heures du matin. Je prends le café puis je m'occupe de mes affaires pour le déménagement. À midi Lefèvre vient me dire au revoir. À midi et demi nous partons. Nous arrivons à Saint André à une heure et demie. Nous ne pas dans le pays, même is s'en faut mais sur une crête en pleins champs et dans des baraques en bois tout comme ce que nous venons de quitter. On s réinstalle. Le soir bien que fatigués nous faisons une manille. Je me couche à 10 heures.

2 Septembre 1917

Levé à 8 heures. Nous ne sortons pas. Je m'occupe un peu de ma voiture puis le tantôt je lis et j'écris. Le soir nous faisons un petit tour dans le pays puis nous rentrons pour faire une manille. Mais à ce moment on signale des taubes au-dessus de nous. Il faut éteindre les lumière et se coucher aussitôt.

3 Septembre 1917

Levé à 7 heures. Un peu de travail aux camions. Le soir couché à 9 heures. À peine au lit obligés de quitter les baraquements pour aller coucher dans les bois tellement les avions Boches cherchent à nous bombarder. nous rentrons à minuit et nous apprenons qu'il y départ à 4 heures et demie pour un transport de troupes.

4 Septembre 1917

À 4 heures et demie départ. Nous allons charger du matériel d'État-major à Marines devant Bar pour le mener à Glorieux. C'est une honte. J'ai 12 vieux vélos dans ma voiture. Nous faisons une bonne route et nous rentrons à 2 heures et demie. Je me repose. Le soir nous faisons un tour puis je me couche à 9 heures et demie.

5 Septembre 1917

Levé à 7 heures. Nous avons couchés dans les bois jusqu'à une heure du matin car les avions Boches nous ont encore rendu visite. Je m'occupe de ma voiture toute la matinée. Puis l'après-midi se passe à lire et à écrire. À 8 heures et demie, je prends mes couvertures et je vais dans les bois où je me couche à 9 heures.

6 Septembre 1917

Je rentre au cantonnement à 3 heures et je me recouche. Levé à 6 heures et demie. Nous allons charger des munitions à Heippes et nous les menons à Carrières. Le voyage se passe bien. Nous rentrons à une heure et demie. Je me débarbouille et j'écris. Arrive un orage. Tant mieux car cela nous sauvera des taubes pour cette nuit. Je me couche à 8 heures et demie.

7 Septembre 1917

Levé à 7 heures et demie. nous avons pu dormir tranquille car nous n'avons pas eu la visite des taubes. Toute la matinée je lis et j'écris. Sur le soir le temps s'éclaircit mais pourtant je décide de ne pas coucher dans les bois cette nuit car il fait trop humide. Coucher à 8 heures et demie.

8 Septembre 1917

Réveil à 4 heures et demie. Départ à 5 heures et demie pour Heippes et le Champs de la Gaille. Comme j'ai un second il me demande d'y aller à ma place et je le laisse faire. Il rentre à 11 heures. Le tantôt je m'occupe de ma voiture. Le temps se couvre aussi les taubes nous laissent sans doute tranquille cette nuit. Après la soupe il fait tellement lourd que nous restons allongés sur l'herbe un petit moment. Je me couche à 9 heures et demie.

9 Septembre 1917

Levé à 7 heures. C'est Page 498 dimanche et nous avons repos. À 8 heures et demie nous allons à la messe. Le tantôt nous allons dans les bois cueillir des noisettes. Le soir coucher à 9 heures.

10 Septembre 1917

Levé à 4 heures et demie. Départ à 5 heures et demie. Nous allons charger des caisses de 75 à Lemmes et nous faisons deux voyages à Carrières. Nous recevons quelques obus en route. Nous rentrons à 4 heures. Aussitôt arrivé j'apprends la nouvelle de mon adhésion à la Croix de Guerre avec la citation suivante:

> *«Est cité à l'ordre de la DSA [Direction de Service Automobile]. Le conducteur René Besnard TM 77 Pendant la nuit du 19 au 20 Août 1917, a fait preuve du plus grand dévouement au cours d'un violent bombardement par obus toxiques. A été cherché et a ramené&é dans des conditions particulièrement dangereuses son Maréchal-des-logis et un conducteur blessé.»*

Je suis bien content car j'obtiens la satisfaction due à mes efforts. Nous causons longuement puis je me couche à 9 heures.

11 Septembre 1917

Levé à 7 heures. Mon second s'occupe de la voiture car j'ai beaucoup de lettres à écrire à l'occasion de ma Croix de Guerre. J'y passe autant dire la journée. Le soir en petit comité nous buvons une bouteille de mousseux puis je me couche à 9 heures.

12 Septembre 1917

Levé à 7 heures et demie. Mon second est parti avec la voiture en convoi. Moi je me repose. J'en profite pour faire encore de la correspondance. Le tantôt pareil. Coucher à 8 heures et demie.

13 Septembre 1917

Levé à 7 heures. Nous avons encore eu la nuit dernière la visite des taubes qui ont fait des dégâts autour de nous mais nous n'avons pas été touchés. La matinée je m'occupe de ma voiture et le tantôt je me repose. Sur le soir la pluie se met à tomber. Je me couche à 9 heures.

14 Septembre 1917

Levé à 4 heures et demie. Départ à 5 heures et demie. Nous allons au Bois des Huit Chevaux charger du matériel d'un régiment de territoriale. Tout se passe à peu près quand arrivés à destination à Hans on nous envoie de là à Saint-Jean-sur Tourbe puis à Laval puis enfin dans un camp à 4 kilomètres des lignes. Au retour il fait tellement noir que je renonce à poursuivre ma route. Aussi je couche dans ma voiture à Saint Jean-sur-Tourbe et je n'en repars qu'à 6 heures et demie du matin.

15 Septembre 1917

6 heures et demie nous repartons encore tout trempés de la veille. Toujours la pluie. Après Clermont nous nous arrêtons pour casser la croûte au milieu de la route puis nous arrivons à 10 heures. Je vais manger la soupe. Le tantôt je m'occupe un peu de la voiture et je suis tellement esquinté que je me couche à 8 heures et demie.

16 Septembre 1917

Levé à 7 heures. C'est dimanche et nous ne sortons pas aussi je fais un peu de toilette. Il fait très beau temps et je passe la journée à me reposer. Le soir nous craignons la visite des taubes et je me couche à 8 heures et demie.

17 Septembre 1917

Levé à 7 heures. Nous ne sortons pas aujourd'hui. Je fais un petit tour à la voiture. Le tantôt je lis et j'écris. Le soir nous causons un peu et coucher à 8 heures et demie.

18 Septembre 1917

Levé à 8 heures. Nous ne sortons pas encore aujourd'hui. On parle fortement de partir d'ici mais on ne sait rien d'exact. Ma journée se passe à lire et à écrire. Le soir le temps est clair et nous craignons les taubes. Aussi pour éviter la lumière. Coucher à 8 heures et demie.

19 Septembre 1917

Levé à 8 heures. Nous ne sortons pas donc rien à faire. Nous avons «eu la nuit dernière la visite des taubes qui ont encore jeté des bombes du côté d'Ippécourt mais rien n'est venu parmi nous. Toute la journée se passe à lire et à écrire. Le soir coucher à 8 heures et demie

20 Septembre 1917

Levé à 4 heures. Départ à 5 heures. Nous allons charger des caisses de 75 à Lemmes pour les mener à Carrières. Il y a deux voyages à faire. J'ai fais un puis je paye un collègue (2 francs) pour qu'il passe le second à ma place car mon ami Lefèvre est de nouveau dans nos parages et je vais déjeuner avec lui. Le soir je rentre à 5 heures et demie. Coucher à 8 heures et demie.

21 Septembre 1917

Levé à 7 heures et demie. Toute la matinée et une partie de la journée je m'occupe de ma voiture car il paraît que nous faisons un transport de troupes demain matin.

Le soir le temps est très clair et nous craignons encore les taubes. je me couche à 8 heures et demie.

22 Septembre 1917

Levé à 7 heures et demie. Les camarades sont partis à 2 heures du matin pour un convoi mais moi je n'en suis pas et je ne m'en plains pas. Ma journée se passe à bricoler. Le soir coucher à 9 heures.

23 Septembre 1917

Levé à 7 heures. C'est dimanche et nous sommes libres. J'en profite pour faire un peu de toilette puis le tantôt avec trois camarades nous allons faire une bonne promenade dans les bois. Ils sont merveilleux en ce moment-ci mais quel dommage d'admirer cela en un tel moment. Le soir les taubes viennent encore nous visiter aussi force nous est d'éteindre toute les lumières et de nous coucher à 8 heures et demie.

24 Septembre 1917

Réveil à une heure et demie du matin. Nous allons charger des troupes à Braux-Saint-Rémy et nous les menons aux Islettes. De là nous venons den prendre d'autres à Foucaucourt et nous les menons à Froidos. Nous rentrons à 3 heures de l'après-midi. De suite on s'occupe des voitures car il paraît que nous partons demain matin de bonne heure pour Blacy où nous allons au repos. À 8 heures les taubes se montrent mais ils peuvent tomber sur la baraque – je crois que je ne les entends pas tellement j'ai sommeil. Coucher à 8 heures et demie.

25 Septembre 1917

Levé à 4 heures. On emballe tout et à 5 heures et demie nous partons. Nous ne nous tenons plus de joie à l'idée de quitter ces régions peu hospitalières. Nous allons à Blacy à 2 kilomètres de Vitry-le-François pour paraît-il un mois de repos. Le temps est beau et le voyage se passe bien. Nous arrivons à Blacy à une heure et demie. De suite je trouve à louer (à l'œil) une grange où il y a des outils agricoles mais où je m'installe avec deux de mes camarades à seule fin d'être un peu plus tranquille. Nous procédons à notre installation puis la soupe. Ensuite nous faisons le tour du pays puis je me sens si tranquille que j'écris à tête reposée. Très fatigué malgré tout je me couche à 9 heures.

26 Septembre 1917

Levé à 7 heures et demie. J'ai dormi d'un seul somme et j'avais besoin. Je vais faire le plein de ma voiture puis je fais une toilette soignée car ici il y a de l'eau à profusion. L'après-midi je bricole puis j'écris jusqu'à la soupe. Un incident: on veut que nous quittions notre grange pour rentrer au cantonnement. Je demande à parler au Lieutenant. Je suis furieux de penser au nous ne pouvons pas avoir plus de liberté tout en étant au repos. J'écris encore puis je me couche à 9 heures.

27 Septembre 1917

Levé à – heures quarante-cinq. Appel à 7 heures. La sale vie commence. Nettoyage des camions. Je m'y emploie toute la matinée. Le tantôt je suis tellement dégoûté que je ne touche à rien. Je n'ai pu voir le Lieutenant donc nous ne déménageons pas ce soir. Je passe mon après-midi à flâner jusqu'à la soupe puis nous faisons un tour dans le pays. Je rentre, j'écris et coucher à 9 heures.

28 Septembre 1917

Levé à 6 heures et demie. Appel à 7 heures. Lavage complet des camions en vue d'une revue qui doit avoir lieu demain. Après le déjeuner je vois le Lieutenant auquel je demande la permission de rester dans la grange où nous sommes. Il me l'accorde très facilement puis il me dit qu'il veut que je porte une barrette de ma Croix de Guerre. Je lui promets de la faire. Il me demande aussi si je veux aller me promener me promener à Vitry et sur mon affirmation il me dit qu'il me donnera une permission pour dimanche. Je me remets au travail de mon camion jusqu'à la soupe. Le soir un tour dans le pays. J'écris et je me couche à 9 heures et demie.

29 Septembre 1917

Levé à 6 heures quarante-cinq. Nous n'avons rien à faire et j'en profite pour mettre un peu d'ordre dans mes affaires. Le tantôt j'aide les paysans chez qui nous sommes à monter dans un grenier au premier étage des sacs d'avoine de 70 kilos. Cela me passe le temps jusqu'à la soupe. Le soir un tour de promenade dans la campagne puis j'écris et me couche à 10 heures.

30 Septembre 1917

C'est dimanche et repos. Levé à 7 heures quarante-cinq. Toilette à fard puis je m'habille en grand complet et avec ma Croix de Guerre. Après la soupe nous allons à quatre camarades passer la journée à Vitry-le-François où nous avons l'intention de dîner. Nous flânons en effet toute la journée dans Vitry qui n'a rien de bien beau. Puis nous faisons un bon repas dans un restaurant et nous rentrons à 8 heures et demie. J'écris un peu et me couche à 10 heures.

1 Octobre 1917

Levé à 7 heures quarante-cinq. Je flâne toute la matinée. À une heure je reçois l'ordre d'aller à l'atelier avec ma voiture. Là il faut tout démonter pour que mon moteur parte Samedi à Vitry. Je travaille jusqu'à la soupe et je n'en puis plus. Le soir un petit tour puis j'écris et comme je suis esquinté je me couche à 8 heures et demie.

2 Octobre 1917

Levé à 6 heures quarante-cinq. À 7 heures et quart je vais à l'atelier où je reste à 11 heures. Puis j'y retourne à une heure et je ne fais Page 509 que m'occuper de ma voiture jusqu'à 4 heures. À ce moment j'en ai assez et je plaque tout pour venir me débarbouiller avant la soupe. Le soir je fais un petit tour. J'écris, puis me couche à 9 heures et demie;

3 Octobre 1917

Levé à 7 heures. À 7 heures et demie je vais à l'atelier puis comme il pleut à verse nous restons jusqu'à 8 heures et demie sans rien faire. Le tantôt je retourne à une heure et demie. Puis je m'embête tellement que je demande à partir à 4 heures ce qui m'est accordé. J'en profite pour faire un peu de toilette. Après la soupe je vais faire un tour tout seul dans la campagne, puis me couche à 9 heures.

4 Octobre 1917

Levé à 6 heures quarante-cinq. À l'atelier à 7 heures et demie. J'y travaille toute la journée jusqu'à 4 heures et quart. Après la soupe impossible de sortir tellement il pleut et fait de vent. J'écris puis je me couche à 9 heures;

5 Octobre 1917

Levé à 7 heures. À l'atelier à 7 heures et demie. Même travail qu'hier jusqu'au soir 4 heures et demie. Je rentre pour faire ma toilette. Ce soir à 11 heures départ pour un grand transport de troupes qui durera jusqu'à demain soir assez tard. J'ai la chance d'être à l'atelier avec ma voiture sans quoi j'étais obligé d'y aller. Ainsi cela m'évite cette corvée Le soir après la soupe, j'écris un peu. Puis comme il fait très froid je me couche à 9 heures.

6 Octobre 1917

Les camarades sont partis hier au soir par un temps abominable. De la pluie du vent et un froid très grand. J'ai eu froid toute la nuit et si cela continue nous ne pourrons pas rester dans notre grange car le vent y souffle trop.

Levé à 7 heures et demie. Je vais à l'atelier à 8 heures. Une heure de retard mais l'on ne me dit rien. Le tantôt je retourne à l'atelier à une heure et demie où l'on m'attend pour aller mener des moteurs en réparation à Vitry. La pluie nous prend en route et ne décesse pas jusqu'à notre retour.

En revenant nous déchargeons un moteur que nous avons ramené ce qui nous tient jusqu'à la soupe. Le soir j'écris et je me couche à 9 heures.

7 Octobre 1917

Levé à 7 heures et demie. C'est dimanche et je ne vais pas à l'atelier. Les camarades sont rentrés à 3 heures ce matin par un temps horrible. Je profite de ma liberté pour faire une toilette soignée. Le tantôt je passe mon temps à lire. Puis le soir avec des camarades nous faisons un petit dîner avec champagne ce qui nous distrait un peu. Je rentre dans ma grange à 9 heures. Il pleut toujours à verse. J'ai tellement froid que je n'ai pas le courage d'écrire aussi je me couche à 9 heures et demie.

8 Octobre 1917

Levé à 6 heures quarante-cinq. À l'atelier à 7 heures et demie où je travaille toute la journée. De tout le temps la pluie ne décesse pas et il en est ainsi jusqu'à la soupe. Coucher à 9 heures.

9 Octobre 1917

Levé à 6 heures quarante-cinq. À 7 heures et demie à l'atelier. Toute la journée je bricole mais doucement car je suis esquinté. Je quitte l'atelier à 4 heures et quart. Puis je viens me débarbouiller avant la soupe. Le soir j'écris longuement. La pluie ne cesse pas de tomber et je n'ai pas sommeil aussi je lis encore un peu. Coucher à 9 heures et demie.

10 Octobre 1917

Levé à 7 heures. À 7 heures et demie je vais à l'atelier. Hier je me suis blessé à un doigt et je demande du repos aujourd'hui mais il y a paraît-il trop d'ouvrage et cela m'est refusé. Aussi je me vexe et je ne fais rien de toute la matinée. Le tantôt je bricole un peu pour me réchauffer jusqu'à la soupe. Le soir j'écris puis comme il fait très froid je me couche à 8 heures et demie.

11 Octobre 1917

Levé à 7 heures. À 7 heures et demie à l'atelier. Rien de nouveau. Comme tous les jours je bricole jusqu'à la soupe. Coucher à 9 heures et demie.

12 Octobre 1917

Levé à 7 heures et quart. Depuis ce matin 4heures la pluie ne décesse pas. je ne vais pas à l'atelier car il fait trop mauvais lorsque vers 9 heures on me dit d'aller démonter une roue de ma voiture. Je suis furieux car il me faut rester coucher sous la voiture et sur le dos pendant une demi-heure dans 5 centimètres d'eau. Le tantôt la pluie cesse par instant et à 2 heures je vais à l'atelier où je bricole.

À 4 heures et quart je quitte puis nous entreprenons un grand travail. À seule fin d'avoir moins froid les gens chez qui nous sommes nous prêtent une énorme bâche qui leur sert à couvrir une batteuse. Avec cela nous construisons au milieu de la grange une véritable hutte d'indien sous laquelle tiennent nos trois lits une table de nuit et une grande table avec deux bancs. Ainsi nous serons un peu plus à l'abri et heureusement car en ce moment le vent et la pluie font rage. Il souffle au dehors une véritable tempête. Nous avons installé un générateur et l'éclairage à l'acétylène compète ainsi très bien notre installation. Ce travail nous prend jusqu'à la soupe. Puis j'écris et me couche à 9 heures.

13 Octobre 1917

Levé à 7 heures et quart. La nuit a été une véritable tempête mais sous notre bâche nous n'avons pas du tout senti le froid. Je vais à l'atelier à 8 heures et malgré la pluie j'y travaille toute la journée. Le soir j'écris assez longuement puis je me couche à 9 heures.

14 Octobre 1917

Levé à 8 heures. C'est dimanche et repos. Je fais un peu de toilette puis à une heure nous partons avec 2 camarades au dépôt des éclopés de Vitry où il y a un très beau concert où nous nus amusons beaucoup de 2 à 6 heures. Puis nous rentrons dîner chez des gens assez hospitaliers. En plus de notre ordinaire nous avons ajouté deux lapins de garenne pris au collet que nous nous sommes procurés. Nous faisons un excellent dîner accompagné d'une bouteille de champagne. La soirée se prolonge jusqu'a 9 heures et demie. Je me couche à 10 heures.

15 Octobre 1917

Levé à 7 heures. J'ai un peu mal à la tête et beaucoup à l'estomac par la petite bombe d'hier au soir. À 7 heures et demie je vais à l'atelier. Mon moteur est revenu révisé de Vitry et toute la journée se passe à s'en occuper. Le soir nous avons encore à manger un lapin de garenne rôti que nous agrémentons de deux bouteilles de champagne. Je rentre; j'écris et je me couche à 9 heures et demie.

16 Octobre 1917

Levé à 6 heures quarante-cinq. À l'atelier à 7 heures et quart. Ma voiture s'avance et je pense qu'elle sortira de l'atelier demain. À 11 heures je vais voir le Lieutenant et je lui donne ma permission pour qu'il me la fasse signer pour partir demain. (Ma Croix de Guerre me donne droit à 2 jours de permission de plus.) Le tantôt à une heure quarante –cinq, visite de santé. À 3 heures je retourne à l'atelier où je termine ma voiture. À 4 heures et demie je rentre me débarbouiller. Pendant la soupe le Lieutenant me fait appeler au bureau et me remet ma permission. Je rentre ensuite pour dîner. Je n'ai pas à écrire ce soir puisque je pars demain. Aussi je lis un peu puis me couche à 9 heures.

17 Octobre 1917

Levé à 7 heures. À 7 heures et demie je vais à l'atelier où je termine ma voiture et la fais tourner. Le tantôt je prépare mes affaires et le soir à 7 heures je m'en vais Page 517 avec plusieurs camarades. J'emporte avec moi deux douille de 75 et un lièvre de pris au collet. Nous arrivons à Vitry-le-François à 7 heures quarante-cinq. Nous prenons le train à 9 heures quarante-et-un, et en route pour Paris.

18 Octobre 1917

Arrivé à 5 heures et demie du matin. Vite dans le métro et à 6 heures et demie je suis chez moi. Je trouve ma femme et Vonvon en bonne santé ce qui me fait bien plaisir. Après les effusions je vais chez le coiffeur. Je me lave des pieds à la tête. Je m'habille et en route pour assister à la noce de Marguerite Spichiger. Nous arrivons en taxi à l'église à midi cinq. Tout le monde est heureux de [me] voir car naturellement on ne comptait pas sur moi. Ma Croix de Guerre me vaut encore des quantités de félicitations. Après la cérémonie nous allons Chez Debouse où il y a un déjeuner – dînatoire. Nous nous amusons follement et dansons jusqu'à 7 heures. Puis en taxi nous allons chez Madame Spichiger où un diner nous attend. Nous le prolongeons jusqu'à minuit et beaucoup sont en état d'ébriété. Pour moi je suis bien car je tiens le coup et je n'ai rien. À minuit toujours en taxi nous allons à cinq chez César où nous prenons le vin blanc et nous causons si bien que nous nous séparons à 3 heures et quart du matin. En sortant à l'air frais la tête me tourne et c'est à mon tour d'être pris. Je rentre à la maison complètement gris et j'ai un mal insensé à défaire mes chaussures. Enfin à 3 heures et demie je me couche.

19 Octobre 1917

Levé à 10 heures. J'ai un mal aux cheveux et à la tête extraordinaire. Ma femme ne va pas travailler aussi nous en profitons pour nous reposer. Le tantôt je vais voir ma mère puis je vais chercher ma sœur Jeanne au CAMA. Je reviens prendre l'apéritif avec elle et son amie Marcelle puis je rentre dîner à la maison. Je suis encore bien vaseux aussi je me couche à 10 heures.

20 Octobre 1917

Levé à 8 heures. Je m'habille et je vais à 10 heures et demie prendre l'apéritif avec Comte un de mes amis. À midi je rentre déjeuner et à 2 heures nous somme s à La Scala où nous attendent César et Jane. Nous passons un bon après-midi puis à 7 heures et demie nous rentrons dîner chez nous. Je lis un peu et me couche à 10 heures et demie;

21 Octobre 1917

Levé à 8 heures. À midi nous déjeunons puis ensuite nous allons voir Monsieur Morret et Madame Jourdan. De là nous allons dîner chez ma mère où nous mangeons le lièvre que j'ai apporté. Il est tout à fait excellent. Après un bon dîner nous rentrons nous coucher à 10 heures quarante-cinq.

22 Octobre 1917

Levé à 7 heures et demie. Ma femme reprend son travail. je suis seul avec ma Page 520 ma fille que je reconduirai à la pension tout à l'heure. je fais un peu la toilette du jardin qui en a grand besoin. À 11 heures je reconduis ma fille et je vais chercher ma femme à son bureau à midi pour aller déjeuner. En sortant de là je vais voir un ami Monsieur Jacquin puis je rentre à la maison où j'ai pas mal à faire. Ensuite nous dînons et je me couche à 10 heures.

23 Octobre 1917

Levé à 7 heures et quart. À 7 heures et demie viennent les plombiers pour des réparations ce qui me force à déjeuner seul à la maison car ils ne partent qu'à 2 heures. À 6 heures je vais chercher ma femme à son bureau puis nous rentrons dîner et je me couche à 9 heures et demie

24 Octobre 1917

Levé à 7 heures et demie. Je bibelotte toute la matinée et je vais chercher ma femme au bureau pour déjeuner. Ensuite nous allons Rue de l'Échelle voir nos amis Jugery. Puis je rencontre un ami (Nicholas) avec qui je reste une heure à prendre le café à l'Hôtel de Ville. De là je vais voir ma sœur Marie puis je rentre à la maison. Après le dîner nous allons chez les Delapraz où nous passons la soirée. Nous rentrons à 11 heures et nous couchons à 11 heures et demie.

25 Octobre 1917

Levé à 7 heures et demie. Je fais ma toilette et vais à 11 heures chercher ma femme au bureau. Nous allons déjeuner à Puteaux pour voir mes tantes qui sont toujours très gentilles pour moi. Nous en repartons à 3 heures et demie. Nous faisons une visite à Madame Crustini puis nous allons voir ma fille à la pension. De là je vais voir ma mère puis nous dînons chez ma sœur Marie. Nous y restons jusqu'à 10heures et demie. Rentrons à 11 heures et nous couchons à 11 heures et demi.

26 Octobre 1917

Levé à 7 heures et demie. À midi je vais chercher ma femme au bureau. Nous déjeunons tous les deux puis je rentre à la maison où j'ai à faire. À – heures je retourne chercher ma femme au bureau. De là nous allons chercher à l'hôtel du Palais-Royal Monsieur et Madame Bakx qui nous emmènent dîner chez Poccardi. Nous faisons un très bon reps et nous arrosons ma Croix de Guerre au champagne. nous nous séparons à 11 heures et rentrons nous coucher à 11 heures et demie.

27 Octobre 1917

Levé à 8 heures. Je vais à 11 heures prendre l'apéritif au Terminus Nord avec mon camarade Debout. À midi et demi je vais chercher ma femme au bureau et je trouve là mon cousin Bourdieu de Toulouse. Nous déjeunons ensemble ainsi qu'avec César Chez Bofinger. Ensuite je vais voir Monsieur Calton qui me reçoit fort bien. À 4 heures et demie je passe aux Galeries Lafayette voir Madame Perraud. Puis je rejoins à la Rotonde ma femme et mon cousin Bourdieu. Nous prenons l'apéritif puis en taxi nous passons au Louvre et à l'hôtel Moderne. Ensuite nous rentrons et dînons chez nous. Vonvon rentre avec mal aux dents et à la gorge. Nous prolongeons la soirée par un peu de musique et nous nous couchons à 11 heures et demie.

28 Octobre 1917

Levé à 8 heures. À midi nous allons déjeuner chez ma mère où mon cousin Gustave est venu exprès de Normandie pour me voir. Nous passons l'après-midi ensemble puis à 5 heures et demie nous allons dîner chez Monsieur Morret. Nous prolongeons la soirée et rentrons nous coucher à 10 heures et demie.

29 Octobre 1917

Levé à 8 heures et demie. À 11 heures et demie. Je reconduis ma fille à la pension puis je vais chercher ma femme pour déjeuner. Le tantôt je vais faire quelques courses puis je rentre à 4 heures et quart. À 6 heures et demie je vais chercher ma femme au métro puis nous rentrons dîner. Le soir César vient avec sa femme à la maison et nous faisons la bombe jusqu'à minuit.

30 Octobre 1917

Levé à 9 heures. À midi je vais chercher ma femme. De là nous allons avec César, sa femme au Papillon Bleu où Victor Vidoz nous offre à déjeuner en cabinet particulier. Nous restons à table jusqu'à 3 heures et demie. Puis je rentre au bureau de César. À 6 heures nous rentrons dîner chez lui et rentrons nous coucher à 11 heures.

31 Octobre 1917

Levé à 9 heures. Je vais à midi et quart déjeuner avec Vonvon, Rue St Honoré. Je la reconduis un bout de chemin puis je passe aux Galeries Lafayette et ensuite à la garde de l'Est pour voir l'heure de mon train car il va me falloir bientôt repartir. Ensuite je vais voir Alex qui n'est pas chez lui. Je reviens Place de la République où je prends seul l'apéritif. Puis je vais chercher ma femme et nous allons dîner chez ma sœur Marie d'où nous partons à 11 heures.

1er Novembre 1917

Levé à 9 heures. Je vais à la Mairie chercher une carte de sucre puis je passe à la gare pour faire viser ma permission. Je reviens chez César pour lui dire au revoir. Je rentre à la maison et je trouve Edmond qui est venu en permission pour 48 heures. Puis Vincent et Guite retour de voyage de noces qui sont venus me dire bonjour en passant. À midi nous déjeunons. Le soir nous allons dîner chez ma mère d'où nous repartons à 11 heures.

2 Novembre 1917

Levé à 7 heures. Je m'habille rapidement. À 8 heures je dis au revoir à Vonvon et je m'en vais avec ma femme et ma fille. En passant nous déposons Nysette à la pension. Nous allons ensuite à la gare de l'Est où m'attend mon beau-frère Edmond. À 9 heures et demie il me quitte. À 10 heures 5, nous partons. Je fais bon voyage jusqu'à Vitry-le-François où j'arrive à 3 heures. À 3 heures quarante-cinq. je suis à Blacy. Je suis bien reçu par tous mes camarades. J'apprends que beaucoup on t déjà passé la visite médicale et que je dois la passer moi-même en vu d'un prochain départ pour Salonique. On verra bien. Puis j'apprends aussi que notre grand Chef le Capitaine de Fontenilliat veut que chacun ait son vu et qu'en conséquence on me décore seul officiellement demain devant 250 hommes. Je me serais bien passé de tous ces honneurs. Je suis un peu abruti. Je monte mon lit et je dîne en compagnie d'un camarade. J'ai, je le sens, un cafard monstre. J'écris longuement. Enfin et pour force je me couche à 9 heures et demie.

3 Novembre 1917

Je me lève à 8 heures tout abruti d'avoir tant dormi. Quelle différence avec chez soi. Je m'habille et je me prépare pour la prise d'armes. À une heure nous partons en camion à Vitry-le-François.

À 2 heures je suis officiellement décoré sur la grande place et au son de la musique des Chasseurs à Pieds pour le Capitaine de Fontenilliat. Au moment de m'accrocher la Croix l'épingle était un peu émoussée et comme elle n'entrait pas dans l'étoffe il me dit *"Tu as la peau dure toi mon vieux"* Je lui réponds alors:*"Mon capitaine je n'ai pas toujours été dans les autos"* Il me dit: *"Je le sais. Cela se voit et je t'en félicite."* Bien que j'aime peu ces cérémonies j'avoue que je suis fort ému.

Cela se fait assez vite et à 2 heures et demie nous rentrons à Blacy. J'offre le champagne à tous mes camarades qui en sont épatés mais très émus eux aussi. Cela me gagne encore un peu plus la sympathie de mes chefs et de mes amis.

Après la soupe nous allons chez notre logeuse Madame Arnoult et là j'offre encore deux bouteilles de champagne. Puis je me couche à 10 heures.

4 Novembre 1917

C'est dimanche et je n'ai rien à faire. À 8 heures je me lève. Aussitôt après la soupe je paye le champagne à 8 camarades qui n'étaient pas là hier. Ensuite nous allons à une matinée concert du dépôt d'éclopés de Vitry. C'est très bien et nous en sortons à 6 heures. Après nous allons à plusieurs camarades dîner en commun et nous passons une bonne soirée jusqu'à 10 heures. Je rentre et j'écris jusqu'à 11 heures. Je me couche à 11 heures et demie

5 Novembre 1917

Levé à 8 heures et demie. Je n'ai rien à faire et je m'habille doucement pour passer le temps. Après le déjeuner je fabrique des cigarettes avec un petit moule que j'ai rapporté de chez moi. Pui je tripote un peu ma voiture. Ensuite je vais voir un camarade dans une section d'à côté. Le soir après dîner j'écris un peu et je me couche à 9 heures.

6 Novembre 1917

Levé à 8 heures. Je m'habille et vais essayer un camion. Le tantôt je vais à une corvée de bois qui dure jusqu'à 2 heures et demie. Après la soupe nous allons au café avec quelques camarades boire de la bière. Puis à 8 heures et demie je rentre et j'écris. Je n'ai pas sommeil et je lis jusqu'à 9 heures et demie. Je me couche à 10 heures.

7 Novembre 1917

Levé à 9 heures. Je m'habille puis la soupe. Le tantôt je fais des cigarettes pour passer mon tems. Le soir pour dîner nous avons deus perdreaux qu'un camarade nous à rapportés de l'Ardèche. Aussi nous nous réunissons à 4 et nous faisons une petite bombe au champagne. Nous nous séparons à 9 heures et demie. J'écris et me couche à 10 heures et demie.

8 Novembre 1917

Levé à 8 heures et demie. Je bricole jusqu'à la soupe. Le tantôt je travaille un peu à ma voiture pour me réchauffer car il fait très froid. Le soir après la soupe nous faisons une manille. Coucher à 9 heures et demie.

9 Novembre 1917

Levé à 8 heures. Je bricole un peu après ma voiture. Après le déjeuner il pleut à verse et nous passons l'après-midi à causer. Après la soupe j'écris et me couche à 9 heures et demie.

10 Novembre 1917

Levé à 8 heures je flâne jusqu'à la soupe. Il pleut encore L'après –midi je passe encore à flâner. Un de nos camarades est désigné pour partir le 15 à Salonique. Après la soupe on vient m'avertir que je suis de service demain matin pour partir à 6 heures. Aussi je me couche à 9 heures.

11 Novembre 1917

Levé à 5 heures et demie. Départ à 6 heures. Nous allons à Vitry-en-Perthois charger des barques en bois que nous menons à Jussecourt. Nous rentrons à Vitry-en-Perthois à 11 heures puis à une heure nos repartons pour Charmont et nous rentrons à 6 heures quarante-cinq à Blacy. En route le Capitaine Truc me serre la main et m'adresse ses félicitations personnelles au sujet de la remise de ma Croix de Guerre. Je l'en remercie vivement. À 7 heures je dîne, j'écris, et je me couche à 9 heures.

12 Novembre 1917

Levé à 8 heures. C'est le jour de ma fête. Encore une à passer loin des miens. Enfin!! Je m'occupe de ma voiture. Vers 10 heures on nous dit de nous tenir prêts pour partir vers la fin d la semaine dans l'Aisne où dans la Meuse. Vers 5 heures du soir on nous averti que nous partons demain matin direction Verdun. Nous sommes tous navrés. À 6 heures nous apprenons que définitivement nous partons demain matin à 8 heures et deux groupes seulement. L'un à la Fère-en-Tardenois et l'autre à Villers-Cotterêts. Enfin nous allons être débarrassés de la Meuse. Aussitôt après la soupe j'écris, je prépare mes affaires et je me couche à 10 heures.

13 Novembre 1917

Levé à 5 heures et demie. Je charge le bois de la cuisine dans ma voiture. À 8 heures nous partons à grande allure. Un peu avant Épernay je tombe en panne. je regarde et je constate que les charbons de ma magnéto sont grillé. Impossible de continuer seul. Heureusement un de mes braves amis ardéchois me prend en remorque mais comme nous allons tout doucement nous perdons le convoi et aussi nous arrivons seuls par la nuit très noire à notre point de destination qui est Villers-sur-Fère. Je mange un morceau puis très énervés nous allons dans un café boire du vin. Puis nous rentrons nous coucher. Nous sommes logés dans des barques en bois où il fait très froid mais la fatigue va sans doute nous faire dormir. Je me couche à 9 heures.

14 Novembre 1917

Je me lève à 8 heures. J'ai dormi mais j'ai eu froid. Nous procédons à notre installation. Quel brouillard il fait on ne se voit pas. Toute la journée des corvées. Nous cherchons à louer une chambre. On nous en indique une que nous aurons sans doute demain. Après la soupe j'écris puis il fait tellement froid que je me couche à 9 heures.

15 Novembre 1917

Levé à 8 heures. Je n'ai pas eu chaud de la nuit. Après la soupe je suis de corvée à l'atelier jusqu'à 4 heures. Nous avons à trois trouvé à louer une chambre où nous comptons nous installer demain. Après la soupe j'écris un peu et me couche à 9 heures.

16 Novembre 1917

Levé à 8 heures. Je bricole toute la matinée. Le tantôt nous déménageons car nous avons loué une grande pièce chez un vieux garçon idiot qui heureusement n'est pas là de la journée. Le soir nous faisons un bon feu ce qui nous fait du bien. Après la soupe j'écris. Coucher à 10 heures.

17 Novembre 1917

Levé à 8 heures. Nous avons bien dormi dans notre nouveau logement. Je vais chercher le café. À 8 heures et demie aux camions où je bricole un peu. À 11 heures et demie le Lieutenant nous rassemble pour nous interdire de coucher en ville. Je vais de suite le trouver à part et j'obtiens de rester là momentanément avec mes camarades. Le tantôt je bricole encore un peu à la voiture. Après la soupe nous faisons un bon feu et je passe la soirée à écrire. Puis je me couche à 9 heures et demie.

18 Novembre 1917

L'ont vient me réveiller à 4 heures et demie du matin pour m'avertir que je pars en service à 7 heures. je me lève à 5 heures quarante-cinq. À 7 heures nous partons deux voitures à Nesles pour charger les bagages d'un GBD (Groupement de Brancardiers Divisionnaire) Nous les transportons à Le Charmel à 15 Kilomètres de là. Le voyage est court et tout se passe bien. Nous rentrons à 3 heures de l'après-midi. Je fais un peu de toilette que je n'ai pu faire ce matin. Nous avons un bon feu dans notre pièce. Je m'y chauffe puis vient la soupe. Après j'écris un peu et je me couche à 9 heures.

19 Novembre 1917

Levé à 8 heures. Je m'occupe de ma voiture toute la matinée. Le tantôt je me repose. Après la soupe à 7 heures on vient nous prévenir qu'il y a rassemblement à 8 heures pour toucher de l'essence et de l'huile supplémentaire car nous devons partir cette nuit pour un grand transport de troupe. Environ 400 à 500 kilomètres à faire. De suite j'écris puis je me couche à 9 heures.

20 Novembre 1917

On nous réveille à 6 heures pour partir à 7 heures. À 8 heures et demie seulement nous partons pour charger de l'essence à Fère-en-Tardenois. Pendant ce temps arrive un ordre de quitter complètement la région. Quelques uns se détachent pour aller chercher nos lits et nos affaires personnelles. Nous nous chargeons notre essence et à 3 heures de l'après-midi seulement nous partons.

Nous devons suivre les voitures qui transportent les troupes pour les ravitailler en essence en cas de besoin. C'est ainsi que par la nuit noire nous partons à fond de train pour aller à Soissons puis revenir à Vie-sur-Aisne passer par Compiègne et Noyon et nous arrêter à Esmery où nous arrivons à 3 heures et demie du matin. En route un camion a pris feu et c'est toute une histoire si bien qu'il nous est interdit de coucher dans les voitures. Nous cherchons un gîte et trouvons un mauvais coin de grange au toit percé car ici les Boches on tout détruit. Nous dormons là et tant bien que mal tout habillés jusqu'à 7 heures. Ensuite à 8 heures en route;

21 Novembre 1917

Nous allons dans un petit village tout à côté où nous ravitaillons en essence les camions qui passent. Nous ne saurons pas encore à quelle heure nous repartirons d'ici ni où nous irons. La pluie tombe à verse sans discontinuer. À 3 heures nous sommes commandés à 4 voitures pour aller en dépanner 4 autres à 2 kilomètres au-delà de Vic-sur-Aisne. Nous partons en pleine nuit et nous ramenons els voitures en question. Je rentre à 4 heures et demie du matin. Là je reste sur mon siège et je dors d'un seul somme jusqu'à 7 heures et demie.

22 Novembre 1917

La journée s passe en installation bien que l'on ne sache pas si l'on restera ici longtemps. Nous trouvons un cantonnement avec des bas-flancs faits en fil de fer. À 7 heures et demie du soir je m'installe là et je dors.

23 Novembre 1917

Levé à 7 heures. J'ai eu froid toute la nuit puis les fils de fer m'on fait mal dans les reins; Toute la journée on s'occupe des voitures en vue d'un départ possible et prochain. Nous avons trouvé une casba qui fera notre affaire pour y coucher. Nous nous y installons à 7. À 4 heures de l'après-midi arrive un ordre de tout emballer et de se tenir prêts à partir dans une heure. Nous remettons tout dans les voitures. Comme à 8 heures il n'y a pas encore d'ordres nous allons nous coucher dans nos camions.

24 Novembre 1917

Levé à 8 heures. Je n'ai pas mal dormi. En fait d'ordres précipités nous n'avons pas été dérangés de la nuit. À 9 heures il faut que j'aille faire une corvée d'eau avec ma voiture. Tout l'après-midi se passe à bricoler e en installations. On chuchote toujours des bruits de départ. J'ai réinstalle mon lit dans notre Casba mais en cas de service quelconque nous devons emporter tout notre matériel avec nous. Après la soupe j'écris. il fait un vent terrible et la pluie tombe à verse. À 9 heures je me couche.

25 Novembre 1917

Levé à 7 heures et demie. Nous avons peu dormi tellement le vent et la pluie faisaient rage mais enfin je n'ai pas eu froid. La journée se passe à bricoler. Il est toujours question de départ et – nous ne partons pas. À 8 heures il fait tellement froid que je me couche

26 Novembre 1917

Levé à 8 heures. J'ai eu froid cette nuit et il gèle dehors. À peine levés nous nous débrouillons pour fouiller les ruines afin d'y trouver un poêle ce qui n'est pas très difficile. Puis je travaille un peu à ma voiture. Le tantôt nous procédons à l'installation de notre poêle que nous montons en un moment avec des tuyaux de fortune. Puis nous trouvons des poutres de chêne. Nous allumons et au bout d'un moment il fait une chaleur à ne pas tenir. Je bibelote l'après-midi puis après la soupe d'écris. Nous passons un bon moment auprès de notre feu car la pluie fait rage au dehors. Je me couche à 9 heures.

27 Novembre 1917

Levé à 8 heures et quart. La pluie tombe à verse aussi je me repose toute la matinée. Le tantôt nous sommes officiellement avertis que nous quittons le pays demain. À quelle heure on ne sait. On parle de faire un transport de troupes en s'en allant si bien que l'on parvient dans la nuit. De suite on prépare ses affaires puis nous rentrons dans notre casba où le poêle tout rouge nous attend. J'écris vite et me couche à 9 heures.

28 Novembre 1917

Levé à minuit. À une heure nous partons chercher des troupes à Estrée-en-Chaussée dans le cap des anglais. En route une petite panne de magnéto. Je ne suis pas chargé car ma voiture est en trop. Nous menons les troupes en arrière de Compiègne à Estrées-Saint-Denis. Au retour à la sortie du petit village de Champien, je casse une biellette de direction. Impossible de repartir puisque je ne puis plus diriger ma voiture. Le Lieutenant me souhaite le bonsoir en me lassant sur la route avec un brigadier et en me promettant de nous faire dépanner demain à la première heure. Là-dessus comme nous avons toutes nos affaires dans la voiture nous installons nos lits et à minuit nous nous couchons.

29 Novembre 1917

Nous avons dormi comme des plombs abrutis de fatigue. À nous nous levons nous cassons une croute avec une boîte de singe Puis je prépare l'ouvrage du mécanicien que j'attends. Il et midi et demi et je n'ai encore vu personne. À 2 heures on vient nous chercher à 3 heures nous partons et à 3 heures et demie nous sommes de retour.

À peine arrivé un jeune Lieutenant qui commandait le transport m'avertit qu'il m'a mis quatre jours de salle de police pour avoir été impoli avec lui la nuit passée. Je suis furieux. Je me débats et j'arrive à lui prouver au contraire que c'est lui qui a été grossier avec moi. Là-dessus il déchire sa punition.

À 6 heures nous somme mis en alerte pour un prochain départ. Obligés de coucher dans les camions et tout habillés ce que je fais à 9 heures et demie

30 Novembre 1917

1 Décembre 1917

Levé à 8 heures nous ne sommes pas sortis. Toute la journée se passe à bibeloter. Le soir à 6 heures nous sommes encore en alerte. Malgré tout je m'en fiche. Je me déshabille et je me couche à 9 heures.

2 Décembre 1917

Levé à 8 heures. Nous ne sommes encore pas sortis malgré l'alerte. Toute la journée se passe à flâner. Le soir après la soupe j'écris puis je me couche à 9 heures et demie.

3 Décembre 1917

Levé à 8 heures et demie. Il a fait très froid toute la nuit et il a gelé assez fort. La journée se passe encore à flâner. Le soir j'écris et je lis. Coucher à 9 heures.

4 Décembre 1917

Levé à 8 heures et demie. À minuit nous avons eu la visite des taubes qui on t survolés notre région. Ils n'ont rien fait parmi nous mais à Ham à 6 kilomètres de nous on signale 5 tués et la voie ferrée est coupée en plusieurs endroits. La journée se passe à peu près. Le soir il fait tellement froid que je couche à 9 heures.

5 Décembre 1917

Levé à 8 heures et quart. Nous avons encore été ennuyés par les taubes de minuit à 4 heures du matin. Nous ne sortons toujours pas. Nous apprenons que le bombardement la nuit dernière a été si fort à Ham que notre État-major déménage ce soir. Après le déjeuner nous sommes obligés de dégeler nos pompes d'eau car toutes ont gelés. Le soir après la soupe j'écris. Coucher à 9 heures.

6 Décembre 1917

Levé à 8 heures. Nous ne sortons pas et n'avons rien à faire. À 3heures et demie nous recevons la visite d'un Général de cantonnement totalement idiot et qui gueule sur tout. C'est honteux. Après la soupe j'écris. Coucher à 9 heures;

7 Décembre 1917

Levé à 8 heures. Toujours rien à faire. Je bibelotte toute la journée. Nous n'avons pas été bombardés la nuit dernière. Après la soupe nous attendons le courrier qui est en retard. Il arrive à 8 heures. Coucher à 9 heures.

8 Décembre 1917

Levé à 8 heures et quart. Toute la matinée je m'occupe. L'après-midi à 3 heures nous avons une petite alerte. Tout le monde aux camions car nous avons la visite d'un nouveau Chef Le Capitaine Colau. Son inspection se passe bien et à 4 heures nous sommes libres. Après la soupe j'écris et je me couche à 9 heures.

9 Décembre 1917

Levé à 8 heures. Il a plu toute la nuit et il pleut encore toute la matinée. Je fais un peu de toilette car c'est dimanche. La journée se passe à s'ennuyer. Le soir après dîner vient un camarade qui nous fait des imitations et nous récite des monologues. Ainsi se passe une partie de la soirée. Coucher à 9 heures et demie;

10 Décembre 1917

Levé à 8 heures. Le temps est un peu plus beau. Rien à faire de la journée qui se passe à s'embêter ferme. J'écris et je me couche à 9 heures.

11 Décembre 1917

Levé à 7 heures et demie. Je suis de corvée de bois. Nous allons en chercher au-dessus de Libermont. Il fait très froid car il gèle. L'après-midi se passe à s'embêter. Après la soupe j'écris puis je me couche à 9 heures.

12 Décembre 1917

Levé à 8 heures et quart. Toute la journée on attend la visite d'un Général qui finit par ne pas venir. Le canon tonne très fort ce soir sur St Quentin aussi l'on s'attend à sortir. Un peu d'écritures et coucher à 9 heures et demie.

13 Décembre 1917

Levé à 8 heures et quart. Toute la nuit le canon a tonné très fort mais cependant nous ne sommes pas sortis. Le tantôt avec un camarade je fais un gâteau de riz donc nous nous régalons le soir à la soupe. Coucher à 9 heures.

14 Décembre 1917

Levé à 8 heures et quart. Rien à faire. Je passe mon temps à repriser des chaussettes. Après la soupe, j'écris. Coucher à 9 heures.

15 Décembre 1917

Levé à 8 heures. Toujours rien à faire car nous ne sortons toujours pas. Je passe ma journée à scier du bois pour me réchauffer un peu. J'écris et me couche à 9 heures et demie.

16 Décembre 1917

Levé à 8 heures et quart. Un peu de toilette car c'est dimanche. Le tantôt à plusieurs nous faisons à pieds 8 kilomètres (aller et retour) pour aller aux environs voir une ferme où l'on fait de la motoculture. Il fait tellement froid que nous ne faisons qu'aller et revenir. En revenant il est question de départ après demain pour L'Alsace mais rien n'est encore officiel. Il fait très froid et notre petit poêle suffit à peine à nous chauffer. Je me couche à 9 heures et demie.

17 Décembre 1917

Levé à 8 heures. Le vent a soufflé en tempête toute la nuit et dehors on évalue la neige à 30 centimètres. On va déblayer les routes autour des camions. Il est toujours question de partir demain mais ce soir nous n'avons encore reçu aucun ordre officiel. J'écris un peu et me couche à 9 heures.

18 Décembre 1917

Levé à 8 heures. On parle toujours de départ. Le tantôt l'ordre nous arrive officiellement. Nous partons après demain à minuit et nous embarquons par le train pour soit Montdidier-les-Vosges ou l'Italie. En tous cas il est certain maintenant que l'on part. Après la soupe j'écris. Les taubes viennent nous déranger car ils bombardent pas très loin et cela jusqu'a 8 heures et demie. Enfin je me couche à 9 heures.

19 Décembre 1917

Levé à 8 heures. Toute la journée se passe en préparatifs. On n'arrête pas. Nous partons officiellement demain matin à 7 heures pour embarquer à Longueau seulement vendredi soir à 10 heures. Nous dînons à 4 heures et demie. Puis j'écris. Je me couche à 9 heures.

20 Décembre 1917

Levé à 5 heures. Départ à 8 heures. Tout le chemin se fait à travers la neige. Par endroit il y en a plus d'un mètre. Les prisonniers Boches travaillent partout au déblaiement des routes. Devant nous il y a deux groupes partis d'hier et ils nous retardent tellement qu'à dix heures du soir nous arrivons à Villers-Bretonneux. Là on nous fait coucher le long de là route dans nos camions avec départ à 9 heures pour demain matin. Je m'installe car je suis très fatigué. Je me suis fichu par terre et j'ai ramassé une telle pelle que j'ai très mal au poignet. Au long de la route j'ai causé anglais car nous sommes dans le secteur de ces messieurs. Je me couche à 10 heures.

21 Décembre 1917

Levé à 7 heures on se prépare mais on ne part qu'à 9 heures. À midi nous arrivons à Longueau. La gare est tellement encombrée que l'on décide de nous faire contourner à Amiens. Nous allons ranger nos voitures Boulevard du Cange. De suite nous trouvons au numéro 69 une brave femme qui nous fait manger dans sa cuisine et au chaud. Ensuite nous allons faire un tour en ville. Visite de la cathédrale et des rues principales qui sont très chics. À 5 heures nous rentrons pour la soupe et nous apprenons que nous ne partons pas avant après demain à 5 heures. Là-dessus nous dînons et je me couche à 9 heures et demie.

22 Décembre 1917

Réveil à 3 heures. Départ à 5 heures. Nous faisons 500 mètres et on nous apprend qu'on ne nous ne partons qu'à 10 heures et demie. Nous allons à la gare de Longueau où commence l'embarquement. Tout se passe bien. Nous partons à 4 heures 10. Nous couchons à 4 dans mon camion ballotté par le tain et il y fait très froid. Nous nous endormons malgré tout. Tout d'un coup on nous réveille en nous disant que le wagon où nous sommes prend feu par frottement. Je regarde. Nous sommes à Pantin à deux pas de Paris. Là-dessus on nous laisse sur une voie de garage et le train repart sans nous. Il est 4 heures du matin est nous nous remettons à dormir.

23 Décembre 1917

Je me lève à 7 heures et demie. À 8 heures je vais chez un bistro et je téléphone à Delapraz de dire à ma femme de venir me retrouver ici. Je l'attends mais en vain car à 11 heures moins 5 on nous rattache à un autre train, la réparation étant faite à notre wagon. Nous avons un froid terrible. La nuit se passe à peu près en dormant tant bien que mal.

24 Décembre 1917

Il est 7 heures et demi du matin. Nous arrivons à Thaon-les-Vosges endroit que j'ai bien connu au début de la guerre alors que j'étais dans l'infanterie. Là on débarque et nous allons à côté au village d'Igney. De suite à trois camarades nous trouvons à louer pour cinq sous par jour chacun une petite pièce où nous installons nos lits. Puis nous pouvons dîner dans la cuisine une grande pièce bien chauffée. Nous sommes chez les Maillard de braves gens dont la famille se compose du père, de la mère que de suite j'appelle grand'mère, d'une fille aînée mariée et enceinte dont je ne puis retenir le nom et que je baptise Sidonie sans savoir pourquoi. Puis d'une autre belle jeune fille de 18 ans qui s'en va malheureusement de la tuberculose. Nous dînons. J'écris quelques mots à la hâte puis je suis si fatigué que je me couche à 9 heures.

25 Décembre 1917

C'est Noel. Levé à 8 heures. J'ai bien dormi et j'en avais besoin. Je m'habille et à 10 heures nous allons à la messe militaire. Messe en musique très réussie. En sortant de là nous allons avec notre patron boire le vin blanc. À déjeuner notre patronne nous à fait un grand plat de choux rouge à la vinaigrette. Puis au dessert elle nous donne de la tarte et des frivolités. Le tantôt se passe à causer en société. Pour dîner un camarade a un poulet que nous agrémentons d'une boîte de petits pois et d'une bouteille de champagne. Nous causons encore un peu. Puis nous nous couchons à 10 heures.

26 Décembre 191 7

Levé à 7 heures. À 7 heures et demie je vais à la corvée d'essence à Épinal. Il fait très froid car il neige et gèle. Nous rentrons à midi. Le tantôt je reste au chaud et j'écris. Le soir nous dînons et prenons le vin chaud avec nos hôtes. Je me couche à 10 heures.

27 Décembre 1917

Levé à 8 heures. Toute la matinée se passe en toilette et l'après-midi à écrire. Le soir à la soupe nous mangeons un colis qu'un de nos camarades a reçu. Un superbe poulet aux olives. Après la soupe j'écris encore et me couche à 9 heures et demie.

28 Décembre 1917

Levé à 8 heures. Il neige à plein temps. On nous exige d'aller à un rassemblement ce qui ne nous fait pas plaisir. Le tantôt nous balayons la neige de la rue jusqu'à 2 heures et demie. Après la soupe nous prenons le vin chaud avec nos hôtes qui nous ont faits des pommes cuites pour fêter le départ de notre ami Espie qui rentre à l'intérieur. J'écris un peu puis me couche à 10 heures.

29 Décembre 1917

Levé à 6 heures. Nous partons à trois pour accompagner notre ami Philippe. Impossible de mettre mon camion en marche aussi à 8 heures nous y renonçons et nous l'accompagnons à pieds avec ses bagages à Thaon. Puis nous rentrons à 10 heures. L'après-midi se passe à écrire puis le soir nous faisons le vin chaud. Je me couche à 10 heures et demie.

30 Décembre 1917

Levé à 8 heures. Un peu de toilette puis je vais à la messe de 10 heures. Il fait beau aussi le tantôt je vais me promener à pieds dans la campagne bien qu'il y ait 20 centimètres de neige. À 3 heures je rentre puis j'écris. Le soir après la soupe nous causons un peu. Je me couche à 10 heures.

31 Décembre 1917

Levé à 8 heures et quart. La matinée se passe vite. Le tantôt je scie du bois puis j'écris. Le soir après la soupe la jeune malade vient nous voir et cause longuement avec nous. Coucher à 10 heures et demie.

1er Janvier 1918

Je me réveille à 7 heures et demie. À 8 heures madame Muller (Sidonie) vient m'embrasser dans mon lit pour me souhaiter la bonne année puis elle en profite pour me glisser une boule de neige dans mon lit. Blague charmante qui n'a rien de drôle car cela me force à me lever de suite. Toute la matinée ce ne sont que des souhaits. Rien n'est énervant comme d'être obligé de répondre à un tas d'étrangers alors que pour ce jour on ne peut même pas embrasser les sien.

À 10 heures je vais à la grand'messe militaire très bien chantée. Après la soupe nous allons faire un tour à la campagne mais il fait tellement froid qu'au bout d'une heure nous rentrons. Le soir après la soupe nous allons tous ensemble avec nos hôtes manger des gâteaux et faire un peu les fous jusqu'à 11 heures et demie du soir. En me couchant à minuit je trouve une poignée de sel dans mon lit ce qui force à le refaire. Décidément ils ont ici des blagues pas ordinaires. Je me recouche à minuit et demie.

2 Janvier 1918

Levé à 8 heures quarante-cinq. Après la soupe je vais avec des camarades visiter une usine de filature ce qui est très intéressant puis je rentre et j'écris. Après la soupe nous allons avec nous hôtes et nous mangeons des gâteaux en buvant le champagne que l'on nous a donné pour le jour de l'an. Je me couche à 10 heures et demi.

3 Janvier 1918

Levé à 9 heures. À 2 heures du matin j'ai été pris d'une forte crise d'entérite qui me fait bien souffrir. Après la soupe nous faisons tourner les moteurs pour les réchauffer un peu. le tantôt j'écris puis après la soupe j'écris encore. Ensuite nous causons un bon moment et je me couche à 10 heures.

4 Janvier 1918

Levé à 8 heures. Il fait très froid car il y a exactement 20 degrés au-dessous de zéro. La matinée se passe à casser du bois. Le tantôt on bibelotte un peu. Après la soupe j'écris. Nous causons et je me couche à 10 heures et demie.

5 Janvier 1918

Levé à 8 heures et demie. La matinée se passe vite. J'ai demandé une permission pour aller passer l'après-midi à Thaon. J'y vais avec Alex chercher un gâteau des Rois chez Mademoiselle Térèse Montaron avec qui je renouvelle connaissance. Puis nous faisons quelques courses et nous rentrons pour la soupe. Après la soupe j'écris. Coucher à 10 heures.

6 Janvier 1918

Levé à 8 heures. À 10 heures Page je vais à la messe. Après la soupe j'écris un peu puis nous allons tirer les Rois avec nos hôtes et la charmante femme d'un nos camarades (Lauzeral) qui a pu venir jusqu'ici pour quelques jours. Elle est très gaie et avec ma verve coutumière nous passons un bon moment à rire et à nous amuser pris. Je me couche à 11 heures.

7 Janvier 1918

Levé à 7 heures. Je suis de corvée à 7 heures et demie pour aller au bois. Nous y allons mais à moitié chemin on nous fait retourner car on ne distribue pas le bois le lundi. (Beauté du métier de n'avoir pas prévu cela) Le tantôt je retourne visiter l'usine plus en détail ce qui m'intéresse beaucoup. Après la soupe j'écris. Nous causons et je me couche à 10 heures.

8 Janvier 1918

Je me lève à 7 heures. Spectacle inattendue. Il y a 30 centimètres de neige dehors. Malgré cela nous allons au bois à 7 heures et demie. Corvée très pénible car en forêt la neige atteint 40 centimètres. Le tantôt nous balayons la neige autour de nos camions. Puis de 4 à 5 heures nous allons voir madame Lauzeral qui nous offre des gâteaux et le champagne. Charmante personne décidément. Après la soupe j'écris et me couche à 9 heures et demie.

9 Janvier 1918

Levé à 8 heures quarante-cinq. Je suis très fatigué car j'ai attrapé la grippe. La neige tombe toujours. Toute la journée je ne fais rien. Après la soupe j'écris, nous causons et je me couche à 10 heures.

10 Janvier 1918

Levé à 8 heures et demie. Le vent à balayé la neige et par endroits il y en a jusqu'à 80 centimètres. La journée se passe à rien faire. Le soir après la soupe J'écris. Nous causons un peu et je me couche à 10 heures.

11 Janvier 1918

Levé à 8 heures 20. Toute la journée se passe à remettre une toile neuve à mon lit. Après la soupe j'écris. Coucher à 10 heures.

12 Janvier 1918

Levé à 8 heures. Nous déjeunons rapidement car nous avons projetés à plusieurs camarades d'aller à Thaon visiter la blanchisserie si réputée. À midi nous partons. Àune heure nous nous présentons au portier de l'usine. Qu'il est regrettable d'être forcé d'avoir affaire à cette valetaille pour obtenir une faveur. Qu'il serait bien plus agréable d'avoir affaire à un bon chien de garde auquel on pourrait flanquer un coup de brique. Cet homme de son air le plus désagréable nous dit qu'il est impossible de visiter l'usine. Sur notre insistance à voir le directeur il nous invite à revenir à 2 heures voir le Chef du bureau.

Sur ce nous promenons notre ennui aux atouts de l'usine en réfléchissant à la meilleure façon de nous présenter pour obtenir les bonne grâces d'un monsieur qui au fond nous est totalement indifférent. Enfin à 2 heures nous revoyons l'illustre portier qui d'un air un peu moins revêche nous fait accompagner de suite au bureau du directeur. C'est pour nous, partie à moitié gagnée car nous ne doutons pas de notre éloquence pour arriver à convaincre un civil. Oui mais nous avions compté sans l'autorité militaire. À peine étions-nous à moitié chemin que nous nous entendons hélés. Nous nous retournons et apercevons une espèce de pantin en uniforme, face congestionnée, bâton à la main tenant plus du bandit que de l'honnête homme qui sans même nous demander à ce que nous faisons là nous intime l'ordre de sortir. La face rubiconde et son air totalement idiot nous force d'abord le sourire. Nous risquons une timide observation. Ce diable à quatre entre alors en furie et veut nous expulser par la force. Notre sourire se change alors en hilarité complète et c'est sans nous presser mais ahuris quand-même que nous quittons ces lieux inhospitalités. D'un civil je n'excuserais pas ce geste mais d'un ancien adjudant des colonies devenu officier par la force des choses j'excuse tout, et même je plains cet homme qu'un tel service a rendu totalement abruti.

Ah! Noble métier des armes comme je te hais mille fois plus de me forcer d'obtempérer aux ordres de gens qui ne valent pas la corde pour les pendre. Si j'avais à recommencer ma vie je me ferais palefrenier mais Militaire jamais.

En sortant de là nous entrons manger quelques gâteux chez Mademoiselle Thérèse. Comme son gracieux visage nous repose de l'immonde vision que nous venons de subir. Et dire qu'il est de ces chenapans d'officiers qui songent à s'accoupler à de pareilles beautés. Dire qu'il existe encore des gens qui ont de la passion pour l'antique culotte rouge. Ah! Comme à la place de celle-ci préférerai voir le pantalon à nœuds certainement roses de Mademoiselle Thérèse. Mais pourquoi cette mauvaise pensée puisqu'elle est je le sais bien de ce pain béni que l'on mange qu'à l'église, et qui possède ce bien chez soi ne doit pas chercher à pénétrer le sanctuaire des autres. Nous rentrons nous chauffer puis après la soupe j'écris. Je me couche à 10 heures.

13 Janvier 1918

Levé à 8 heures et demie. Je fais un peu de toilette puis nous allons à la messe militaire de 10 heures. Le tantôt je vais avec un ami faire un tour sur la route de Thaon. Au passage à niveau nous voyons deux charmantes jeunes filles qui nous tiennent la porte pour passer. Arrivés à leur hauteur nous risquons un mot auquel elles répondent de suite. Allons nous entrons en conversation Ce sont deux jeunes, filles assez intelligentes et bien éduquées. Avec leur autorisation nous poursuivons notre route avec elles et ainsi nous allons jusqu'à Thaon. En nous séparant, elles-mêmes nous tendent la main et ainsi finit une idylle d'une heure. Ensuite nous rentrons puis nous préparons notre dîner car Madame Lauzeral dîne avec nous ce soir. À 6 heures nous nous mettons à table et nous passons une charmante soirée. Naturellement je m'ingénie comme toujours à faire rire la société et j'y réussis parfaitement car Madame Lauzeral rit de bon cœur. La soirée se prolonge jusqu'à 10 heures. Je me couche à 10 heures et demie.

14 Janvier 1918

Levé à 7 heures et demie. Nous allons à l'usine toute proche où nous trouvons du coke [charbon] sur un tas de crassier. Nous en faisons tout un sac puis nous rentrons et faisons un bon feu. Le tantôt à 2 heures nous en faisons encore un voyage et ainsi nous avons de quoi nous chauffer pour un bon moment. Après la soupe j'écris puis je me couche à 10 heures.

15 Janvier 1918

Levé à 8 heures et demie. La pluie tombe et cela forme un énorme verglas aussi je ne sors pas de la matinée. Le tantôt je vais chercher la Grand' mère au lavoir et je reviens tout trempé. Après la soupe j'écris. Coucher à 10 heures.

16 Janvier 1918

Levé à 8 heures et demie. Il pleut à verse et c'est le dégel complet. Mon après-midi se passe à mettre une bâche à ma voiture. Après la soupe j'écris et me couche à 10 heures.

17 Janvier 1918

Levé à 8 heures. Matinée ordinaire. À une heure et demie, nous allons chercher du coke. Le soir nous recevons dîner madame Lauzeral. Je m'ingénie à décorer les plats du festin et c'est un vrai fou-rire. Au dessert Mademoiselle Maria Ballaut vient se joindre à nous et nous rions de plus belle. Après force bouteilles de bon vin nous nous séparons à 11 heures et demie. Je me couche à minuit.

18 Janvier 1918

Levé à 9 heures 20. Je suis un peu fatigué de la veille. La matinée passe vite. Le tantôt je fais un tour à ma voiture, puis je rentre et j'écris. le soir coucher à 10 heures.

19 Janvier 1918

Levé à 8 heures. Au rapport on nous annonce qu'il y aura maintenant appel à 7 heures le matin, rapport à 10 heures et demie. Appel à 5 heures, puis garde de nuits aux camions. C'est charmant. Pour calmer un peu mes nerfs je vais avec deux camarades jusqu'à Noméxy. Nous allons par le canal et nous revenons par la route. Une fois rentré j'écris. Après la soupe, Madame Lauzeral et Mademoiselle Ballaut viennent nous dire un petit bonsoir. On en profite pour rire un peu et je les invite toutes les deux à dîner pour demain soir. Là-dessus je me couche à 11 heures.

20 Janvier 1918

Levé à 6 heures quarante-cinq. Appel à 7 heures. À 10 heures et demie le rapport. Le tantôt je vais avec un camarade à Thaon puis nous revenons prendre un bock au Chalet Suisse. Ensuite nous rentrons préparer le dîner pour nos invitées. Elles viennent à 6 heures et jusqu'à minuit nous passons un bon moment de fou-rire. Je me couche à minuit et demi.

21 Janvier 1918

Levé à 6 heures quarante-cinq. Appel à 7 heures. La matinée se passe. le tantôt nous avons une revue d'armes à 3 heures. Le soir je vais prendre la garde de 6 à 8 heures. Je me couche à 10 heures.

22 Janvier 1918

Levé à 5 heures. Départ à 6 heures. Nous allons à Arches chercher des baraques démontables que nous transportons un kilomètre de là. Ainsi nous travaillons toute la journée et nous rentrons à 7 heures du soir. À notre retour comme j'étais Chef de Convoi, Madame Lauzeral et

Mademoiselle Ballaut nous attendaient car elles voulaient me voir rentrer en voiture. Naturellement je passe à la chine. Ensuite elles passent avec nous une partie de la soirée. J'ai attrapé un point dans les côtes aussi dès qu'elles sont partis je me couche à 9 heures et demie.

23 Janvier 1918

Levé à 8 heures et demie. Je souffre de la tête et de mon point dans les côtes aussi je prends deux comprimés d'aspirine. Puis je vais faire un tour au camion. Le tantôt j'y travaille encore puis je rentre et j'écris. Le soir nous avons à dîner Madame Lauzeral qui est sur son prochain départ puis Mademoiselle Ballaut. À 6 heures et demie nous dînons et toujours avec force rires. Le repas est accompagné de champagne. À 11 heures 50, ces dames s'en vont et nous les accompagnons jusque chez elles en blaguant très fort. Je rentre et me couche à une heure.

24 Janvier 1918

Levé à 8 heures. J'ai la tête un peu lourde. Je fais ma toilette puis le tantôt je vais aux camions. À 3 heures revue de santé (quelle idiotie). À 4 heures je rentre et ces dames nous attendent car Madame Lauzeral vient nous faire ses adieux. Nous rions un peu mais au fond je suis navré de la voir partir car c'est une bien brave femme. Après la soupe j'écris et me couche à 10 heures.

25 Janvier 1918

Levé à 4 heures et demie. Nous allons au train saluer Madame Lauzeral à son départ ce dont elle est enchantée puis je rentre et je bibelotte un peu. À 6 heures et demie je vais en corvée dans la forêt de Thaon pour y couper du bois. J'ai emporté un repas froid et j'y reste toute la journée. Je suis de retour à 4 heures littéralement esquinté. J'écris un peu et me couche à 9 heures et demie.

26 Janvier 1918

Levé à 8 heures. J'ai bien reposé. Toute la matinée je bricole puis le tantôt on nous force à être aux camions de une heure à 5 heures bien qu'il n'y ait rien à faire aussi je m'ennuie. Après la soupe j'écris. Coucher à 10 heures.

27 Janvier 1918

Levé à 8 heures. Je fais un peu de toilette puis je vais à la messe. Le tantôt nous allons faire un grand tour très joli aux bords de la Moselle, puis nous rentrons à 4 heures. Le soir j'écris et je lis un peu, puis je me couche à 10 heures

28 Janvier 1918

Levé à 8 heures. Toute la matinée je m'occupe de couture puis le tantôt j'ai demandé une permission au Lieutenant pour Alex et moi afin d'aller à la pêche. nous y allons de 2 à 4 heures et nous rapportons 170 gros vairons que Grand'mère nous fait frire à notre retour et que nous dégustons pour notre dîner. Après la soupe nous avons la visite de mademoiselle Ballaut – un très court moment. J'écris un peu et me couche à 10 heures.

29 Janvier 1918

Levé à 8 heures. À 10 heures nous passons une revue en grand équipement puis à une heure et quart on nous transporte en camions à Thaon. Là sur un terrain vague nous évoluons en vue d'une décoration de la Légion d'honneur d'un Capitaine qui doit avoir lieu demain. Ces manœuvres sont tout à fait grotesques car elles sont très al exécutés. Nous rentrons à 4 heures. Après la soupe un peu d'écriture et je me couche à 10 heures.

30 Janvier 1918

Levé à 8 heures. À 10 heures j'apprends quelque chose qui m'ennuie beaucoup. Mon ami Alex s'en va comme conducteur-mitrailleur à la GM (Groupe d'Automitrailleuses) 561 qui fait groupement avec nous. Borne rentre demain à l'intérieur. Lauzeral part ce soir en permission et moi je vais demain replacer l'infirmier pendant sa permission. Notre clan se trouve bien déglingué et je vais de ce fait me trouver seul pendant 15 jours. Nous allons à Thaon pour la fameuse décoration. Tout va à peu près et nous rentrons à Midi et demi. Dans la journée je vais prendre les consignes de mon nouveau service à l'infirmerie. Après la soupe nous allons accompagner Lauzeral qui part en train de 6 heures et demie. Ensuite je rentre et j'écris. Je me couche à 10 heures.

31 Janvier 1918

Levé à 8 heures. À 9 heures je vais à l'infirmerie prendre mon nouveau service. Les docteurs Lubert et Häys sont très gentils et nous nous entendons for bien. Le service n'est d'ailleurs pas très compliqué. À une heure je fais mes adieux à mon ami Borne qui rentre à l'intérieur mais ma joie est grande quand je le voir revenir à la soupe. Il dîne et couche dans ma chambre car il ne part que demain. Après la soupe nous allons un peu au café. Je couche à 10 heures et demie.

1 Février 1918

Levé à 8 heures. Mon ami Borne est parti à 7 heures. À 9 heures je vais à l'infirmerie. À 10 dix heures la visite. À 2 heures nous recevons les adieux de notre Capitaine turc qui lui aussi rentre à l'intérieur. Ensuite je passe la journée à l'infirmerie où je fais des pansements, puis après la soupe j'écris. Je lis un moment et me couche à 10 heures.

2 Février 1918

À minuit et quart nous sommes réveillés en sursaut. Il y a alerte. Tout le monde prêt à partir en une demi-heure, moteurs tournants. On se précipite un peu sans affolement toutefois se demandent si l'on part réellement. Au bout d'un instant nous apprenons que c n'est qu'un exercice et après la visite du Capitaine Kock on nous renvoie nous coucher à une heure et demie. Je me recouche mais j'ai tellement froid aux pieds qu'à 3 heures je ne dors pas encore. Je me lève à 8 heures. À 10 et demie la visite. Le Major est toujours très aimable. Le tantôt on m'amène une fille d'usine qui s'est entré très profondément une écharde sous l'ongle. Je fais mon petit chirurgien en l'opérant au au bistouri. Elle me demande ce qu'elle me doit pour ma peine. Je réclame deux bons baisers qu'elle me donne de grand cœur. La soirée se passe ainsi. Je suis toujours seul et je m'ennuie. Après la soupe j'écris. Je lis et je me couche à 9 heures et demie.

3 Février 1918

Je me lève à 8 heures et quart. À 10 heures et demie la visite. À 11 heures je suis demandé par un Lieutenant pour un de ses hommes malade. Je m'y rends de suite. Il a attrapé un coup de froid. Le tantôt je lui pose des ventouses. L'après-midi se passe ainsi de côté et d'autre. Le soir j'écris. À 9 heures et demie je prends un bon bain de pieds. Puis je me couche à 10 heures.

4 Février 1918

Levé à 8 heures. La visite à 10 heures et demie. Tout l'après-midi je flâne et je m'ennuie ferme. Je lis un peu. Coucher à 10 heures.

5 Février 1918

À 5 heures je suis réveillé par les cris de Grand'mère qui retentissent dans toute la maison. Suzanne la pauvre malade s'est éteinte sans souffrance victime de son mal. J'en suis atterré. Toute la maison est en branle-bas. À 8 heures je me lève puis j'aide un peu tous ces braves gens qui sont dans la peine. Je vais saluer le pauvre corps décharné qui repose paisiblement. Puis la journée se passe. L'après-midi je fais une visite des cantonnements avec le Major. Tout va bien. Le soir après la soupe je passe la veillée avec Sidonie. Puis j'écris. Nous restons ainsi jusqu'à une heure du matin. Enfin esquinté je me couche. Il est une heure et demie.

6 Février 1918

Levé à 8 heures. J'ai peu dormi. À 10 heures et demie La visite. L'après-midi se passe à faire des pansements. Le soir après la soupe, Alex retour de Luxeuil-les-Bains vient me voir. Il va coucher cette nuit avec moi. Nous causons un peu et je me couche à minuit et demie.

7 Février 1918

Levé à 7 heures et demie. Il faut que je donne un coup de mains à mes braves gens car l'enterrement a lieu à 9 heures et demie. J'aide à la mise en bière. À 9 heures je laisse tout le monde partir et avec un camarade nous installons dans une chambre une grande table qui doit servir pour le repas. Ensuite je rejoins à l'église. Puis au cimetière un fossoyeur et seul et ne peut tout faire. Alors avec un camarade nous l'aidais à descendre le cercueil en terre. Puis chacun rentre chez soi. Nous déjeunons tranquillement dans notre chambre pendant que dans la pièce à côté ce ne sont que des rires et des éclats de vois. Cela me choque tellement que c'est fort que moi. Je me sauve à L'infirmerie où je passe mon après-midi. Le soir Grand'mère nous a invité à dîner et nous sommes 10 à table. La soirée n'est pas trop triste mais tous ces gens sont fatigués aussi à 8 heures et demie nous les laissons aller se reposer. je rentre dans ma chambre et couche à 9 heures et demie.

8 Février 1918

Levé à 7 heures et demie. J'aide à ranger la vaisselle de la veille. À dix heures et demie la visite. Tout l'après-midi des pansements. Le soir Alex vient dîner avec moi. Après la soupe j'écris. Je me couche à 11 heures.

9 Février 1918

Levé à 8 heures. La visite à 10 heures et demie. Le tantôt je vais en vélo à Thaon pour chercher des médicaments. J'en profite pour voir Alex. À mon retour je trouve un branle-bas général. On nous change de cantonnement pour aller à l'autre bout du pays. Il va falloir quitter demain les braves gens chez qui je suis depuis six semaines. J'ai trouvé de suite un autre chambre avec un lit où je pense je serai bien. Le soir après la soupe je vais un peu au café. Puis je rentre écrire et me couche à 10 heures et demie.

10 Février 1918

Levé à 7 heures. À 8 heures nous déménageons et je vais prendre possession de ma nouvelle chambre. À 10 heures la visite. Les bruits de plus divers circulent sur un futur et prochain départ. Le tantôt Alex vient et nous passons l'après-midi ensemble. Il reste à dîner avec moi et chez Grand'mère car elle ne veut pas que je mange ailleurs que chez elle. À 8 heures je reconduis Alex un bout de chemin. Puis j'entre dans ma nouvelle chambre où je me couche à 9 heures.

11 Février 1918

Levé à 8 heures. J'ai bien dormi dans mon nouveau lit. Je vais à la visite à 10 heures. Là j'apprends que notre Lieutenant part le 15 pour Salonique et que nous devons partir ce même 15 pour Darney mais rien n'est encore décidé. L'après-midi se passe à peu près. Le soir je vais faire une partie au café avec des camarades. Puis je rentre me coucher à 9 heures.

12 Février 1918

Levé à 8 heures. Il est toujours question de départ mais on ne sait rien d'exact. À 11 heures le major n'est pas encore venu aussi je ne l'attends pas plus longtemps et je vais à la soupe. Le tantôt je vais à l'infirmerie où j'écris. À 2 heures et demie le Lieutenant réunit la section pour lui faire ses adieux. Je n'y vais pas et fort heureusement car la revue est plutôt pénible. Trois seulement lui serrent la main et les autres refusent. Il en a les larmes aux yeux. Une demie heure après il vient me voir à l'infirmerie pour me dire au revoir et me raconter se malheurs. Comme personnellement je n'ai rien à lui reprocher je lui sers la main et nous causons ensemble un bon moment. Le soir après la soupe Alex vient me rendre visite. Nous allons au café et je le raccompagne. En rentrant chez moi ma nouvelle propriétaire Madame La Sauce me fait manger des beignets de carnaval et nous causons jusqu'à 10 heures. Je me couche à 10 heures et demie.

13 Février 1918

Levé à 8 heures. À 10 heures la visite. On dit que notre groupe est dissous et que notre section va être versée au groupe Heusch. De ce fait nous irions à Chavelot mais on ne sait quand encore. Le tantôt je vais à l'infirmerie pour écrire. Le soir après la soupe je vais au café avec quelques camarades puis je rentre me coucher à 9 heures.

14 Février 1918

Levé à 8 heures. À 10 heures la visite. Maintenant on dit que nous allons passer au groupe Lecomte et que nous resterons dans le pays mais rien n'est encore certain. Le tantôt je vais à l'infirmerie et j'y écris. Le soir je fais une partie de cartes. Coucher à 9 heures et demie.

15 Février 1918

Levé à 8 heures. Je suis à l'infirmerie. Mon camarade est rentré de permission aussi je lui rends sa poste. Toute la journée je flâne. Nous avons trouvé du tabac aussi je fais des cigarettes. Le soir un tour au café et je e couche à 9 heures.

16 Février 1918

Levé à 8 heures. Je scie un peu de bois pour me distraire. Mon ami Lauzeral est rentré. Nous mangeons ensemble puis je l'installe dans ma chambre. Le soir nous allons un peu au café et je me couche à 9 heures.

17 Février 1918

Levé à 8 heures. À 10 heures je vais à la messe. Le tantôt avec Lauzeral nous allons jusqu'à Thaon puis nous rentrons par le canal. Ensuite j'écris. Le soir nous allons au café où je m'amuse à chanter en public. Coucher à 9 heures et demie.

18 Février 1918

Levé à 8 heures. À 10 heures on nous annonce un nouveau Lieutenant qui paraît-il n'est pas commode. Le tantôt on nous fait encore déménager et on nous emmène dans les cités de l'usine. De suite avec Lauzeral je trouve à louer une chambre mais nous ne l'habiterons que demain. Le soir nous sommes invités chez les Ballaut à faire une partie de cartes. Vers 9 heures on nous offre le thé avec des petits gâteux et de la mirabelle. Ces gens sont tout à fait charmants et il faut leur promettre de revenir. Je me couche à 10 heures.

19 Février 1918

Levé à 7 heures. À 10 heures nous sommes réunis pour notre nouveau Lieutenant qui nous fait un discours des plus filandreux. Il n'a pas l'air très sympathique. Le tantôt à 2 heures je me sauve chez Grand'mère où j'écris. Le soir nous allons un peu au café puis je me couche à 9 heures.

20 Février 1918

Levé à 8 heures. Il a fait très froid et j'ai été gelé toute la nuit. Je fais un peu de toilette et la matinée se passe à peu près. Le canon tonne très fort au loin. L'après-midi je reste dans ma chambre et j'écris.

21 Février 1918

Levé à 8 heures. Toute la matinée se passe à flâner. Comme nous n'avons encore pas eu chaud la nuit dernière, nous montons notre poêle dans notre chambre ce qui nous prend un moment puis nous allons marauder du coke. Le soir après la soupe nous faisons un bon feu auprès duquel j'écris. Je me couche à 10 heures et demie.

22 Février 1918

Réveillés en sursaut à 4 heures quarante-cinq. À 5 heures quarante-cinq, départ. Nous allons faire un transport de Bulh au Col de la Chipotte. Arrivés là nous sommes 8 voitures de trop aussi j'en profite pour rentrer et je suis de retour à 10 heures. À la gelée succède la pluie qui ne décesse pas de la journée. Le tantôt je fais un bon feu dans ma chambre et j'écris. Le soir après la soupe je vais chez Grand' mère où un camarade nous a invités à manger des gaufres. On s'amuse un peu et l'on rit beaucoup. Je rentre à 9 heures et me couche à 9 heures et demie.

23 Février 1918

Levé à 8 heures. À 9 heures je vais laver ma voiture. Le tantôt nous avons une revue de notre nouveau Capitaine – le Capitaine Lecomte. Il me demande à voir ma citation et me félicite sur ma belle conduite. À 2 heures quarante-cinq, je rentre dans ma chambre et j'écris. Après la soupe nous allons un peu au café puis nous rentrons faire un bon feu. Je lis un peu et me couche à 10 heures.

24 Février 1918

Levé à 8 heures. À 10 heures nous allons à la messe. Le tantôt nous restons dans notre chambre et j'en profite pour mettre ma correspondance à jour. Le soir nous allons au café. En rentrant je lis un peu et me couche à 10 heures et demie.

25 Février 1918

Levé à 8 heures. La matinée se passe à nettoyer les outils et à 2 heures on en passe al revue. Ensuite je rentre dans ma chambre et j'écris. Le soir après la soupe nous allons chez les Ballaut mais comme Mademoiselle Maria est seule nous ne restons qu'un petit moment. Nous rentrons. Je lis un peu et me couche à 9 heures et demie.

26 Février 1918

Levé à 8 heures et demie. Rien à faire. Le tantôt nous allons chercher du coke. Puis je rentre dans ma chambre et j'écris. Après la soupe nous allons au café. Comme je n'ai pas sommeil je me mets à lire et me couche à 11 heures et demie.

27 Février 1918

Levé à 8 heures. Il a gelé très fort et il pleut maintenant. Rien à faire de la journée. Ce soir je suis de garde jusqu'à demain 7 heures du matin. Le tantôt j'écris. Le soir à 7 heures je vais à la garde. Je la prends de 9 à 11 heures. Ensuite je m'étends un peu sur un brancard mais le poste de police est tellement froid je renonce à dormir et je me promène de long et large. Puis je reprends la garde de 3 à 5 heures du matin. À 3 heures quarante-cinq, j'ai tellement froid que je lâche tout et que je rentre chez moi. Je me couche à 4 heures.

28 Février 1918

Levé à 9 heures. Je ne fais rien de la matinée. Le tantôt j'écris puis après la soupe nous allons un peu au café et ensuite à 7 heures et demie nous allons voir les Ballaut. Très gentils ils nous offrent une tasse de thé. Nous les quittons à 10 heures et demie. Je me couche à 11 heures.

1er Mars 1918

Levé à 9 heures. La matinée passe vite. Le tantôt il nous faut aller aux camions de une à 2 heures. Ensuite je rentre et j'écris. Le soir nous allons un moment voir Grand'mère puis nous rentrons. Je lis un peu et je me couche à 11 heures.

2 Mars 1918

Levé à 8 heures. Rien à Faire. Le tantôt nous allons chercher du coke puis je rentre écrire. Le soir nous allons un peu au café. Je me couche à 10 heures.

3 Mars 1918

Levé à 8 heures. À 10 heures je vais passer la visite pour partir en permission demain. Le tantôt nous allons faire un tour et prendre le café chez les Ballaut. Nous rentrons vers 4 heurs. Le soir un peu au café, un pue de lecture et je me couche à 10 dix heures.

4 Mars 1918

Levé à 7 heures et demie. Je vais au bureau voir le Lieutenant qui me dit en effet que je pars en permission. De suite je range mes affaires et m'habille. Je vais dire au revoir à Grand'mère et à Maria puis je reviens. Une forte émotion car on nous dit que les permissions sont supprimées. Mais tout s'arrange. Je déjeune très vite et avec un camarade nous prenons le train à 11 onze heures vingt-cinq. Il neige à plein temps. Le voyage se passe bien mais avec beaucoup de retard

5 Mars 1918

Arrivé à Paris à 10 heures. Visa de permission. Distribution des bons de faim. Le métro et je suis chez moi à 10 heures et demie. Vivement ma toilette. À midi je vais chercher ma femme à son bureau. Le tantôt elle est libre et ainsi pour 4 jours et demie. Nous allons voir ma mère puis ma fille. Nous rentrons dîner puis nous allons passer un moment chez Delapraz d'où nous rentrons à 11 heures. Coucher à 11 heures et demie.

6 Mars 1918

Levé à 9 heures. Toute la journée je reste à la maison. Le soir nous allons voir des amis en face. Je me couche à 10 heures.

7 Mars 1918

Levé à 9 heures. Nous allons déjeuner à Puteaux. Le tantôt nous faisons quelques visites et le soir nous dînons chez ma sœur Maire. Coucher à 11 heures.

8 Mars 1918

Levé à 9 heures. Sur le tantôt nous faisons quelques visites puis nous dînons à Paris et nous allons à La Scala. Au premier entracte à 8 heures quarante-cinq nous avons une alerte. De suite nous nous refugions dans le métro de la Porte St. Denis. Nous restons là 3 heures et je m'endors profondément sur une marche de l'escalier. Enfin le métro remarche. Nous le prenons et rentrons à deux heures du matin. Nous mangeons et je me couche à 3 heures.

9 Mars 1918

Je reste toute la journée à la maison. Le soir à 6 heures nous allons chercher notre fille à la pension et nous la ramenons avec nous. Je me couche à 10 heures.

10 Mars 1918

Levé à 9 heures. Nous nous habillons et nous allons déjeuner chez ma mère. Toute la journée se passe en famille. Le soir nous dînons chez ma sœur Marie et nous rentrons à 10 heures.

11 Mars 1918

Levé à 9 heures. Je m'occupe du jardin puis je reconduis ma fille à la pension et je vais chercher ma femme au bureau pour aller déjeuner car elle a repris sont travail ce matin. Le tantôt je m'occupe encore au jardin puis à 7 heures et demie nous dînons. Le soir à 9 heures et demie que j'écris dans mon bureau un coup de canon puis la sirène. C'est une alerte. Nous allons en face chez Madame Hollunde et y restons tout le temps que les Gothas sont là. C'est effrayant car cela tombe un peu partout. L'alerte finit à minuit et demie. Je me couche à une heure et quart.

12 Mars 1918

Je suis réveillé à 8 heures et l'on m'apprend qu'une bombe est tombée tout près de la pension de ma fille. J'y cours en toute hâte. Elle est en effet tombée sur une maison en face et a fait des dégâts. À midi je vais chercher ma femme à son bureau. Paris a cette fois encore été très touché. En autre le Ministère de la Guerre où le feu s'est déclaré. Le tantôt je vais faire quelques visites puis je rentre et je m'occupe de mon jardin. Le soir après dîner nous allons un moment chez Madame Lefèvre. Nous rentrons. Je lis un peu et me couche à 10 heures et demie.

13 Mars 1918

Levé à 9 heures. Je travaille au jardin. À 10 heures et demie je vais voir ma fille puis je vais chercher Nénette Lacroix. À midi nous retrouvons devant l'Hôtel Moderne ma femme et Théo. Celui-ci nous invite à déjeuner chez Gruber. Ensuite je rentre à la maison. À 7 heures je vais chercher ma femme et nous allons dîner chez ma mère où nous restons couchés. Je me couche à 11 heures.

14 Mars 1918

Levé à 8 heures. Ma femme qui est un peu souffrante ne va pas travailler et reste toute la journée avec moi. Tout l'après-midi je travaille au jardin. Le soir je lis un peu et me couche à 11 heures.

15 Mars 1918

Levé à 9 heures. À midi je vais chercher ma femme au bureau. Nous déjeunons ensemble puis nous nous promenons sur le boulevard en attendant Maurice Jourdan qui nous a donné rendez-vous et qui ne vient pas. Tout à coup à une heure quarante-cinq, deux explosions formidables. Tout le monde ne songe qu'aux Gothas et se met à l'abri. Avec ma femme nous courrons dans la cave du 90 Bd. Beaumarchais. Peu après nous apprenons que c'est une usine de grenades qui a sauté à la Courneuve et que les dégâts sont effrayants. Nous sortons et partout sur notre chemin ce ne sont que des débris de vitres brisées par la force de l'explosion. Je vais faire quelques courses puis je rentre à la maison. Le soir nous allons dîner chez les Delapraz qui nous reçoivent fort bien. Nous les quittons à 11 heures. Je me couche à 11 heures et demie.

16 Mars 1918

Levé à 8 heures. À 10 heures et demie je vais à Joinville voir M. Gosset qui m'a donné rendez-vous pour tâcher de me faire entrer dans son usine. Il me retient à déjeuner et je repars à 2 heures avec lui à Paris. De là je vais voir M. Calton et les Jourdan et Morret. Puis je rentre chez moi à 7 heures. Après le dîner je lis un peu et me couche à 11 heures.

17 Mars 1918

Levé à 8 heures. Je vais à la gare faire timbrer ma permission. Puis je vais dire au revoir aux Delapraz qui m'offrent le champagne. Ensuite nous allons déjeuner chez ma mère. Le tantôt j'aide Georges à faire le jardin. À 6 heures nous allons voir les Longuet. À 6 heures et demie nous rentrons. Je prépare mes affaires pour partir le lendemain. Puis nous dînons et je me couche à 11 heures et demie.

18 Mars 1918

Levé à 7 heures et demie. À 8 heures et demie je quitte la maison. En passant nous remettons ma fille à l'école. Ma femme m'accompagne à la gare. À 9 heures et demie je trouve mon ami Malfroy à qui j'avais donné rendez-vous. Je quitte ma femme à 9 heures quarante-cinq. Nous prenons le train qui part à 10 heures trente-cinq. Voyage long et pénible qui dure jusqu'à 6 heures du matin.

19 Mars 1918

En débarquant je vais faire un tour dans ma chambre où rien n'est changé puis je vais à la cuisine prendre le café. Un bonjour à tous les amis. je me rase et fais une toilette en règle. Il n'ya toujours paraît-il aucun travail à faire. Tout l'après-midi j'écris. Le soir après la soupe je vais voir Grand'mère et Sidonie qui sont enchantées de me revoir. Puis avec Lauzeral nous allons chez les Ballaut pour y passer la soirée. Tous sont heureux de me retrouver et surtout Mademoiselle Maria qui toujours taquine me prend un petit mouchoir de soie que j'ai apporté et qu'elle ne veut pas me rendre. Nous prenons des petits gâteaux puis le thé avec de la mirabelle. Nous les quittons à 10 heures. je me couche à 10 heures et demie.

20 Mars 1918

J'ai dormi d'un sommeil de plomb. Rien à faire. Tout l'après-midi j'écris.
Le soir nous allons un peu au café, puis je lis et me couche à 10 heures.

21 Mars 1918

Levé à 6 heures et demie. À 7 heures et demie je vais dans les bois de
Thaon pour y couper du bois. Le travail se fait assez vite et je suis de
retour à 3 heures et quart. Je rentre, j'écris, puis je fais ma toilette. Le
soir après la soupe nous allons passer la soirée chez les Ballaut où nous
faisons une partie de cartes. Nous prenons le thé à la mirabelle et nous
rentrons à 11 heures. Je me couche à 11 heures et demie.

22 Mars 1918

Levé à 8 heures et demie. Au rapport on nous avertit que nous partons
le 31 pour 10 jours à Gérardner. Tant mieux cela fera un peu diversion.
L'après-midi se passe à mettre un peu d'ordre dans mes affaires. Le
soir je suis de garde. D'abord d 8 à 10 heures puis de 2 à 3 heures et
quart du matin. Je me couche à 4 heures.

23 Mars 1918

Levé à 8 heures et demie. Toujours rien à faire. La journée se passe à
écrire. Le soir nous allons chez les Ballaut d'où nous rentrons à 11
heures et demie. Je me couche à minuit.

24 Mars 1918

Réveillé à une heure du matin. Nous partons à 2 heures. Nous allons
charger des troupes à Seichamps et les transportons à Azerailles. Puis
nous revenons et rentrons à 11 heures du soir. Je mange un peu en
rentrant et me couche à 11 heures et demie.

25 Mars 1918

Levé à 8 heures quarante-cinq. Je m'occupe de ma voiture. À 11 heures il arrive un ordre de partir à 2 heures pour Charmes. À 2 heures tout est prêt. À 2 heures et demie un nouvel ordre. On ne part pas et chacun reprend sa place. On se réoccupe des voitures. Il est prévu un grand transport avec déménagement pour cette nuit aussi. L'on se tient prêt. Nous allons un moment chez les Maillard et chez les Ballaut puis nous rentrons à 9 heures et demie. Je me couche à 10 heures.

26 Mars 1918

Levé à 7 heures et demie. Il n'y a rien eu la nuit. À 10 heures et demie, arrive un ordre d'être prêts à partir à 11 heures. On emballe à nouveau puis on attend. À 4 heures départ. Nous couchons deux heures sur la route à Neufchâteau.

27 Mars 1918

Partis à 3 heures du matin. Nous allons charger à Naives-en-Blois. Je prends en remorque une cuisine roulante et je la mène à Cramant ce qui demande toute la nuit. À 5 heures du matin nous arrivons à Gionges. À 11 heures et demie nouveau départ. Nous allons charger des troupes à Bouy et nous passons trois jours à les mener à Ailly-sur-Noye. Nous ne nous arrêtons plus que pour faire le plein d'essence. Nous mangeons en conduisant et nous ne dormons pas.

28 Mars 1918

Nous roulons toujours. Je reste en panne à 3 kilomètres de Château-Thierry pour mon magnéto. Je passe une partie de la nuit à la réparer avec le mécanicien.

29 Mars 1918

Nous roulons toujours. Je me ravitaille à Château-Thierry. Le soir nous arrivons à Villers-Cotterêts où nous faisons une halte.

30 Mars 1918

Nous repartons. Nous restons toute la journée et la nuit en route.

31 Mars 1918

Arrivés à Ailly-sur-Noye à 4 heures du matin. Nous déposons les troupes et nous repartons aussitôt nous dirigeant sur Vauchamps. Enfin arrivées à Crépy-en-Valois nous faisons halte pour la nuit.

1er Avril 1918

À trois du matin nous repartons. En route toute la journée et toute la nuit. Arrivés à Vauchamps à 4 heures 45 du matin.

2 Avril 1918

À 7 heures nous repartons pour Sevran-Livry. Nous voyageons toute la journée. Arrivés à 11 heures et demie du soir où toute la section se rencontre. Enfin je me couche un peu dans ma voiture. J'en ai besoin car depuis le départ j'ai toujours été seul et sans aucun aide.

3 Avril 1918

Départ de Sevran-Livry à 7 heures du matin. Nous allons à Luzères pour y faire des transports de munitions. Voyageons toute la journée et une partie de la nuit

4 Avril 1918

Arrivés à Luzères à 4 heures et demie du matin. Vanné et rompu je me couche de suite. je me lève à 9 heures. J'ai dormi un peu. Dès 7 heures du soir un service de munitions mais comme je suis seul conducteur sur ma voiture je n'en suis pas. J'en profite pour écrire un peu et je me couche à 10 heures toujours dans mon camion.

5 Avril 1918

Réveillé à 6 heures et demie. Départ à 7 heures et demie. Nous transportons des obus de la gare de Conty à Cottenchy. Ce service dure toute la journée et toute la nuit

6 Avril 1918

Je rentre à midi tout à fait rompu. De suite ma voiture repart dans les mains d'un autre. J'en profite pour écrire. En provision d'un départ je me couche à 8 heures.

7 Avril 1918

J'ai dormi toute la nuit. À 8 heures départ. Je vais charger à la gare de Conty de 155 long pour les décharger à Mesnil-Saint-Firmin. Le convoi est dur et pénible – dure toute la journée et toute la nuit. Nous nous perdons et je finis par rentrer seul à 2 heures du matin.

8 Avril 1918

Je me suis couché à 3 heures. Je me lève à 8 heures. Je vais faire faire une réparation à la pompe d'eau de ma voiture. Puis je vais déjeuner chez des braves gens où nous mangeons une bonne omelette au lard ce qui me remet un peu. Le tantôt je vais à l'atelier. Le soir je fais un petit tour et je me couche à 9 heures.

9 Avril 1918

Levé à 8 heures et demie. Il n'y a pas eu de service aussi j'ai dormi toute la nuit. le tantôt je m'occupe de ma voiture jusqu'à 3 heures, puis j'écris. À 5 heures et demie, je suis désigné pour partir. Nous allons à 24 voitures charger à la gare de Quevauvillers les vivres d'un État-major J'ai de la chance d'être en trop si bien que je rentre au cantonnement à minuit. Je me couche à Une heure.

10 Avril 1918

Levé à 7 heures et demie. Je prépare ma voiture qui à 8 heures repart avec un autre. Ensuite je m'occupe un peu de ma toilette. Le tantôt ma voiture rentre à la ficelle et a besoin d'une légère réparation. Après la soupe j'écris et je me couche à 9 heures.

11 Avril 1918

Levé à 7 heures et demie. Départ à 9 heures et quart mais su une autre voiture car la mienne n'est pas prête. Nous allons charger des 155 à Bacouël pour les transporter au bois Bernard. Très mauvaise route. Trajet dur, long et pénible. Nous rentrons à une heure et demie du matin. Je me couche à 2 heures.

12 Avril 1918

Levé à 8 heures. Je prépare ma voiture qui part avec un autre; Puis je m'occupe un peu de moi. L'après-midi j'écris. À 3 heures et demie ma voiture rentre avec la pompe d'eau abîmée. Il faudra que je m'en occupe demain. Le soir je vais faire un petit tour puis je me couche à 10 heures.

13 Avril 1918

Levé à 8 heures. Je m'occupe de ma réparation. Je ne me presse pas et cela dure la journée. Le soir après la soupe je vais faire un petit tour au village de Conty. Je me couche à 9 heures et demie.

14 Avril 1918

Levé à 8 heures. Pour un jour nous avons officiellement repos aussi j'en profite pour mettre un peu d'ordre dans mes affaires. L'après-midi j'écris et le soir après la soupe je vais faire un tour. Je me couche à 9 heures.

15 Avril 1918

Levé à 4 heures. Départ à 4 heures quarante-cinq. Nous allons charger à la gare de Namps-Quevauvillers. En route une panne me retarde et de ce fait je ne charge pas. je rentre à vide au cantonnement où je suis de retour à 3 heures. Je m'occupe de la réparation à ma voiture. J'écris. Après la soupe je fais un tour. Coucher à 9 heures.

16 Avril 1918

Levé à 8 heures. Toute ma journée se passe à l'atelier. Le soir après la soupe nous allons passer un moment au café à Conty. Je rentre et me couche à 9 heures et demie.

17 Avril 1918

Levé à 8 heures. Départ à midi. Nous allons à la garde de Conty où nous ne chargeons qu'à 4 heures. De là nous allons au dépôt de Flers-sur-Noye. Je rentre à 7 heures. Je dîne et vais faire un petit tour. Aujourd'hui deux ans que je suis à la section. Coucher à 9 heures et demie.

18 Avril 1918

Levé à 8 heures. À 10 heures je vais essayer ma voiture qui sort de l'atelier. Le tantôt j'écris. Le soir je vais faire un tour et me couche à 9 heures et demie.

19 Avril 1918

Levé à 5 heures et demie. Départ à 6 heures et demie. Nous allons charger à la gare de Conty pour aller à Flers-sur-Noye. Puis nous faisons un deuxième tour puis un troisième à Oresmaux. Je rentre à 11 heures et demie et me couche à minuit.

20 Avril 1918

Levé à 8 heures et demie. J'ai aujourd'hui 40 ans. Je vais m'occuper de mon camion quand à 10 heures le Lieutenant me fait appeler et me demande si je veux être son chauffeur sur une Delaunay-Belleville qu'il vient de toucher. Le lieutenant que nous avons s'appelle Despins et c'est un très chic type.

Ne plus faire de camion rouler sur une touriste avec des pneus certes la chose me tente mais je sais que le travail qui m'attend sera dur quand même. Enfin après un peu de réflexion je pose mes conditions au Lieutenant. Chauffeur et mécanicien tant qu'il voudra mais pas son domestique. En riant je lui conseille au départ de ne pas oublier son repas froid car je ne partagerais pas le mien avec lui. Puis je le préviens que je n'aime pas beaucoup les observations et que j'ai beaucoup de mauvais caractère. Là-dessus il me passe une forte pommade – me dit qu'il aime ma franchise me sait très bon conducteur qu'il a un ordonnance pour son service personnel que nous nous entendrons certaine ment très bien et me demande enfin d'accepter sa proposition. Je me décide et j'accepte.

Je vais voir la voiture. C'est une superbe torpédo d'une vingtaine de chevaux qui a appartenu à un nommé Barino, Boulevard des Invalides à Paris. Son départ est d'être un peu lent à se mettre en action et de ne pas s'arrêter toujours facilement. Les freins seront à surveiller. D'autre part elle fait plutôt vite. Je la prends. Je l'essaye et la pousse doucement à 70. Elle marche bien mais on sent un petit manque de mise au point. Je verrai cela demain. Le soir après la soupe je vais à Conty et me couche à 10 heures.

21 Avril 1918

Levé à 6 heures. Nous partons à 6 heures et demie pour charger à Conty où nous restons toute la matinée. Ma touriste tire mal aussi le tantôt je sors tout l'après-midi avec le Lieutenant de l'atelier pour la mettre au point. Nous rentrons à 7 heures. Je dîne. J'écris et me couche à 11 heures.

22 Avril 1918

Quinze ans de mariage. Levé à 5 heures et demie. Départ à 6 heures et quart. Mon Lieutenant est de service à la gare de Bacouël. Nous y sommes à 7 heures et restons là toute la matinée. L'après-midi je vais sur son ordre conduire un Lieutenant à Saint Sauflieu puis je reviens à la gare de Bacouel où je fais encore la pose. Entretemps je trouve une coopérative anglaise où j'achète des cigarettes: 500 pour mon lieutenant et 500 pour moi. À 6 heures du soir nous quittons la gare et nous allons rendre compte de notre mission au Groupement 14 à Fleury puis un Groupement 15 à Monsures. Enfin nous rentrons à 7 heures. Je dîne. J'écris et me couche à 10 heures.

23 Avril 1918

Levé à 4 heures quarante-cinq. Départ à 5 heures et demie. Service de convoi de munitions entre Conty et Oresmaux. Nous faisons trois fois le voyage puis une fois à Jumel. Ensuite nous allons faire une course à Dury puis nous rentrons à 7 heures. Je dîne et me couche à 9 heures

24 Avril 1918

Levé à 6 heures. Départ à 7 heures. Mon Lieutenant est de service au déchargement à Oresmaux. Nous restons là toute la journée. Nous en repartons à 5 heures. Je rentre à 5 heures et quart. Je dîne et me couche à 9 heures et demie.

25 Avril 1918

Levé à 8 heures. Je n'ai pas de service. J'en profite pour laver ma voiture. À 10 heures je mets en marche pour aller à Monsures. Le tantôt je pars à 2 heures et demie pour aller avec Page 610 le Lieutenant reconnaître des cantonnements car nous devons quitter Luzières demain. Nous faisons ainsi plus de 100 kilomètres sans trouver notre affaire. Nous rentrons à 5 heures et quart. Je fais un tour. Coucher à 10 heures.

26 Avril 1918

Levé à 5 heures. Départ à 6 heures et quart. Nous allons charger en gare de Conty pour aller à Hébécourt. Je fais avec ma voiture 4 fois le trajet. À 7 heures du soir nous rentrons à Luzières pour faire le déménagement. La route est embouteillée et nous devons attendre jusqu'à 9 heures avant de partir. Enfin nous partons et à 10 heures nous arrivons àTaisnil. Je fais un lit dans ma touriste et me couche à 10 heures et demie.

27 Avril 1918

Levé à 6 heures. J'ai peu dormi car j'étais plié en deux dans ma voiture et je n'ai pas eu chaud. je ne sors pas aujourd'hui aussi j'en profite pour m'occuper fortement de ma voiture pus à plusieurs nous nous occupons de trouver un cantonnement. Je dégote une pièce que nous nettoyons et nous nous y installons à cinq. Le soir j'écris un peu. Coucher à 9 heures et demie.

28 Avril 1918

Levé à 8 heures. Je ne sors pas encore aujourd'hui. On dirait que le service se tasse un peu. La journée se passe encore après ma voiture qui a besoin de beaucoup de soins. Le soir je vais faire un tour et me couche à 10 heures.

29 Avril 1918

Levé à 6 heures. À 6 heures quarante-cinq départ. Nous sommes de service en déchargement du dépôt de Saint Sauflieu. je passe là toute la journée sous une pluie fine. Nous repartons à 5 heures et demie et je suis de retour à 6 heures. je dîne. je sors un peu et me couche à 10 heures.

30 Avril 1918

Levé à 8 heures. Je ne suis pas de service aujourd'hui. Je m'occupe de ma voiture puis le tantôt j'écris. La pluie tombe à plein temps. Aussi je dîne et me couche à 9 heures.

1er Mai 1918

Levé à 6 heures 10. Il faut partir à 6 heures et quart. Aussi nous sommes en retard. Il faut faire vite. La route est mauvaise aussi en dérapant je vais une embardée terrible sans accident heureusement. Nous sommes de service de convoi et je fais 5 fois le voyage entre Conty et Flers-en-Noye. Je rentre à 7 heures et demie. Je dîne et me couche à 10 heures.

2 Mai 1918

Levé à 5 heures et demie. Départ à 6 heures et demie. Nous sommes de service au chargement gare de Conty où je reste toute la journée. J'en profite pour astiquer ma voiture puis j'écris. Je rentre à 3 heures et demie. Je me rase. Je dîne à 6 heures et vais faire un tour. Coucher à 10 heures.

3 Mai 1918

Je ne suis pas de sortie aujourd'hui donc repos. J'en profite pour mettre mon courrier à jour. Le soir je sors un peu et me couche à 9 heures et demie.

4 Mai 1918

Levé à 8 heures. Pas encore de service aujourd'hui. Je m'occupe de ma voiture. À 3 heures le Lieutenant me fait sortir pour des courses personnelles. Nous allons à Conty, Poix, Creuse Parménil et retour à Taisnil. Après le dîner j'écris un peu et me couche à 10 heures.

5 Mai 1918

Levé à 8 heures et demie. C'est jour de repos pour tout le monde aussi je m'occupe un peu de moi et fais une toilette soignée. Le tantôt se passe à faire la pause. Après le dîner nous allons faire un bon tour dans les bois qui sont superbes. Je rentre et me couche à 10 heures.

6 Mai 1918

Levé à 5 heures. Je suis de service de chargement à la garde de Croissy-sur-Celle. Là je fais la pause et je rentre à 3 heures. Le soir j'écris un peu et me couche à 10 heures.

7 Mai 1918

Levé à 7 heures. Départ à 8 heures. Nous allons à Amiens charger du matériel du Génie. Toute une partie de la ville est démolie. Nous allons de là sur trois dépôts différents dont le plus loin est Fouanceau. Cela tape ferme par là. En revenant à Bacouel à la suite d'une fausse manœuvre je monte sur un petit talus et je crève mon radiateur. Je suis obligé de me faire remorquer par un camion pour rentrer. Je rentre à 8 heures. Je dîne et me couche à 9 heures et demie.

8 Mai 1918

Levé à 7 heures et demie. je démonte mon radiateur et le porte à l'atelier où l'on me le répare aussitôt. Je le remonte et y passe l'après-midi. Le soir je vais faire un tour et me couche à 10 heures.

9 Mai 1918

Levé à 7 heures. Départ à 8 heures et quart. Nous allons charger à la gare de Bacouel pour faire deux voyages à Saint Sauflieu. Aujourd'hui je conduis l'adjudant de groupe car mon Lieutenant se repose – mais moi pas – nous perdons beaucoup de temps en route si bien que je rentre à 7 heures et demie. Je dîne. Je cause un peu et me couche à 10 heures et demie.

10 Mai 1918

Levé à 7 heures. Nous attendons des ordres pour partir. Ceux-ci n'arrivent qu'à 2 heures. Nous partons charger à Bacouel pour faire deux voyages à Saint-Sauflieu. Le train n'arrive qu'à 4 heures si bien que nous restons en route toute la nuit. Je rentre à Une heures et demie du matin et me couche à 2 heures.

11 Mai 1918

Levé à 7 heures. On attend encore des ordres de départ mais ceux-ci ne viennent pas. À 2 heures je vais avec le Lieutenant au groupement jusqu'à Namps au Mont. Je rentre à 3 heuresÀ 4 heures je vais avec le Lieutenant Jobert à Bacouel voir si le train que l'on attend arrive. Là on nous apprend qu'il ne viendra pas aujourd'hui. Alors je rentre à 6 heures. Je dîne, vais faire un tour et me couche à 10 heures.

12 Mai 1918

Levé à 5 heures. Départ à 5 heures et demie. je conduis encore l'adjudant. nous allons à Namps-Quevauvillers pour charger du ravitaillement et le porter à Bacouel. Je rentre à 11 heures quarante-cinq. Le tantôt j'écris puis à 4 heures je conduis le Lieutenant à Saleux. Je rentre, dîne et me couche à 10 heures.

13 Mai 1918

Levé à 6 heures. Départ à 6 heures et demie. Nous sommes de service au déchargement à Oresmaux où je passe la journée sous la pluie qui ne décesse pas. Le tantôt nous revenons par Dury et Saleux. Je rentre à 6 heures. Je dîne et me couche à 10 heures.

14 Mai 1918

Levé à 8 heures. C'est jour de repos. Je m'occupe un peu de ma voiture, puis je vais faire un tour. Le soir nous buvons une bonne bouteille avec un camarade qui part en permission. Je me couche à 10 heures et demie.

15 Mai 1918

Levé à 7 heures et demie. Je dois aller à Poix à une heure et quart. Le Lieutenant me fait prévenir que je n'y vais pas et que je suis libre. Je passe ma journée à écrire. Le soir je vais faire un tour et me couche à 10 heures.

16 Mai 1918

Levé à 7 heures. Il fait beau aussi j'en profite pour laver ma voiture. Je m'aperçois alors que j'ai un roulement à bille de cassé dans ma roue avant droite. Me voici donc sans doute indisponible pour un bon moment. Le tantôt j'écris puis je me repose car il fait très chaud. Le soir nous sortons un peu. Coucher à 10 heures.

17 Mai 1918

Levé à 8 heures. Je profite qu'il fait beau pour travailler après ma voiture. Le tantôt comme il fait très chaud je fais la sieste puis je lis et j'écris jusqu'à la soupe. Ensuitenous allons faire un tour dans les bois pour avoir un peu de fraîcheur. Je me couche à 10 heures.

18 Mai 1918

Levé à 8 heures. Du fait que ma voiture est indisponible je reste au repos. Je m'en occupe de celle-ci pendant la matinée. Le tantôt je lis et j'écris. Le soir un petit tour et je me couche à 10 heures.

19 Mai 1918

Levé à 8 heures. Le matin je change un pneu à ma voiture. Le Lieutenant me dit que l'on va me la réparer afin que je puisse en cas de départ faire la route par mes propres moyens. Si cela est je n'en serais pas fâché. Le tantôt se passe à bibeloter. Le soir je vais faire un partie de balle ave des Américains qui se trouvent dans la contrée mais ils jouent comme des brutes. Je me couche à 11 heures.

20 Mai 1918

Levé à 8 heures. Toujours rien à faire et je m'occupe un peu de ma voiture. Les sections ne sortent pas et l'on se prépare pour un prochain départ. Le tantôt je lis et j'écris. Le soir promenade et je me couche à 11 heures.

21 Mai 1918

Levé à 7 heures. L'atelier s'occupe de ma voiture. On va me fabriquer un roulement lisse en attendant l'envoi d'un roulement à billes. Cela demande toute la journée. Le soir à 7 heures nous allons faire un essai. J'emmène avec moi mon fourrier et son secrétaire. Nous allons acheter des cigarettes anglaises à Bacouël et nous allons prendre une menthe à l'eau à Namps-Quevauvillers. Je rentre et je démonte ma roue. Cela a un peu chauffé. Il y a une légère retouche à faire. Ce sera pour demain. Je vais faire un tour à pieds puis je me couche à 10 heures.

22 Mai 1918

Levé à 8 heures. Je vais à l'atelier où l'on retouche ma voiture. Le tantôt afin de l'essayer je vais chercher mon Lieutenant à Hébécourt. Cela chauffe encore un peu mais moins qu'hier. Le soir après la soupe nous allons nous étendre sur l'herbe pour avoir un peu de fraîcheur. Je me couche à 11 heures.

23 Mai 1918

Levé à 8 heures. Je m'occupe de ma voiture. Le tantôt je vais à Conty avec le Lieutenant pour y faire des achats. Le temps a brusquement changé et il fait froid. Après la soupe nous allons nous promener dans les bois. Coucher à 10 heures et demie.

24 Mai 1918

Levé à 7 heures et demie. À 8 heures le Lieutenant me fait dire d'être prêt dans un quart d'heure pour aller à Conty. Nous allons pour acheter des vivres pour sa popote. Nous faisons ainsi le marché tous les deux ce qui est très drôle. Puis je l'eumène à Luzières chez les Josse pour acheter deux poulets. Marie-Thérèse qui me reçoit me demande le l'aider à attraper les poulets. C'est alors avec le Lieutenant une cavalcade à travers la ferme. Nous rentrons à 10 heures et demie. Le tantôt je suis libre et j'en profite pour écrire. le soir après la soupe malgré la pluie nous allons faire un tour. Je me couche à 10 heures.

25 Mai 1918

Levé à 7 heures. Je me suis pas de sortie aujourd'hui. J'en profite pour mettre un peu ma voiture au point. Le tantôt à 2 heures alors que je me dispose à écrire le Lieutenant m'appelle pour sortir. À 2 heures et quart, nous partons conduire un lieutenant qui va passer 48 heures avec sa femme dans la Forêt d'Eu. Jolies routes et très jolie promenade. Je rentre à 5 heures et demie. Je dîne. J'écris et me couche à 10 heures;

26 Mai 1918

Levé à 5 heures. Départ à 6 heures. Nous allons à Croissy-sur-Celle charger du matériel de Génie pour le transporter à Sains-Morainvillers. Nous rentrons à 3 heures. Après la soupe je vais faire un tour dans les bois. Je me couche à 10 heures et demie.

27 Mai 1918

Levé à 7 heures et demie. Pas de service pour moi aussi toute la matinée je m'occupe de ma voiture. Aujourd'hui le dixième anniversaire de ma fille. Comme le temps passe. le tantôt je me tiens prêt pour partir mais je finis par rester là. Je lis un peu et me couche à 11 heures.

28 Mai 1918

Levé à 5 heures. À 6 heures départ. Chargement à Bacouël pour Hébécourt, Saint-Sauflieu, Saint-Fuscien. Nous faisons les trois dépôts et rentrons à 4 heures. Après la soupe j'écris et je me couche à 10 heures et demie.

29 Mai 1918

Levé à 8 heures. Le matin je m'occupe de ma voiture. Le tantôt je vais avec le Lieutenant faire des courses pour lui à Poix. Je rentre à 5 heures et demie. De suite nous repartons à la gare d Croissy-sur-Celle chercher un lieutenant en panne. Je rentre à 6 heures et demie. Je dîne, j'écris et me couche à 10 heures.

30 Mai 1918

Levé à 8 heures. Je m'occupe de ma voiture. Nous partons demain pour Francastel. À une heure départ pour la gare de Bacouel. Nous faisons les deux dépôts de Saint-Sauflieu et Saint-Fuscien. Cela nous tient une partie de la nuit. Je rentre à une heure et quart du matin et me couche de suite.

31 Mai 1918

Levé à 4 heures et demie. Départ à 5 heures avec toutes nos affaires car nous couchons ce soir à Francastel. Convoi de munitions que l'on va chercher en 2 voyages à la gare de Crèvecoeur-le-Grand pour les mener au dépôt de Beauvoir. Je marche beaucoup et dépasse 300 kilomètres dans ma journée. Je rentre à 8 heures et demie du soir. Je trouve un coin de grange pour m'installer. Je mange un morceau puis vanné et rompu je me couche à 10 heures.

1 Juin 1918

Levé à 4 heures quarante-cinq. Départ à 5 heures et demie. Je mène L'Adjudant. Nous allons à la gare de Croissy-sur-Celle pour transporter du matériel due Génie. Là je m'aperçois que ma roue déglingue et au lieu d'aller à Sains-Morainvillers, je reste à la gare. À 7 heures je repars et nous rentrons à 8 heures. Je signale ma voiture. On me la réparera. Je dîne et cause un peu. Coucher à 11 heures.

2 Juin 1918

Levé à 8 heures. J'ai bien dormi car j'ai à peine entendu les avions qui nous ont survolés. C'est dimanche. Je fais ma toilette en grand. Le tantôt j'écris et me repose. Le soir je vais m'étendre sur l'herbe à la fraîche. Coucher à 11 heures.

3 Juin 1918

Levé à 8 heures. Toute la journée je bricole après ma voiture. Le soir je vais me promener un peu. À 10 heures on nous prévient que nous partons demain pour Belleuse. On prépare de suite ses affaires. Je me couche à 10 heures et demie.

4 Juin 1918

Levé à 8 heures. Personne ne sort aujourd'hui. Je bricole toujours un peu après ma voiture. Nous attendons des ordres pour quitter le pays. Aussi l'on se tient prêt. Le soir je me promène un peu et je lis. Je me couche à 10 heures et demie.

5 Juin 1918

Levé à 8 Heures. Rien à faire. Je passe mon temps à fabriquer pour mon Lieutenant une petite boîte dont il a besoin. Le tantôt nous devons déménager pour aller à Lavaquerie puis il arrive un contre-ordre et nous restons là. Le soir je fais un tour et me couche à 11 heures.

6 Juin 1918

Levé à 8 heures. Toujours rien à faire. Je bricole après ma voiture. Le tantôt j'écris et le soir je lis. Je me couche à 10 heures et demie.

7 Juin 1918

Levé à 8 heures. Toujours rien à faire. La journée se passe à bricoler. Je sors un peu le soir et me couche à 10 heures.

8 Juin 1918

Levé à 8 heures. Toujours pas de changement. Je bricole. Je lis et me couche à 11 heures.

9 Juin 1918

À minuit le Lieutenant vient me dire de me tenir prêt à partir au premier signal pour un transport de troupes de plusieurs jours. On travaille toute la nuit à m'arranger une voiture mais comme elle ne sera sans doute pas prête je devrai faire une partie du trajet avec la mienne. À 3 heures nous nous levons. À 4 heures je suis prêt à partir lorsque l'on me dit que la voiture en question n'est pas prête. D'autre part il est reconnu que la mienne ne pourra pas tenir la route. À 4 heures et demie les camarades partent et moi je reste là. Je passe ma journée à lire et écrire. Le soir la pluie vient. Coucher à 10 heures et demie.

10 Juin 1918

Levé à 9 heures. Je me suis rattrapé de la nuit précédente. Les hommes rentrent de leur convoi à 10 heures. Nous apprenons que nous partons demain matin pour Lavaquerie Coucher à 11 heures.

11 Juin 1918

Levé à 7 heures. Nous sommes réellement sous le coup d'un départ aussi nous emballons nos affaires. Toute la journée se traîne à attendre et c'est ainsi que nous ne partons qu'à 9 heures et demie le soir. Nous arrivons à Lavaquerie à 11 heures et demie. Je trouve de suite une bonne grange dans la maison même où habite mon Lieutenant et chez un ancien gendarme. Je l'occupe avec quelques camarades. Je me couche à minuit.

12 Juin 1918

Levé à 8 heures et demie. J'ai bine dormi. Je m'occupe un peu de ma voiture puis le tantôt nous procédons à notre installation compète. Le soir nous allons dans la campagne. Coucher à 10 heures.

13 Juin 1918

Levé à 8 heures. À 10 heures je vais conduire deux camarades chez le dentiste dans un petit pays à côté. À 11 heures je suis de retour. Le tantôt je bricole. Le soir nous allons un moment dans un café. Je me couche à 11 heures

14 Juin 1918

Levé à 8 heures. Je bricole un peu. L'après-midi je vais faire un tour pour essayer mes freins que j'ai resserrés. Le soir je me promène dans la campagne. Je me couche à 11 heures.

15 Juin 1918

Levé à 8 heures. Journée très calme. Rien à faire. Je passe ma journée à lire et à écrire. Le soir après la soupe je vais avec Lauzeral cueillir un superbe bouquet de bleuets que j'offre à mon Lieutenant. Je me couche à 10 heures et demie.

16 Juin 1918

Levé à 8 heures. C'est dimanche. Je fais ma grande toilette. Le tantôt je vais avec mon Lieutenant à Poix où nous restons un moment. Le soir après la soupe je m'essaye à conduire une Ford. Je cause un moment. Coucher à 10 heures.

17 Juin 1918

À 3 heures du matin mon Lieutenant vient me réveiller lui-même pour me demander de sortir avec lui malgré ma roue folle. Je me range à son désir. À 4 heures nous partons pour la gare de Bacouel où nous arrivons à 5 heures et demie. Il fait très froid car il a gelé blanc. Nous assistons au déchargement des obus puis nous rentrons à 10 heures et demie. Le tantôt je repars à 2 heures. Nous allons à Granddvilliers faire le marché pour sa popote. Nous rentrons à 3 heures et quart. De suite nous repartons pour Bacouel et de là à Saint Fuscien. Puis nous revenons à Bacouel. En route un orage assez corsé. Enfin nous rentrons à Lavaquerie à 6 heures et demie. Je suis assez fatigué car nous avons fait 200 kilomètres. Le soir je fais un tour à pieds pour me délasser. Je rentre écrire et me couche à 10 heures et demie.

18 Juin 1918

Levé à 8 heures. Je me suis bien reposé et j'en avais besoin. Comme je suis bien disposé je vais à mare laver ma voiture. Puis toute la journée j'ai du travail après. Après la soupe je vais faire un tour dans les champs mais la pluie nous force à rentrer. je me couche à 10 heures.

19 Juin 1918

Levé à 8 heures. Rien à faire. Je m'occupe à faire des raccords de peinture à ma voiture ce qui me prend une partie de la journée. Le soir un peu de promenade et coucher à 11 heures.

20 Juin 1918

Levé à 8 heures. Toujours rien à faire aussi je continue à mettre ma voiture en peinture. Le soir je lis et j'écris puis nous causons un bon moment. Je me couche à 11 heures.

21 Juin 1918

Levé à 8 heures. Je bricole toute la journée car je n'ai rien d'autre à faire. Le soir je lis et j'écris. Coucher à 10 heures et demie.

22 Juin 1918

Levé à 8 heures. Je m'occupe à faire un porte-fils pour ma voiture ce qui me prend al journée. Le soir un tour et coucher à 10 heures et demie.

23 Juin 1918

Levé à 8 heures. C'est dimanche aussi grande toilette. À 11 heures nous allons à la messe. Le tantôt je passe mon temps à lire. Le soir après la soupe je vais avec des camarades boire un cidre à Beaudéduit. J'écris un peu et me couche à 11 heures.

24 Juin 1918

Levé à 8 heures. Le service se ralentit sérieusement car personne ne sort. Pour passer mon temps je me fabrique une clé de magnéto. Le soir nous faisons un tour. Je lis un peu et me couche à 11 heures.

25 Juin 1918

Levé à 8 heures. Toujours rien à faire aussi je commence à m'embêter ferme. Le soir après dîner nous retournons boire du cidre à Beaudéduit. Je rentre. Je lis. Coucher à 11 heures et demie.

26 Juin 1918

Levé à 8 heures. Toujours rien à faire. Je passe ma journée à lire et à écrire. le soir je lis encore et me couche à 11 heures.

27 Juin 1918

Levé à 8 heures. Toujours la même vie. C'est à dire rien à faire. Le tantôt je fais un peu de couture. Le soir je lis un moment et me couche à 11heures.

28 Juin 1918

Levé à 8 heures. Même vie sans changement. Cependant il y a dans l'air des bruits de départ. Je bricole toute la journée. Le soir je lis et j'écris. Coucher à 11 heures.

29 Juin 1918

Levé à 8 heures. On emballe tout car nous partons demain pour la Champagne. À 4 heures on me fait apprendre à conduire une Ford avec laquelle je dois faire le trajet demain. Quel sale coucou. À 9 heures et demie du soir tout est contremandé et je garde ma voiture. Je remets le tout en état et me couche à 11 heures.

30 Juin 1918

Levé à 4 heures. À 6 heures départ. La route est longue et pénible. Nous arrivons à Rozières à 5 heures du soir. Là nous trouvons à manger une omelette mais rien pour nous coucher aussi à 10 heures je m'emballe dans mes couvertures et je me couche dans un fossé de la route.

1er Juillet 1918

Réveil à 4 heures. À 5 heures nous allons prendre des troupes au village-même par une route longe et pénible nous allons en Champagne et déposons les troupes dans la forêt de Massy. Il est 11 heures du soir. De là nous allons prendre nos cantonnements à Villers-au-Bois. Je me couche dans ma voiture et bien que très mal je m'endors d'un profond sommeil. Il est 2 heures du matin.

2 Juillet 1918

Levé à 8 heures. Un peu de toilette puis à 5 nous nous occupons de confectionner une tente avec des bâches car nous sommes cantonnés en plein bois. Ce travail demande la journée. Abruti le soir je me couche à 10 heures.

3 Juillet 1918

Levé à 8 heures. J'ai bien dormi sous ma tente et n'ai pas eu froid malgré un vent assez fort. La matinée je m'occupe de ma voiture. À 3 heures je l'amène à l'atelier où l'on va me refaire un nouveau roulement lisse. Le soir après la soupe nous allons faire un tour et je me couche à 10 heures.

4 Juillet 1918

Levé à 6 heures. À 6 heures et demie je vais à l'atelier où l'on me répare ma voiture. Elle est prête à 3 heures et demie. Nous allons l'essayer jusqu'au joli pays de Le Mesnil puis je rentre. Le soir après la soupe nous allons faire un bon tour dans les bois. Je me couche à 10 heures et demie.

5 Juillet 1918

Levé à 8 heures. À 10 heures je vais avec ma voiture conduire un camarade à l'infirmerie à Fulaine-St-Quentin petit pays tout à côté. Le tantôt je bricole et le soir j'écris. Je me couche à 10 heures.

6 Juillet 1918

Levé à 8 heures. À 11 heures je conduis un autre camarade à l'infirmerie. Puis à 3 heures départ. Nous allons pour un chargement de vivres à Connantray et Étoge. Le travail est long et nous rentrons seulement à 2 heures du matin. Je me couche à 3 heures.

7 Juillet 1918

Levé à 8 heures. Je m'occupe de ma voiture. Le tantôt je me repose un peu. À 8 heures du soir départ. Nous allons charger les troupes coloniales de la division Marchand au sud d'Étoges pour les mener à Moslins. Le travail dure toute la nuit et nous rentrons à 4 heures du matin.

8 Juillet 1918

Un quart d'heure après être rentrés nous repartons pour un nouveau transport qui dure jusqu'à 11 heures. Nous rentrons et je mange un morceau, puis je m'affale sur mon lit et je dors jusqu'à 3 heures. Ensuite je m'occupe de ma voiture. Après la soupe j'écris un peu et me couche à 10 heures.

9 Juillet 1918

Levé à 8 heures. À 9 heures je vais avec mon Lieutenant à Vertus d'où nous rentrons à 11 heures. Le tantôt je me repose car j'ai très mal dans les côtes. Je pense que cela est nerveux. Après la soupe j'écris. Coucher à 10 heures.

10 Juillet 1918

Levé à 8 heures. J'ai mal dormi à cause de mon mal dans les côtes aussi toute la journée je flâne. Le soir je me couche à 9 heures et demie.

11 Juillet 1918

Levé à 8 heures. Je ne sors pas aujourd'hui. Mon mal dans les côtes va un peu mieux. Notre journée se passe à réassurer notre tente qui est attaquée par le mauvais temps. Le soir j'écris et me couche à 10 heures.

12 Juillet 1918

Levé à 8 heures. Comme nous n'avons rien à faire nous en profitons pour fabriquer un mur en terre tout autour de notre tente. Ce travail nous demande toute la journée aussi je suis éreinté. J'écris et me couche à 10 heures.

13 Juillet 1918

À 5 heures on vient nous réveiller nous prévenant que nous partons dans 2 heures pour un autre pays. En un clin d'œil nous emballons tout et en une heure nous sommes prêts. Nous traînons en longueur et ne partons qu'à Page 638 midi quarante-cinq. nous faisons 40 kilomètres et arrivons à Saint Gibrien à 5 kilomètres 600 de Châlons-sur-Marne. Là nous sommes logés dans des baraques Adrian. Je mange un morceau et me couche à 11 heures.

14 Juillet 1918

Levé à 5 heures. J'ai un peu reposé. Un peu de toilette car c'est la fête nationale. À 11 heures déjeuner un commun. Au champagne le Lieutenant vient trinquer avec nous. L'après-midi je vais faire un tour au bord de la Marne. Le soir à 9 heures départ. (Vive La France) Nous allons charger des troupes à Cudéry pour les mener à Saint-Hilaire-au-Temple.

En passant à l'aller et au retour nous sommes bombardés à Châlons par des pièces à longue portée. Arrivés à Dampierre-au-Temple nous devons débarquer là les troupes car nous ne pouvons aller plus lion les pays avoisinants étant bombardés. Depuis midi une attaque est déclenchée sur tout notre front et le canon fait rage. Par une route pénible nous rentrons à 4 heures et demie du matin. Aussitôt un peu de café et je me couche à 5 heures.

15 Juillet 1918

Je me lève à 9 heures ne pouvant plus dormir. je m'occupe de ma voiture et la journée se passe à peu près à écrire. Le soir à 9 heures je me dispose à aller me coucher lorsque mon Lieutenant me faire dire de me tenir prêt pour aller dégager des camarades en service qui sont pris sous les obus et dans les gaz. Nous partons à 9 heures et demie et allons à Meulette puis de là à Bussy-le-Château où sur la route nous rencontrons le convoi en question. En passant à Châlons nous avions été bombardés deux fois. Au retour il y a un vrai bombardement de la ville par avions. Nous passons outre et je rentre à mon cantonnement à Une heure. Coucher à Une heure et demie.

16 Juillet 1918

Levé à 8 heures. Impossible de dormir depuis 6 heures tellement ceux qui sortent font de bruit. Aussi j'obtiens du Lieutenant la permission de m'isoler et ce soir je transporterai mon lit dans une grange avec quelques camarades. Je bricole à ma voiture. Le tantôt je vais à l'atelier me faire poser mon roulement à billes qui est enfin arrivé. Il y a un départ ce soir à 8 heures et demie mais fort heureusement je n'en suis pas.

À 10 heures au moment de me coucher nous avons la visite des avions. La bataille aérienne est formidable aussi restons-nous debout à attendre les évènements. Je me couche à minuit.

17 Juillet 1918

Levé à 8 heures. Je bricole à ma voiture car je ne sors pas. Le tantôt je me repose et j'écris. Le soir survient un orage qui sans doute nous exemptera des avions. Je me couche à 10 heures et demie.

18 Juillet 1918

Levé à 8 heures. J'ai en effet bien dormi car il à plu une grande partie de la nuit et nous n'avons pas eu les avions. Je bricole un peu. À quatre heures et demie j'apprends qu'il y a un départ à 5 heures. Je mange très vite car je dois sans doute en être. Mais non je n'en suis pas. Après la soupe je flâne lorsqu'à 8 heures nous sommes mis en alerte pour un prochain départ. Je vais pour aller me coucher lorsque les avions arrivent. Ils mettent le feu à Châlons en trois endroits différents. Fatigué d'attendre je me couche à 11 heures et demie.

19 Juillet 1918

Levé à 2 heures du matin. À 2 heures et demie nous partons pour un chargement de munitions à Meulette pour les mener dans la forêt d'Enghien. En passant à Châlons nous apercevons 7 maisons qui brûlent. Arrivés à Meulette nous apprenons que mon Lieutenant n'est pas chef de convoi. Aussi après avoir remplacé un pneu que j'ai crevé nous rentrons à Saint Gibrien à 6 heures. je me couche pas et m'occupe de ma voiture. Le soir étant fatigué et malgré les avions qui nous survolent je me couche à 10 heures.

20 Juillet 1918

Levé à 9 heures. Malgré la canonnade j'ai bine dormi. À une heure et demie nous recevons l'ordre de quitter le pays. Ce sera sans regret. En une heure tout est prêt. Nous nous dirigeons un peu sur l'arrière et à 7 heures nous arrivons à Écury-le-Repos. Je dois attendre mes bagages qui sont restés dans le train lourd. Jai trouvé à me loger avec l'ordonnance du Lieutenant (Férrié) dans une petite écurie dans la maison où habite mon Lieutenant. Je me couche à minuit.

21 Juillet 1918

Levé à 8 heures. Il a plu une partie de la nuit et à 5 heures ce matin nous avons dû changer nos lits de place car un peu d'eau nous tombait dessus. On ne me parle pas de service et comme c'est dimanche j'en profite pour me reposer. Le soir après la soupe nous allons faire un tour dans la campagne qui est superbe. Je me couche à 10 heures.

22 Juillet 1918

Levé à 8 heures. Toute la journée je m'occupe de ma voiture car j'ai des freins à réserver puis je les essaye. Le soir après la soupe je vais m'asseoir sur l'herbe où je lis. Je cause ensuite un peu avec mon Lieutenant. Coucher à 10 heures et demie.

23 Juillet 1918

Levé à 8 heures. Il pleut aussi je ne fais pas grand' chose après ma voiture. Le tantôt je sors avec mon Lieutenant pour son service personnel. Nous allons à Fère-Champenoise et à Connantre Je rentre à 5 heures et demie. Le soir j'écris et me couche à 10 heures.

24 Juillet 1918

Levé à 5 heures et demie. Départ 6 heures et demie. Nous allons chercher du matériel dans un camp d'aviation à Couraujean et nous le transportons à Baye. Tout va bien il fait beau et c'est plutôt une promenade. Je rentre à 5 heures et demie. Je dîne. J'écris et me couche à 10 heures.

25 Juillet 1918

Levé à 8 heures. Je m'occupe de ma voiture. À 11 heures je vais avec mon Lieutenant à Bergères-les-Vertus. Je rentre à midi et demie. Je déjeune et me repose un peu. À 4 heures je ressors et nous allons à Aulnizeux. Je suis de retour à 5 heures et demie. Le soir nous allons à la pêche aux écrivisses car il y en a dans le pays et nous en prenons 34. Je rentre et me couche à 11 heures.

26 Juillet 1918

Levé à 2 heures du matin. Nous partons en convoi à 3 heures. Nous allons à Esternay charger du matériel italien. Dans ma voiture je transporte un lieutenant et un capitaine blessé. Nous allons décharger le tout dans un camp à Sainte Touche. En revenant j'ai un pneu qui éclate à 5 kilomètres du cantonnement. Je le change sous la pluie battante. En rentrant nous allons encore au groupement à Bergères-les-Vertus. Je rentre à une heure et demie le matin et me couche à 2 heures.

27 Juillet 1918

Levé à 9 heures. Je me suis bien reposé. Je travaille à ma voiture jusqu'à 11 heures et je m'y remets le tantôt jusqu'a 3 heures et demie. Le soir j'écris et me couche à 10 heures.

28 Juillet 1918

Levé à 5 heures. Départ à 6 heures. Nous allons charger des munitions à Avize pour les mener à la ferme de Laborde. Nous passons par Épernay qui est tout saccagé par les avions. Les bâtiments de Moët et Chardon brûlent depuis deux jours. Nous sommes de retour à 5 heures du soir. J'écris un peu et me couche à 10 heures et demie.

29 Juillet 1918

Levé à 8 heures. J'ai un pneu qui a éclaté tout seul dans la nuit. Je m'occupe à le changer. Le tantôt je fais un peu de nettoyage. Le soir il y a un cinéma qui donne une séance dans une grange. Nous y allons à plusieurs et rentrons à 10 heures. Je me couche à 11 heures.

30 Juillet 1918

Levé à 8 heures. Nous ne sortons pas aujourd'hui. J'en profite pour passer la capote de ma voiture à l'huile de lin ce qui me demande une partie de la journée. Le soir nous retournons à la pêche aux écrevisses mais à 9 heures nous n'en avons pris que trois. Aussi lassé je rentre; cause un peu et me couche à 10 heures.

31 Juillet 1918

Levé à 8 heures. Je m'occupe un peu de ma voiture. Le tantôt je conduis mon Lieutenant à Bergères-les-Vertus. Le soir je m'attarde à causer un peu puis je lis. Je me couche à 11 heures.

1er Août 1918

Levé à 8 heures. Je vais remonter un pneu ferré à l'arrière de ma voiture et je la nettoie un peu. Le tantôt il fait tellement chaud que je reste à lire sur mon lit. Le soir je fais un tour et me couche à 10 heures.

2 Août 1918

Levé à 8 heures. Le matin je bricole un peu. Le tantôt je vais avec mon Lieutenant à Trécon. Après la soupe j'écris et me couche à 10 heures.

3 Août 1918

Levé à 8 heures. La matinée se passe à peu près. Le tantôt je vais avec mon Capitaine et mon Lieutenant faire une course à Aubaizeux. Nous rentrons à 4 heures. Le soir après dîner j'écris. Je me couche à 10 heures.

4 Août 1918

Il y a aujourd'hui 4 ans je quittais de chez moi pour partir à la guerre. Quelle ignominie de penser que quatre années déjà nous avons souffert le martyr et autant dire la séparation. Levé à 6 heures. Départ à 7 heures. Nous allons à Bergères-les Vertus charger des travailleurs italiens et nous les menons à Herbisse. Nous sommes de retour à 2 heures et demie. Ensuite je retourne au Groupement à Bergère-les-Vertus. Après la soupe à 5 heures et demie je vais à Sommesous d'où je rentre à 6 heures et demie. Comme j'ai très mal aux dents je me couche à 9 heures.

5 Août 1918

Levé à 8 heures. Je m'occupe de ma voiture. Le tantôt je vais au Groupement à Bergères-les-Vertus. Là j'apprends que nous partons pour l'avant sans doute demain matin. Le soir j'écris. Coucher à 10 heures.

6 Août 1918

Levé à 3 heures. Départ à 4 heures. On emballe tout car on ne revient pas ici. Nous allons charger du ravitaillement à Montmirail et nous le transportons à la gare d'Épernay-Cumières. De là nous allons dans notre nouveau cantonnement à Mareuil-le-Port où les Boches étaient il ya à peine 15 jours. Le pays est tout démoli et nous y arrivons par la pluie battante. Rien n'est plus triste. Comme cantonnement il y a un château tout criblé d'obus qui appartient à un Monsieur Robert avoué à Épernay. Les officiers se confectionnent des chambres dans les appartements et moi avec l'ordonnance je m'en fais un dans une cave. Il y a des lits et des sommiers partout aussi je prends un sommier. J'étale ma paillasse dessus et abruti et fatigué je me couche à 11 heures.

7 Août 1918

Levé à 6 heures. Départ à 7 heures. Nous allons à Oeilly chercher du ravitaillement pour la 10ème Division qui est en ligne. Nous transportons ces vivres en passant sur un port de bateau en face Jonchery. Nous traversons Châtillon-sur-Seine, Ville-en Tardenais, Olizy – Un tas de villages dont il ne reste plus que des pierres en place de maisons. À Ville-en-Tardenais des cadavres de Boches et de chevaux sont en telle abondance que c'est une infection. Nous rentrons à 2 heures. Je m'occupe de mon installation. J'écris et me couche à 10 heures.

8 Août 1918

Levé à 5 heures. Je pars momentanément remplacer un camarade qui change un ressort de cassé à sa voiture. Il me rejoint en route et je rentre à 9 heures. À 2 heures 45, je pars avec mon Lieutenant chercher le Lieutenant Péquignot à Fère-Champenoise retour de permission. Il a deux heures de retard. Je vais à toute allure à Sommesous conduire mon Lieutenant qui à sont tour part en permission. Malgré notre vitesse il manque son train et doit attendre jusqu'à demain matin. Je rentre avec le lieutenant Péquignot et bien que nous allions vers les lignes j'ai allumé mes phares. Nous sommes de retour à 10 heures et demie. Le Lieutenant ne veut pas que je mange seul à cette heure-ci et il m'invite à sa popote. Nous mangeons donc ensemble puis nous nous séparons à 11heures et demie. Je me couche à minuit.

9 Août 1918

Levé à 8 heures. Mon lieutenant n'étant pas là je pense avoir un peu moins de travail. Je passe la journée après ma voiture. Le soir après la soupe à 5 heures 45, il me faut aller avec un mécanicien jusqu'à Olizy pour faire un dépannage. Je rentre à 7 heures et demie. J'écris; je lis et me couche à 10 heures.

10 Août 1918

Levé à 8 heures. Je vais à ma voiture et je constate qu'il y a quelque chose d'abimé dans les pignons de distribution et qu'elle ne peut marcher ainsi. je la signale et j'attends que l'on passe la réparation. Comme on ne s'en occupe pas je ne dis rien. Après la soupe je vais faire un tour à travers champs pour voir un peu toutes les dévastations. Je me couche à 10 heures.

11 Août 1918

Levé à 7 heures. On m'appelle pour aller en convoi mais comme ma voiture ne peut marcher proprement je démontre qu'il m'est impossible de sortir. Je passe ma journée à lire et à écrire. Le soir je sors un peu. Coucher à 11 heures.

12 Août 1918

Levé à 7 heures et demie. On s'occupe à réparer ma voiture. On démonte l'embrayage; on règle les soupapes et c'est tout. À 4 heures je vais l'essayer et tout semble parfait. Le soir je fais un tour et me couche à 10 heures.

13 Août 1918

Levé à 8 heures. Je ne sors pas aussi toute la journée je bricole après ma voiture. Après la soupe nous allons faire un tour dans un petit pays à côté où tout est détruit comme ailleurs. Je me couche à 10 heures.

14 Août 1918

Levé à 8 heures. Je bricole un peu et le tantôt je me repose et j'écris. Le soir je fais un tour. Coucher à 10 heures.

15 Août 1918

Levé à 6 heures. Nous allons à la gare d'Oeuilly charger des vins que nous transportons à Bouy. Je suis de retour à 4 heures. Le soir il fait tellement chaud que nous allons dans al campagne prendre le frais. Je me couche à 10 heures.

16 Août 1918

Levé à 8 heures. Un peu d'astiquage à ma voiture. À 2 heures le Lieutenant Péquignot me fait conduire avec lui un tout jeune sous-lieutenant de 103ème (22 ans – 4 citations) à Orlais. Arrivé à destination celui –ci me donne 5 francs de pourboire. Très chic. Je rentre à 4 heures. J'écris un peu. Coucher à 10 heures.

17 Août 1918

Levé à 8 heures. La journée se passe à bricoler. Le soir nous causons jusqu'à 11 heures et demie. Je me couche à minuit.

18 Août 1918

Levé à 5 heures. Départ à 6 heures. Nous allons mener le 103ème de Mareuil-le-Port à Dampierre-au-Temple. Puis nous revenons à Port-à-Binson où à 5 heures 45, nous chargeons le groupe de brancardiers divisionnaire Nos. 7 que nous menons à Saint-Hilaire-au-Temple. En arrivant nous sommes salués par deux obus. Dans le parcours je crève 5 chambres à air et je fais un dérapage à 70 à l'heure ce qui manque de nous coûter la vie avec mon Lieutenant. Heureusement un tas de cailloux nous reçoit ce qui nous empêche de nous retourner complètement. Je rentre à 2 heures et demie du matin et me couche à 3 heures.

19 Août 1918

Levé à 6 heures 45. J'ai peu mais bien dormi. Je ne sors pas aujourd'hui aussi ma journée se passe à mettre ma voiture au point. Le soir nous causons. Coucher à 11 heures.

20 Août 1918

Levé à 8 heures. Je me suis bien reposé. Je bricole toute la journée. Le soir nous allons nous promener à Sarsénil. Coucher à 10 heures.

21 Août 1918

Levé à 5 heures. Départ à 6 heures. Nous faisons un transport de ravitaillement à Faverolles et nous ne rentrons qu'à 5 heures du soir. Après la soupe un petit tour. Coucher à 10 heures.

22 Août 1918

Levé à 8 heures. Pas de sortie aujourd'hui. Je bricole toute la journée. Le soir nous allons faire un tour dans la campagne. À 6 heures un avion Boche lance 6 bombes dans les environs. Je me couche à 11 heures.

23 Août 1918

Levé à 7 heures. Mon lieutenant est rentré de permission hier à 11 heures du soir. À 7 heures et demie il m'a fait demander dans sa chambre. Après nous être serré la main je suis allé lui chercher ses bagages à Port-à-Binson. À 9 heures nous sommes allés ensemble au groupement à Mardeuil. Nous sommes rentrés à 11 heures et demie. Le tantôt je bricole. Le soir nous causons un peu. Je me couche à 10 heures.

24 Août 1918

Levé à 8 heures. Je ne sors pas aujourd'hui. J'en profite pour faire un coffre à ma voiture. Le soir j'écris un peu et je me couche à 10 heures.

25 Août 1918

Levé à 5 heures 45. Départ à 6 heures et quart. Chargement de ravitaillement à Dormans pour Aougny. Rentré à 4 heures et demie. À 5 heures et demie je repars au Groupement à Mardeuil. Je rentre à 6 heures et demie. Je dîne, vais faire un tour et coucher à 10 heures.

26 Août 1918

Levé à 8 heures. Je m'occupe à fond de ma voiture. Le soir je fais un petit tour et me couche à 10 heures.

27 Août 1918

Levé à 8 heures. Je ne sors pas encore aujourd'hui. Toute la journée se passe à bricoler. Le soir nous faisons un grand tour. Je me couche à 10 heures et demie.

28 Août 1918

Levé à 8 heures. Je croyais sortir mail il n'en est rien. À 2 heures j'accompagne mon Lieutenant à Port-à-Binson pour qu'il aille se faire photographier chez un photographe d'occasion auquel il faut apporter de l'essence où un bout de bougie pour pouvoir faire ses développements. Je rentre et j'écris. Le soir un tour de promenade et coucher à 10 heures.

29 Août 1918

Levé à 5 heures et demie. Départ à 6 heures et quart. Nous allons charger à la gare de Dormons du ravitaillement pour Aougny. Nous rentrons à 5 heures. Je dîne et j'écris. À 9 heures on nous dit de nous tenir prêts pour un transport de troupes de 1200 kilomètres qui durera 4 jours. Il aura lieu dans la nuit où au plus tard demain matin. On attend dans des ordres. Je me couche à 9 heures et demie.

30 Août 1918

Levé à 8 heures. Le transport dont on parlait n'a pas eu lieu. Cependant comme il reste en suspend je prépare ma voiture. le tantôt je bricole. le soir je sors un peu et me couche à 10 heures.

31 Août 1918

Levé à 8 heures. Toujours pas d'ordres de départ. Toute la journée je bricole. Le soir je sors et me couche à 10 heures.

1er Septembre 1918

Levé à 8 heures. C'est dimanche et je ne sors pas ce qui est extraordinaire. Ma journée se passe à écrire. À 4 heures je vais à Mardeuil. Après la soupe j'écris. Je me couche à 10 heures.

2 Septembre 1918

Levé à 5 heures. Départ à 6 heures. Nous allons faire le ravitaillement à la gare de Bertheney. Nous rentrons à 5 heures du soir. À 6 heures je repars à Mardeuil d'où je rentre à 7 heures. J'écris un peu. Coucher à 10 heures.

3 Septembre 1918

Levé à 3 heures. Les ordres de transport sont arrivés. Départ à 4 heures. Nous allons à Crezancy, charger des munitions pour les Américains et nous les portons au bois Meunière. De là on nous fait aller à Chierry où nous cantonnons sur la route pour remettre cela le lendemain. À 11 onze heures je me couche sur le plancher d'un camion.

4 Septembre 1918

Levé à 4 heures et demie. Départ à 5 heures et demie. Nous chargeons de baraques démontables pour les conduire dans les pays démolis. À 8 heures du soir nous recevons l'ordre de rentrer à Mareuil-le-Port. En route l'orage nous prend et il fait nuit noire. Je souffre beaucoup de faire ainsi la route. Enfin je rentre à 10 heures. Mon lieutenant m'invite à dîner avec lui à sa popote. Un aperçu du repas de ces messieurs. J'ai mangé de la soupe, deux œufs à l'oseille. Un bifteck aux petits pois, des macaronis, du gruyère, et de la tarte aux pommes. Là-dessus je me couche à 11 heures.

5 Septembre 1918

Levé à 8 heures et demie. Toute la journée se passe à ma voiture qui a besoin d'être revue. Le soir j'écris et cause un peu. Je me couche à 10 heures.

6 Septembre 1918

Levé à 5 heures. Départ à 5 heures 45. Chargement à la gare de Dormans pour le ravitaillement de la ferme de Bertheney. Nous rentrons pour déjeuner à 11 heures et demie. Nous repartons à une heure et demie et rentrons à 3 heures et demi.

À 5 heures je vais à Mardeuil puis de là à Ay, Dizy et Magenta, puis nous repassons par Épernay. Là mon Lieutenant s'arrête pour faire un achat. À ce moment le Commandant de la DSA [Direction de Service Automobile] de la 5ème armée s'avance vers moi et m'inflige 15 jours de prison et 8 jours d'arrêts à mon Lieutenant parce que j'ai laissé tourner mon moteur à l'arrêt. Quelle sale vache. Moi qui n'ai jamais eu de punition celle-ci est plutôt salée. J'en suis outré et mon Lieutenant encore plus que moi. Je suis tellement furieux que je malmène ma voiture à toute allure. Nous allons directement au groupement raconter l'histoire au Capitaine Heuch qui remplace le Capitaine Fontenilliat en permission. Celui-ci me dit de ne mas m'effrayer car il trouve la punition tellement stupide qu'il la déchirera à son arrivée. C'est égal je n'en reviens pas. Je rentre à 7 heures. Je dîne et me couche à 10 heures et demie.

7 Septembre 1918

Levé à 8 heures. Je m'occupe de ma voiture. Le tantôt je me repose. Le soir je fais un tour et me couche à 10 heures.

8 Septembre 1918

Levé à 8 heures. Je ne sors pas. Rien à faire de la journée. Il pleut. Je passe mon temps à lire et à écrire. Impossible de sortir. Coucher à 10 heures.

9 Septembre 1918

Levé à 8 heures. Rien à faire car je ne sors pas encore aujourd'hui. Je passe ma journée à écrire. Coucher à 10 heures.

10 Septembre 1918

Levé à 8 heures. Je ne sors toujours pas. L'eau tombe en trombe et pénètre partout le château sauf cependant dans notre cave. Je lis et j'écris. Coucher à 10 heures.

11 Septembre 1918

Levé à 3 heures et demie. Départ à 4 heures et demie. Nous allons en gare d'Épernay charger du ravitaillement pour Sarcy. Puis de là les camions vont transporter du matériel en 11 points différents. Je cours de l'un à l'autre toute la journée et crève un pneu en route. Je rentre à 6 heures du soir. À 8 heures je dois ressortir mais à 9 heures il y a contre-ordre ce dont je ne suis pas fâché. Coucher à 10 heures et demie.

12 Septembre 1918

Levé à 8 heures. Je m'occupe de ma voiture. Le tantôt je vais au Groupement d'où je rentre à 6 heures. Le soir j'écris et me couche à dix heures.

13 Septembre 1918

Levé à 5 heures et demie. À 6 heures et demie je vais au groupement où je reste la journée pour faire mettre une bâche neuve à ma voiture. Je rentre à – heures et demie. À 8 heures et demie je pars conduire deux officiers à Crézancy. Ils me donnent 2 francs de pourboire (pas très généreux). En revenant je crève un pneu et dois en changer sous la pluie battante. Je rentre à 11 heures à Port-à-Binson où nous avons emménagés dans l'après-midi. Mon lieutenant m'a trouvé une petite place pour moi tout seul dans une écurie où je serai très bien. Je me couche à minuit.

14 Septembre 1918

Levé à 8 heures. Je m'occupe de ma voiture. Le tantôt à 4 heures je vais au groupement d'où je rentre à 6 heures. Je dîne, écris et me couche à 10 heures et demie.

15 Septembre 1918

Levé à 3 heures et demie. Départ à 4 heures et demie. Nous allons charger des obus à Breuil pour les mener au bois Dormant. Journée très dure car je n'arrête pas. Je sens un commencement d'entérite qui me fait bien mal. Je rentre tout esquinté à 10 heures du soir. J'écris et me couche à 11 heures et demie.

16 Septembre 1918

Levé à 4 heures 45. Départ à 5 heures 45. Nous allons charger du ravitaillement en gare d'Épernay-Cumières pour la ferme de Presle puis de là du matériel pour Faverolles. Mon entérite me fait de plus en plus mal. Je rentre à 6 heures et demie. Je veux dîner mais cela ne passe pas. Tout esquinté je me couche à 9 heures et demie.

17 Septembre 1918

Levé à 8 heures et demie. J'ai souffert toute la nuit de mon entérite et je n'ai ni le courage ni la force de m'occuper de ma voiture. À 11 heures j'apprends qu'il y a un départ ce soir à 6 heures. Je vais de suite trouver mon Lieutenant et luis dit que je ne puis assurer ce service tellement je souffre. Je mets ma voiture entre les mains de Lauzeral à qui j'en montre la conduite et le soir c'est lui qui part à ma place. Je dîne avec un œuf et du thé. J'écris et me couche à 9 heures.

18 Septembre 1918

Levé à 8 heures. Je n'ai rien à faire et souffre toujours beaucoup. Lauzeral rentre dans la soirée. Pendant ce temps mon Lieutenant est parti avec une autre voiture et ne rentre qu'à 11 heures du soir. Le soir j'écris et me couche à 9 heures.

19 Septembre 1918

Levé à 8 heures. Je vais de suite à ma voiture où je m'occupe avec Lauzeral. ce soir il y a un départ pour un déplacement de 5 à 6 jours. mon Lieutenant ne veut pas que je vienne me trouvant encore trop fatigué. Il s'agit d'aller dans un petit patelin où il y aura un service rapide et très fatiguant. C'est encore Lauzeral qui prend ma place. Je les laisse donc partir et un pu à regret je l'avoue. Comme je vais un peu mieux le soir nous faisons une partie de roulette. Je me couche à 11 heures.

20 Septembre 1918

Levé à 8 heures. Rien à faire. Je suis un peu mieux. Toute ma journée se passe à faire des cigarettes. Le soir j'écris et me couche à 10 heures.

21 Septembre 1918

Levé à 8 heures et demie. Je n'ai toujours rien à faire. Comme la veille je fais des cigarettes. Le soir j'écris et me couche à 11 heures.

22 Septembre 1918

Levé à 8 heures. Je fais encore des cigarettes pour passer mon temps. Le soir j'écris. Je me couche à 10 heures et demie.

23 Septembre 1918

Levé à 8 heures. Le tantôt à 2 heures on nous averti qu'à 4 heures nous quittons Port-à-Binson pour aller cantonner à Mardeuil où nous arrivons à 8 heures du soir bien que ce soit tout près. Nous nous installons dans un gymnase à 9 heures et demie. Je me couche à 10 heures.

24 Septembre 1918

Levé à 7 heures et demie. J'ai eu froid dans ce grand local. Ma matinée se passe à chercher un petit coin pour être mieux logé. Impossible de rien trouver. Force nous est de nous installer un coin dans le gymnase ce qui nous prend notre après-midi. J'écris et me couche à 9 heures et demie.

25 Septembre 1918

Levé à 8 heures. J'ai encore eu très froid toute la nuit. Je n'ai rien à faire et passe mon temps comme je peux. Le soir j'écris et me couche à 9 heures et demie.

26 Septembre 1918

Levé à 8 heures. J'ai encore eu très froid mais je viens de trouver un local où je serai un peu plus confortable. Je m'y installerai demain. Je flâne toute la journée et me couche à 10 heures.

27 Septembre 1918

Levé à 8 heures. Je procède à mon déménagement et à ma nouvelle installation. Nous avons place dans une espèce de buanderie spacieuse et propre. Le tantôt nous apprenons qu'à 2 heures du matin viendra le 56ème Chasseurs à Pieds. Sans doute plusieurs hommes logeront avec nous. Le soir j'écris et me couche à 10 heures.

28 Septembre 1918

Levé à 8 heures. Je n'ai rien à faire. Ma journée se passe à lire. Le soir j'écris. Je me couche à 10 heures.

29 Septembre 1918

Levé à 8 heures. C'est dimanche. Le tantôt nous allons nous promener jusqu'à Cumières. Le soir à 7 heures et demie, je suis désigné pour marcher sur un camion. Comme je suis chauffeur de touriste je m'y refuse énergétiquement. je suis de suite appelé à la popote par le Lieutenant Jobert, un marchand de couleurs de St. Cloud et une sale bête qui dirige la section en l'absence de mon Lieutenant et qui est furieux de voir que je reste à rien faire sans même m'être fait porter malade. Il me demande des explications. Je luis réponds que je me repose comme suite d'entérite et que je ne marcherai pas. Il me reproche de n'être pas très bon Français. La colère m'empoigne. Je luis dis que j'ai 19 mois de tranchées à mon actif ainsi qu'une Croix de Guerre – que tout le monde ne peut pas en dire autant et que cela vaut bien des galons. Je lui réitère que je ne marcherai pas sur un camion. Il me dit alors d'aller voir le Major demain matin pour qu'il m'exempte de camion. Je luis réponds que c'est chose très facile et que cela sera fait demain matin à la première heure. Je rentre furieux mais je ne marche pas. J'écris un peu et me couche à 10 heures.

30 Septembre 1918

Levé à 7 heures. je vais à 9 heures à la visite. Celle-ci est justement passée par le Docteur Subert qui me connaît bien et se rappelle que je lui ai servi d'infirmier à Igny. je lui explique franchement mon cas mais en même temps j'en profite pour me faire examiner. il me dit que mon entérite n'est pas encore complètement passée et que j'ai certes besoin de repos. Il me donne pleine et entière satisfaction en m'exemptant de suite de camion. Le Lieutenant Jobert attend au bureau le cahier de visite. En voyant mon exemption il est tout dépité car il ne s'attendait pas à cela. Pour se venger il m'ordonne d'aller le tantôt travailler à l'atelier. Je lui réponds que j'irai à l'atelier pour ne pas le contrarier autrement mais que je n'y travaillerai pas. J'ajoute que s'il insiste je demanderai mon transfert à l'hôpital et que nous verrons ce que mon Lieutenant pensera à son retour de se voir privé de son chauffeur. Il rage et me dit d'aller quand même à l'atelier. À midi j'y vais et je passe mon temps à fumer des cigarettes et ... à me geler les pieds. En rentrant à 5 heures mon fourrier me fait appeler et me dit que je pars demain matin à 8 heures pour reprendre mon poste auprès de mon Lieutenant à Jouy-sur-Morin. J'en suis enchantée. De suite je prépare mes affaires. J'écris et me couche à 10 heures

1 Octobre 1918

Levé à 6 heures et demie. À 7 heures et quart. Je vais au bureau du fourrier pour prendre mon ordre de mouvement et je suis for navré d'apprendre que mon départ est suspendu car mon Lieutenant rentre sous peu. Le tantôt je retrouve à l'atelier pour éviter de voir la sale tête de Jobert. Le soir à 8 heures il y a un cinéma dans une grange. Nous y allons. je me couche à 11 heures.

2 Octobre 1918

Levé à 8 heures. Je reste tranquille la matinée. Le tantôt je vais à l'atelier. J'y m'ennuie et c'est tout mon travail. Le soir j'écris. Coucher à 10 heures.

3 Octobre 1918

Levé à 8 heures. À 9 heures je vais à l'atelier. À 11 heures mon Lieutenant rentre. À une heure je le vois. Il me serra la main avec effusion et me demande de mes nouvelles. Il me dit qu'il s'est ennuyé de moi – bien et moi donc. De suite je reprends mon service auprès de lui et à 2 heures nous partons à Try. En route je lui raconte l'incident Jobert. Il me dit de ne pas m'en faire et m'affirme qu'il me vengera. Nous rentrons à 4 heures. Le soir j'écris. Coucher à 9 heures et demie.

4 Octobre 1918

Levé à 7 heures et demie. À 8 heures je vais à Courville d'où je rentre à une heure pour déjeuner. Le tantôt je m'occupe de ma voiture. Le soir coucher à 10 heures.

5 Octobre 1918

Levé à 8 heures. Nous attendons des ordres pour déménager et aller en Argonne. Toute la journée se passe à emballer nos affaires. Je me couche à 10 heures.

6 Octobre 1918

Levé à 8 heures. Nous sommes toujours en instance de départ. La journée se passe à flâner. Le soir nous allons au cinéma. Je me couche à 10 heures et demie;

7 Octobre 1918

Levé à 5 heures. Départ à 6 heures. Nous déménageons pour aller à Gizancourt. J'emmène avec moi les fourriers pour faire le cantonnement. nous arrivons à 8 heures. La journée se passe à courir avec le Lieutenant et le fourrier à la recherche des locaux. je suis installé à côté de mon Lieutenant dans une petite écurie. Il pleut à plein temps. Les hommes arrivent à 3 heures et demie et l'après midi se passe en installation. Le soir je vais écrire à l'YMCA qui est un foyer du soldat bien organisé. On nous dit qu'il y a la grippe Espagnole dans le patelin. C'est gai. Je me couche à 10 heures.

8 Octobre 1918

Levé à 8 heures. À 11 heures on me déménage de mon coint. Force m'est d'aller coucher au cantonnement. Ma journée se passe à rédéménager. Je me couche à 9 heures.

9 Octobre 1918

Levé à 8 heures. À 9 heures le Lieutenant me dit que nous partons à 9 heures et demie. Nous allons à Suippes et Somme-Suippes. En route je m'aperçois que j'ai un roulement à billes de cassé. Nous retournons au cantonnement où je répare. À une heure nous repartons. Nous allons à Vitry-le-François, Vitry-la-Ville, Châlons, Suippes et Somme-Suippes. Je rentre esquinté et sans lumière à 9 heures. je dîne et me couche à 10 heures.

10 Octobre 1918

Levé à 8 heures. Je m'occupe de ma voiture. L'après-midi j'écris. Un fâcheux contretemps m'est arrivé. Je devais partir en permission demain lorsque Lauzeral doit me remplacer pendant ma permission a perdu son père. Il est parti ce matin en permission spéciale. Il me faut attendre son retour pour partir à mon tour ce qui me retarde d'une huitaine de jours. À 4 heures je vais à Sainte-Menehould d'où je rentre à 5 heures et quart. Le soir je fais un tour au foyer du soldat. Je me couche à 9 heures et demie.

11 Octobre 1918

Levé à 8 heures. Je n'ai rien à faire car je ne sors pas aujourd'hui. Le tantôt j'écris. Coucher à 10 heures.

12 Octobre 1918

Levé à 6 heures et demie. Départ à 7 heures et demie. Nous allons transporter du matériel de Génie à Autry et à Ardeuil-et-Montfauxelles. Très mauvaise route car cela dérape. Je rentre à 6 heures et quart. Coucher à 9 heures.

13 Octobre 1918

Levé à 8 heures. C'est repos pour tout le monde. Le matin je travaille à ma voiture. Le tantôt je masse mon temps à écrire. Le soir je me couche à 10 heures.

14 Octobre 1918

Levé à 7 heures. Départ à 7 heures et demie. Nous allons chercher du ravitaillement en gare de Somme-Suippes et le transportons à Semide. Très mauvais chemin. Nous rentrons à è heures. Je dîne aussitôt. Coucher à 9 heures et demie.

15 Octobre 1918

Levé à 8 heures. Je ne sors pas aujourd'hui. J'en profite pour aller à l'atelier faire vérifier mon carburateur et mon embrayage. Cela me tient jusqu'à 4 heures. À 4 heures et demie, nous faisons un essai. Tout marche bien. Le soir après la soupe je vais au foyer du soldat où il y a le cinéma. J'y reste jusqu'à 8 heures et demie. Je me couche à 9 heures et demie.

16 Octobre 1918

Levé à 8 heures. Je ne sors pas. Je range un peu mes affaires. Il pleut à verse toute la journée. Le tantôt j'écris. Le soir je me couche à 10 heures.

17 Octobre 1918

Levé à 8 heures. Je m'occupe comme je peux car je ne sors pas. J'écris et me couche à 10 heures.

18 Octobre 1918

Levé à 8 heures. Rien à faire. Ma journée se passe à bricoler et à écrire. Coucher à 10 heures.

19 Octobre 1918

Levé à 4 heures et demie. Départ à 5 heures et demie. Nous allons charger du ravitaillement à la gare de Somme-Suippes pour le mener à Machault. Nous rentrons à 7 heures. Je dîne et me couche à 10 heures.

20 Octobre 1918

Levé à 7 heures et demie. À 11 heures je suis appelé au bureau par le Lieutenant qui me dit que je pars en permission. Lauzeral est rentré et de suite je lui passe ma voiture en consigne. Avec un camarade nous prenons le train de 1 heure, 22 à Gizaucourt. Il pleut à plein temps. Nous allons jusqu'à St-Hilaire-au-Temple. Là nous changeons pour Châlons où nous arrivons à 5 heures et quart. Pas de train avant 7 heures 41 demain matin. C'est gai. Nous mangeons au buffet militaire puis nous allons au cinéma. Ensuite nous nous asseyons sur un banc devant une table et nous nous endormons sur notre bras.

21 Octobre 1918

À 2 heures du matin je me réveille tout engourdi et je n'ai plus sommeil. À 6 heures nous prenons un café chaud. À 7 heures 41, nous nous embarquons dans un train bondé. J'arrive à Paris à Une heure 25. Après toutes les formalités je suis dehors à 2 heures. Je vais au bureau voir ma femme. Ensuite je vais chez moi. Un peu de toilette. Le soir dîner en famille. Coucher à 9 heures et demie.

22 Octobre 1918

Levé à 7 heures et demie. Je crois que j'ai pris un bon rhume. Craignant la grippe je me soigne de suite. Mon jardin est une vraie forêt vierge. Je me mets à l'arranger un peu. Le tantôt je vais voir ma sœur Marie. Le soir très fatigué je me couche à 10 heures et demie.

23 Octobre 1918

Levé à 9 heures. J'ai bien le rhume. Je travaille toute la journée au jardin. Le soir coucher à 10 heures.

24 Octobre 1918

Levé à 10 heures. Je bibelotte toute la matinée. Le tantôt mon ami Mariot le chauffeur du Capitaine Gourage vient me voir. Le soir je me couche à 10 heures et demie.

25 Octobre 1918

Levé à 9 heures. J'ai toujours le rhume. Le tantôt je vais à Paris faire une course pou un camarade. Le soir à 6 heures je vais prendre ma femme au bureau. Nous rentrons tous les deux. Coucher à 10 heures.

26 Octobre 1918

Levé à 8 heures. Toujours le rhume. Je reste à la maison à travailler. Le soir, coucher à 10 heures et demie.

27 Octobre 1918

Levé à 9 heures. Je vais chez ma sœur Marie où je vois tout le monde. Le tantôt Jeanne et Georges viennent nous voir et nous passons l'après-midi ensemble. Le soir ils restent dîner avec nous. Coucher à 11 heures.

28 Octobre 1918

Levé à 9 heures. Je bibelotte toute la journée chez moi. Coucher à 10 heures et demie.

29 Octobre 1918

Levé à 8 heures et demie. Nous allons déjeuner à Puteaux où nous passons l'après-midi. Le soir mon beau-frère Edmond arrive à la maison avec une convalescence d'un mois. Nous dînons ensemble.

30 Octobre 1918

Levé à 9 heures. Je vais avec Edmond à la Place de Vincennes pour tâcher d'avoir une prolongation. On nous renvoie aux Invalides. Le tantôt nous y allons mais il n'y a rien à faire pour faire prolonger ma permission. Nous faisons quelques courses. À 6 heures je vais à la gare du Nord prendre l'apéritif avec mon ami Debout. À 7 heures et demie nous rentrons dîner. Je me couche à 11 heures.

31 Octobre 1918

Levé à 8 heures. Je ne sors pas. Je bricole toute la journée. Le soir je me couche à 10 heures et demie

1er Novembre 1918

Levé à 9 heures. Déjeuner chez ma sœur Marie où nous sommes 12 à table et y restons jusqu'à 4 heures de l'après-midi. Page 683 Le soir dîner à la maison. Nous préparons la table pour demain matin car nous recevons à déjeuner Monsieur et Madame Felder. Nous faisons aussi un gâteau de marrons ce qui nous tient assez tard. Je me couche à 11 heures et demie.

2 Novembre 1918

Levé à 8 heures. Toute la matinée nous préparons le déjeuner. Vrai gueuleton. Nous nous mettons à table à midi et en sortons à 4 hures et demie. Les Felder sont tout à fait gentils. Le soir on dîne très peu. Je me couche à 10 heures.

3 Novembre 1918

Levé à 7 heures et demie. Je vais à la gare de Saint-Mandé faire simuler ma permission puis je vais dire au revoir à mes deux sœurs et à Delapraz. Ensuite nous allons déjeuner chez les Felder où nous passons l'après-midi. À 6 heures nous prenons l'apéritif chez Grüber. Nous rentrons à 8 heures pour dîner. Je me couche à 11 heures.

4 Novembre 1918

Levé à 6 heures et demie. Je fais mes bagages pour partir.

Je lis sur le journal que l'armistice est signé avec l'Autriche. Bon Dieu L'Allemagne toute seule ne devrait pas pouvoir tenir longtemps maintenant. Serions-nous bientôt à la fin de la guerre. Je n'ose y penser. En tous cas cela m'enlève un peu le cafard. Ma femme m'accompagne à la gare. Je prends à 8 heures et demie un train qui part à 9 heures et quart.je vais jusqu'à Faveresse où je prends un autre train qui m'amène à Valmy à 4 heures quarante-cinq.

5 Novembre 1918

À 5 heures et quart j'arrive à Gizaucourt. Tout le monde est parti de la veille à Sarry. Heureusement il reste le train lourd avec lequel je puis partir. À 9 heures nous partons mais avec un changement de direction car nous allons en Lorraine. Nous allons cantonner à Void. En route à Givry-en-Argonne je rencontre mon Lieutenant que je laisse avec Lauzeral pour la journée. Nous arrivons à Void à Minuit et demie. Nous mangeons un morceau puis je trouve un coin de grange où je m'étale sur une botte de paille.

6 Novembre 1918

Levé à 6 heures. Départ à 7 heures et demie. Mon Lieutenant m'apprend qu'en mon absence Lauzeral m'a coulé une bielle à ma voiture. Cela m'étonne de lui car il est pourtant bon conducteur. En tous cas elle est fichue et l'on va sans doute me la changer. Je vais moi-même la chercher. Je monte dedans et je fais le chemin en remorque derrière un camion. Nous arrivons à Damelevières à 8 heures du soir. Je mange un peu puis dans une grange je me couche à 9 heures et demie.

7 Novembre 1918

Levé à 7 heures et demie. Je m'installe un peu puis je vais voir ma voiture. Elle ne me paraît pas si cassée que cela. En tous cas elle me semble réparable et je vais voir l'atelier qui s'en occupera demain. Le tantôt j'écris. Le soir nous allons un peu au café. Je me couche à 9 heures et demie.

8 Novembre 1918

Levé à 7 heures et demie. À 8 heures je vais à l'atelier. À une heure j'y retourne et j'y travaille tout l'après-midi. À 4 heures tout est arrangé.

Le tantôt coup de théâtre. On nous apprend que l'Allemagne à 72 heures pour accepter les conditions de notre armistice. Cela fait rudement plaisir car nul doute qu'ils acceptent. Le soir nous allons un moment au café. Coucher à 9 heures et demie.

9 Novembre 1918

Levé à 7 heures. Je fignole ma voiture. Le tantôt je vais avec à Lunéville. Le soir j'écris. Coucher à 10 heures.

10 Novembre 1918

À une heure nous partons en convoi. Nous allons charger des plateformes d'artillerie pour les mener à Bauzemont. Le trajet dure toute la nuit avec un brouillard intense.

Le capitaine qui nous reçoit nous demande si nous ne sommes pas fous. Il n'y a pas besoin de ces plateaux puisque (d'après lui) l'armistice sera signé demain matin. Le fait est que nous sommes dans un secteur qui ne cesse d'être bombardé depuis le début de la guerre. Or ce soir pas un coup de fusil pas un coup de canon. Le trajet dure toute la nuit et par un brouillard intense. Je rentre à 4 heures quarante-cinq du matin et me couche à 5 heures.

11 Novembre 1918

Levé à 9 heures. Un peu de toilette. À 11 heures le tambour de ville nous apprend que l'armistice est singé. La guerre est finie. Tout le monde est à moitié fou de joie.

Nous ne savons encore quand nous renterons dans nos foyers mais savoir que le canon ne tirera plus, que l'on va pouvoir aller se promener au-dehors sans risquer un éclat d'obus ou un coup de fusil cela je vous le jure vous fait vraiment quelque chose et je dirais même une tellement drôle d'impression que l'on à peine à y croire.

Le tantôt je vais à Lunéville avec mon Lieutenant. L'enthousiasme d e la population civile et militaire est impossible à décrire. Un aviateur très imprudent vole tellement base que nos képis s'envolent. Tout le monde s'embrasse pou un rien. C'est idiot mais cela fait du bien. Je rentre à 5 heures. Àdîner avec quelques copains nous buvons une bonne bouteille. Brisé d'émotion je me couche à 9 heures et demie.

12 Novembre 1918

Levé à 8 heures. Je m'occupe un peu de ma voiture. À 10 heures je vais à Lunéville d'où je rentre à midi. Comme c'est aujourd'hui ma fête le soir nous allons au café où je paye une bonne bouteille. Je me couche à 10 heures et demie.

13 Novembre 1918

Levé à 5 heures. Départ à 5 heures et demie. Nous allons chercher des obus à Serres, Hoéville pour les ramener au dépôt de Tuvaux. C'est bien fini on rentre la marchandise. Il fait très beau mais très froid. Je rentre à 3 heures. Le soir nous allons au café faire une manille. Je me couche à 9 heures et demie.

14 Novembre 1918

Levé à 8 heures. Je bricole un peu. On a décidé de me changer ma voiture. À 2 heures je fais au Groupement à Mars-sur Meurthe. Là je troque ma Delaunay-Belleville contre une Théophile Schneider. Celle-ci est aussi grande que l'autre mais beaucoup plus légère. De ce fait elle est plus maniable mais elle court beaucoup plus vite. Le 90 ne la gène pas. Par exemple la carrosserie est plutôt moche et y aurai de l'ouvrage après pour la remettre en état. Je rentre à 4 heures et demie. Le soir nous faisons une manille au café. Coucher à 9 heures et demie.

15 Novembre 1918

Levé à 7 heures. À 7 heures et demie je vais à l'atelier pour commencer un peu de propreté à ma nouvelle voiture. J'y reste toute la journée. Le soir nous faisons un écarté au café. Je me couche à 10 heures.

16 Novembre 1918

Levé à 7 heures. Je vais à l'atelier continuer mes travaux. À 11heures je pars avec mon Lieutenant et deux fourriers faire un cantonnement dans les Vosges pou y partir demain. C'est ainsi que je vais à Vanémont à 12 kilomètres au-dessus de Saint-Dié-des-Vosges. Je rentre à Damelevières à 8 heures du soir. Il gèle très fort. À la popote des officiers je mange une bonne soupe et bois du café chaud puis j'ai un lit dans un grenier. Je me couche à 11 heures.

17 Novembre 1918

Levé à 6 heures. À 8 heures nous partons pour Vanémont. La route se fait lentement. Nous faisons une pause au-dessus de Raon-l'Étape et nous arrivons à Vanémont à 2 heures. On s'installe dans une grange. le soir nous allons un moment au café où j'écris. Je me couche à 9 heures.

18 Novembre 1918

Levé à 8 heures. Je m'occupe de ma voiture qui décidément gaze bien. Le tantôt je vais à la Chapelle et Corcieux. J'en rentre à 4 heures. Le soir une manille au café et coucher à 9 heures.

19 Novembre 1918

Levé à 3 heures. Départ à 4 heures. Nous allons à Raon-l'Étape charger des vivres pour la population Alsacienne. De là nous passons la frontière au Col de Hantz et nous allons à Urmatt. J'ai vécu là une heure inoubliable dans ma vie.

L'enthousiasme de ces pays libérés est indescriptible. Tous les villages sont pavoisés aux trois couleurs. Les gosses assaillent ma voiture et les jeunes filles nous embrassent. Les hommes et surtout les vieux nous saluent chapeau bas. C'est délirant.

Le soir à 5 heures nous chargeons des prisonniers Français, Russes et Roumains. Leur odyssée est navrante. Le voyage est merveilleux tellement la contrée est belle. Après quelques péripéties nous rentrons à minuit. Je me couche à Une heure et demie du matin plus brisé d'émotion que de fatigue. Belle et bonne journée.

20 Novembre 1918

Levé à 8 heures. Il faut plier bagages. À midi nous déménageons pour aller cantonner à Fraize. Nous y arrivons à deux heures. De suite je trouve une ancienne boucherie où nous logeons à 5. Nous serons là très bien. Je m'installe et j'écris. Coucher à 10 heures.

21 Novembre 1918

Levé à 3 heures et demie. Départ à 4 heures et demi. Nous chargeons du ravitaillement en gare de St. Michel-sur-Meurthe et le transportons à Saint-Peters – Chemin merveilleux. Là encore une superbe ovation nous est faite. Des jeunes filles s'emparent de ma voiture et un en clin d'oeil tout le tour du pare-brise est orné de minuscules bouquets tricolores. C'est d'un effet merveilleux et c'est tout fleuri que je rentre à 7 heures. Je dîne. J'écris un peu et me couche à 10 heures.

22 Novembre 1918

Levé à 5 heures et demie. Départ à 6 heures quarante-cinq. Nous allons charger des vivres en gare de Fraize; Nous grimpons le col du Bonhomme où il y a deux virages en fer à cheval un peu là et nous allons jusqu'à Guémar et Elsenheim. En route nous nous arrêtons à Kaysersberg et mon Lieutenant m'offre à déjeuner dans une auberge où se trouve une jeune servante très accorte du nom Kate et avec laquelle nous blaguons fortement. Elle me dit combien elle aime la blague française qui n'a vraiment rien de brutal. De Elsenheim nous allons jusqu'à Colmar et là nous voyons la Kermesse offerte au Général de Castelnau. À Colmar comme partout ailleurs la ville est paroissée et toute en fête. Nous retournons à Elsenheim et nous rentrons à 8 heures. Je dîne et me couche à 11 heures.

23 Novembre 1918

Levé à 7 heures et demie. Enfin je ne sors pas aujourd'hui. Je bricole un peu après ma voiture puis le tantôt je m'occupe de ma toilette dont j'ai fort besoin. Ensuite j'écris. Le soir nous allons faire un tour au café. Coucher à 11 heures.

24 Novembre 1918

Levé à 8 heures. Départ à 9 heures. Je vais encore à Guémar et Elsenheim et nous poussons jusqu'à Schlestadt En passant nous nous arrêtons à Kaysersberg où mon Lieutenant m'invite encore à Déjeuner. Là nous voyons Kate qui à notre intention est allé mettre son costume alsacienne. Elle st ainsi fort jolie mais il paraît que nous blaguons un peu fort. Bah! La guerre est finie. À 4 heures nous repassons là et nous buvons un Kirsch, puis nous repartons à toute vitesse car nous nous sommes mis en retard. Je rentre à 6 heures. Je dîne. J'écris et je me couche à 10 heures.

25 Novembre 1918

Levé à 7 heures et demie. Je ne suis pas de convoi aujourd'hui. Je m'occupe de ma voiture et surtout j'en sers les freins qui en ont bien besoin et cela est prudent dans ces pays-ci. Le tantôt à 3 heures je vais à Saint-Dié conduire un Lieutenant qui part en permission. Je rentre à 6 heures. Je dîne. J'écris un peu au café et me couche à 10 heures.

26 Novembre 1918

Levé à 5 heures et demie. Départ à 6 heures quarante-cinq. Nous allons en gare de Fraize pour chercher du ravitaillement pour Guémar et Elsenheim. Je déjeune à Guémar avec une bonne choucroute. De là je conduis un sous-lieutenant du 8ème Chasseur à Pieds à Schlestadt puis je reviens à Guémar. Je repars ensuite conduire deux capitaines du 4ème Tirailleurs à Mackenheim et je reviens à Marckolsheim.

De là je vais avec mon Lieutenant à Sasbach voir le Rhin. Le fleuve à 200 mètres de large mais pas plus de 80 mètres d'eau car tout le reste est du caillou. Un pont de bateaux sert à le franchir. Nous sommes d'un côté et de l'autre sont les Boches. Je le franchis malgré la défense et c'est ainsi que je pénètre en Bochie. Nous revenons et nous prenons deux tours. Lieutenant d'artillerie pour Fraize. En route nous nous arrêtons à Kaysersberg où nous prenons un kirsch. Là je vois Kate. Nous rentrons à 6 heures. Je dîne. J'écris un peu et me couche à 10 heures.

27 Novembre 1918

Je ne sors pas aujourd'hui. Je m'occupe de ma voiture. Le tantôt j'écris. Le soir à dîner un camarade marseillais(Capuro) retour de permission nous offre un lapin froid que nous mangeons en buvant à plein quart de la bonne eau-de-vie. C'est bon mais je sens que cela chauffe pas mal. Ensuite nous allons au café faire un billard en buvant de la bière. À un moment donné je sors pour un petit besoin. Je rentre dans la fumée et les vapeurs d'alcool du café. C'est à mon tour de jouer au billard mais je ne vois pas les boules. La tête me tourne et je sens la cuite qui vient. C'est formidable. Les camarades sont obligés de me transporter dans notre carrée. Ils me flanquent sur mon lit et retournent au café. Une demi-heure après je vomis sans arrêt et sans bouger de place et je m'endors là-dedans; Une heure après les camarades rentrent. Cela me réveille et je constate qu'ils sont plus saouls que moi. Ce cochon de marseillais est heureux comme tout d'avoir cuité un parisien et le plus honteux c'est que le parisien c'est moi.

28 Novembre 1918

Levé à 7 heures. J'ai la tête tellement lourde qu'elle me semble rouler sur mes épaules. Je vais à ma voiture mais comme il pleut je n'y travaille pas beaucoup. Le tantôt j'écris. Le soir après la soupe une sale corvée. Il me fau faire la liaison à St. Dié et ramener deux conducteurs. Je rentre à minuit par un temps de chien tant la pluie et le vent font rage. Je me couche à minuit et demi.

29 Novembre 1918

Levé à 7 heures et demie. Je m'occupe de ma voiture. À 10 heures je vais au groupement à St. Dié d'où je rentre à midi. Le tantôt je prépare mes affaires car nous partons demain matin direction Mulhouse. Le soir un peu au café et coucher à 10 heures.

30 Novembre 1918

Levé à 5 heures. Départ à 7 heures. Voyage très dur avec de nombreux incidents. Nous arrivons le soir à 8 heures à notre cantonnement à Brunstatt à 2 kilomètres de Mulhouse. Impossible de rien trouver à cette heure. Je mange un morceau dans un café puis pour ce soir j'élis domicile dans un camion. Je me couche à 11 heures.

1 Décembre 1918

Levé à 7 heures et demie. Je fais le plein de ma voiture et à 10 heures je pars avec mon Lieutenant et notre capitaine faire des courses à Mulhouse. Je suis de retour à 11 heures. Je déjeune et à midi nous partons conduire des permissionnaires et des cils à Montreux-Vieux. Divers incidents de route m'amènent à rentrer par un épais brouillard à 10 heures du soir. Je dîne. J'écris vivement et coucher à 10 heures et demie.

2 Décembre 1918

Levé à 7 heures. Je ne sors pas aujourd'hui et j'en profite pour aller laver ma voiture au canal. Le tantôt je m'occupe un peu de ma toilette. Le soir nous allons au café. Je me couche à 10 heures.

3 Décembre 1918

Levé à 7 heures et demie. Je ne sors pas encore aujourd'hui. J'occupe ma journée à bibeloter. Le soir à 9 heures on nous averti que nous déménageons et que nous partons demain matin à 7 Heures pour Duppigheim. Je prépare mes affaires et me couche à 10 heures.

4 Décembre 1918

Levé à 5 heures. Nous faisons nos préparatifs de départ. À 7 heures tout est prêt. À 8 heures nous partons. Le trajet se fait assez rapidement. En passant je m'arrête une heure avec mon Lieutenant à Colmar. À 3 heures nous arrivons à Duppigheim mais les cantonnements toujours lents comme d'habitude ne sont pas prêts avant 4 heures et demie.

Ici tous les habitants veulent loger les automobilistes si bien que nous sommes logés deux par deux dans chaque maison. Les gens nous donnent un bon lit. Je loge avec mon motocycliste chez des gens très bien mais naturellement ne causant pas un mot de français. Je suis obligé de me débrouiller à me faire comprendre avec les quatre mots d'allemand que je sais. Le soir nous avons une chambre spacieuse bien chaude et éclairée à l'électricité. J'écris un peu, puis nous passons un moment en famille et au chaud. Enfin je me couche à 9 heures.

5 Décembre 1918

Levé à 7 heures et demie. J'ai passé une bonne nuit dans un bon lit bien chaud et mon camarade ne m'a pas trop gêné bien que je sache qu'il est rempli de poux. Je m'occupe un peu de ma voiture. Le tantôt à une heure et demie je vais avec mon Lieutenant à Strasbourg qui n'est distant que de 15 kilomètres. À toute petite allure nous parcourons les principales artères de la ville dont beaucoup ressemblent à Paris surtout les quais qui a s'y méprendre rappellent ceux de l'Hôtel de Ville.

Nous allons à la cathédrale. Mon Lieutenant la visite à l'intérieur puis il vient garder ma voiture et ensuite c'est mon tour. Je fais divers achats de cartes-postales et autres objets. Lui aussi. Puis nous repartons par un brouillard intense. Nous rentrons à 4 heures. Le soir j'écris et me couche à 10 heures.

6 Décembre 1918

Levé à 7 heures et demie. Je m'occupe de ma voiture toute la matinée. Le tantôt je passe mon temps à lire et à écrire. Le soir je vais faire un peu d'allemand avec mes hôtes. Coucher à 10 heures.

7 Décembre 1918

Levé à 7 heures et demie; Ma journée se passe à bricoler. Le tantôt nous apprenons que notre section est désignée pour partir lundi à Nancy. On se prépare donc. Le soir à 7 heures mon Lieutenant vient me trouver dans ma chambre et me dit que lui ne part pas pour Nancy mais qu'il doit avec quelques conducteurs de la section en former une qui sera probablement la 838 pour aller prendre livraison des camions boches. Il me dit qu'il emmène son ordonnance. Quant à moi je suis libre de retourner à Nancy mais il aura une telle peine à se séparer de moi qu'il me supplie de le suivre. Il ne sait pas le plaisir qu'il me fait mais je ne le lui fais pas voir. S'il savait combien je préférerais aller de l'avant en Alsace plutôt que de m'encaserner à Nancy. Je luis dis qu'il peut compter sur moi et que je le suivrais jusqu'à la fin des opérations. Il m'en remercie vivement. En attendant je suis muté à la 65 et je n'ai qu'à attendre les évènements. Certes cela me fait un peu de peine de quitter de bons copains mais je me console en allant prendre quelques bocks au café. Je rentre écrire et me couche à 9 heures et demie.

8 Décembre 1918

Levé à 8 heures. À 10 heures je vais à la messe entendre prêcher en allemand. Pendant ce temps mon Lieutenant prend ma voiture pour aller faire des courses. C'est la première fois que je le vois conduire. L'après-midi je suis tranquille. À 4 heures je vais faire un tour à Strasbourg. En revenant je vais au Groupement à Duttlenheim d'où je rentre à 6 heures et demie. Je dîne puis nous allons au café où il y a un bal. Toutes les femmes veulent danser avec nous. Je rentre me coucher à 10 heures.

9 Décembre 1918

Levé à 7 heures et demie. Je m'occupe de ma voiture. Après la soupe je m'habille en grande tenue puis nous allons à Innenheim pour voir où est notre future section. De là nous filons à Strasbourg pour assister aux fêtes. Nous arrivons assez tôt pour voir le défilé de Pointcarré-Clémenceau et leur suite.

Tout est superbe. Les alsaciennes en costume de tous les villages environnants sont tout à fait délicieuses. Les Alsaciens sont surtout très étonnés disent-ils de ce qu'on laisse approcher d'aussi près nos autorités. Lorsque le Kaiser venait à Strasbourg presque personne ne se dérangeait et les quelques rares spectateurs ne pouvaient l'approcher car sur tout le parcours se trouvait un garde de soldats sur quatre rangs. On voit que la sympathie du peuple est sincère.

À 5 heures et demie nous repartons et en route nous prenons trois alsaciennes dans ma voiture. Nous les menons à place avec nous. Nous rentrons à 6 heures. Je dîne. Nous allons au café jusqu'à 10 heures et je me couche à 11 heures.

10 Décembre 1918

Levé à 7 heures. Nous voici peu nombreux mais bien tranquilles dans ce petit pays. Je m'habille. À 9 heures et demie je vais au Groupement à Duttlenheim puis ensuite à Innenheim chercher notre fourrier qui fait partie de notre nouvelle section. Je repasse au groupement d'où je rentre à 3 heures. Après la soupe nous allons un peu au café puis j'écris et me couche à 9 heures et demie.

11 Décembre 1918

Levé à 8 heures. Je bricole toute la journée après ma voiture. Le tantôt j'écris. Le soir un tour au café et coucher à 10 heures et demie.

12 Décembre 1918

Levé à 8 heures. La matinée se passe à peu près. Le tantôt je vais avec trois camarades à Strasbourg. Je laisse ma voiture à la CRA [Centre de Réparation et d'Approvisionnements] Puis nous visitons la ville à pieds.

Aussi j'en jouis à mon aise. Je rentre à 4 heures. Là mon Lieutenant me dit que je vais demain passer la journée avec mon fourrier à Mulhouse. Bonne aubaine. Le soir après dîner nous allons au café. Je me couche à 10 heures.

13 Décembre 1918

Levé à 7 heures. À 8 heures et demie je pars avec mon fourrier pour Mulhouse. Il fait un temps plus que dégoûtant. La pluie et le vent ne décessent pas. De plus comme cela nous vient de pleine face je ne puis faire plus de 5 kilomètres sans m'arrêter pour laver et essuyer mon pare-brise. À 11 heures nous déjeunons à Colmar. À une heure et demie, nous arrivons à Mulhouse. À 3 heures et quart nous en repartons. À 6 heures nous arrivons à Innenheim où nous nous arrêtons chez des braves gens que mon camarade connaît pour manger une bonne omelette au lard et des pommes à l'huile. Nous sommes de retour à 8 heures et demie. Je vais rendre comte de ma mission à mon Lieutenant puis je vais au café prendre un bock. Je rentre. J'écris et me couche à 10 heures.

14 Décembre 1918

Levé à 7 heures et demie. Je vais à la mare laver ma voiture. Le tantôt je suis furieux car il faut que j'aille au Groupement et je salie ma voiture à nouveau. Le soir un tour au café et coucher à 10 heures.

15 Décembre 1918

Levé à 8 heures. À 8 heures et demie, mon Lieutenant me fait prévenir que nous allons à 10 heures au Groupement mais au moment de sortir il y a contre ordre. À 10 heures et demie je vais faire un tour à la messe. À une heure et demie avec mon Lieutenant et deux camardes nous partons faire un tour à Strasbourg. En ville nous laissons mes deus camarades puis mon Lieutenant et moi nous poussons jusqu'au Rhin que nous voyons au pont de Kehl. Ce pont est une merveille. Il est gardé militairement de chaque côté. Nous revenons en ville et nous naviguons par un tas de rues diverses ce qui nous permet de voir un peu tous les différents quartiers. À 4 heures nous reprenons mes camarades à la CRA puis par un brouillard très épais nous rentrons à 4 heures et demie. Le soir un moment au café et coucher à 10 heures.

16 Décembre 1918

Levé à 8 heures. À 8 heures et demie je vais à l'atelier faire faire une légère réparation à ma voiture. Le tantôt je vais jusqu'au Groupement d'où je rentre à 3 heures. Le soir nous allons au café car le vin du Rhin est vraiment bon. En rentrant j'écris et me couche à 10 heures et demie.

17 Décembre 1918

Levé à 8 heures. Je bricole un peu après ma voiture. À une heure et demie je vais au Groupement d'où je reviens à 3 heures. Le soir à 8 heures et demie je retourne au Groupement conduire un officier. Je suis de retour à 9 heures. Un peu au café et coucher à 10 heures.

18 Décembre 1918

Levé à 8 heures. La 65 nous quitte pour aller à Metz et nous passons en subsistance à la 407. Encore un changement et l'ennui de tout cela c'est que les courriers ne nous parviennent pas. Je passe ma journée à ne rien faire où à peu près. Le soir un tour au café. Puis j'écris et me couche à 10 heures et demie.

19 Décembre 1918

Levé à 8 heures. Il paraît que tout le monde va demain à Duttlenheim à la 561. Je vais au Groupement et là mon Lieutenant obtient que lui et moi nous restons à Duppigheim jusqu'à nouvel ordre. Le soir toujours au café et coucher à 10 heures et demie

20 Décembre 1918

Levé à 8 heures. À 10 heures je vais au Groupement et là j'apprends que malgré tout nous sommes forcés d'aller tous demain à Duttlenheim. J'en suis navré. Le tantôt nous retournons au Groupement. Le soir nous mangeons à la popote des officiers et ensuite nous allons chez des jeunes filles de notre connaissance boire le vin chaud. Nous causons un bon moment. Je me couche à minuit.

21 Décembre 1918

Levé à 7 heures et demie. Je prépare mes affaires. À 9 heures je pars avec mon Lieutenant pour les porter avec les siennes et nous faisons trois voyages. En arrivant je trouve une petite écurie pour nous loger à 3. Le tantôt je procède à mon installation. Le soir après la soupe je retourne à Duppigheim pour revoir mes hôtes. J'en suis fort bien reçu. En rentrant nous allons un moment au café. Je me couche à 10 heures.

22 Décembre 1918

Levé à 7 heures et demie. Mon Lieutenant m'informe que nous partons demain à 8 avec lui pour aller à Schlestadt faire la réception des camions boches. Cela peut durer de un à deux mois. J'en suis enchanté. Je reprépare mes affaires. Le soir nous allons au café où il y a bal. Je me couche à 10 heures et demie.

23 Décembre 1918

Levé à 7 heures. Je me prépare à partir. À Une heure et demie je vais à Strasbourg puis à Kehl pour prendre les ordres du Capitaine Wickoff. Il fait une tempête de pluie et de vent épouvantable. De là nous allons à Schlestadt où nous arrivons à 5 heures. À 8 heures nous allons manger un morceau à la caserne. Ensuite nous nous débrouillons et nous trouvons chez un monsieur Spritz (agent d'assurance de Rhin et Moselle), un petit pavillon composé de deux grandes pièces qu'il met à notre disposition et qui nous sert de logement. De suite nous y arrangeons nos lits. Je me couche à 9 heures et demie.

24 Décembre 1918

Levé à 7 heures. Nous allons au parc pour nous occuper des camions boches avec notre Lieutenant. Nous passons ainsi toute la journée à ne pas faire grand' chose. Ce qui est très intéressant c'est que nous sommes entièrement libre n'étant attaché au parc que pour y manger. Nous pouvons aller en ville à notre guise. Le soir après la soupe nous allons au café. Coucher à 10 heures.

25 Décembre 1918

Levé à 9 heures. C'est Noel – jour de réjouissance et jour triste lorsque l'on n'est pas chez soi et près des siens. Le matin je flâne un peu. Le tantôt nous allons nous promener puis nous revenons au café faire une partie de cartes. Le soir nous retournons au café car c'est tout ce qu'il y a à faire. J'écris un peu et me couche à 10 heures.

26 Décembre 1918

Levé à è heures et demie. Je m'occupe de ma voiture. À une heure et demie, je vais avec mon Lieutenant au Groupement à Duttlenheim. Là nous restons un moment puis nous revenons par Molsheim et Mutzig que nous admirons en passant. Je suis de retour à 5 heures. Le soir j'écris un peu et me couche à 9 heures et demie.

27 Décembre 1918

Levé à 8 heures. Un tour au parc où je ne fais rien. Le tantôt un peu d'ouvrage car nous faisons l'inventaire de 5 camions. Après la soupe il neige aussi nous nous enfermons dans notre chambre où nous faisons un bon feu de bois. Je lis et me couche à 10 heures.

28 Décembre 1918

Levé à 8 heures. Je m'occupe un peu de ma voiture car j'ai mon carburateur à vérifier. Le tantôt je fais quelques inventaires de camions au parc. Le soir il pleut à torrent aussi je reste dans ma chambre où je lis et j'écris. Je me couche à 11 heures.

29 Décembre 1918

Levé à 9 heures et demie. Je fais une toilette du dimanche. À une heure et demie je pars avec mon Lieutenant et deux camarades chercher le courrier à Duttlenheim. De là nous allons à Duppigheim voir nos anciennes connaissances. Au moment de partir Mathilde Alois m'embrasse. Le Lieutenant fait un drôle de tête. Je rentre à 5 heures et demie. Le soir après la soupe nous allons un moment au café. Puis je rentre écrire et lire un peu. Je me couche à 10 heures et demie.

30 Décembre 1918

Levé à 8 heures. Je m'occupe de ma voiture et j'installe un phare boche qui marche certainement mieux que les nôtres. Le tantôt je vais faire un tour au parc. Le soir j'écris un moment et me couche à 10 heures.

31 Décembre 1918

Levé à 7 heures. À 8 heures et demie je pars à Strasbourg à la CRA. De là nous allons au pont de Kehl. Puis nous revenons déjeuner à Strasbourg. À 2 heures nous repartons à Duppigheim puis à Duttlenheim pour prendre notre courrier. Je rentre à 6 heures et quart. Je dîne; je lis et me couche à 10 heures.

1er Janvier 1919

Levé à 9 heures. Nous nous souhaitons une bonne et heureuse année et la meilleure de toute puisque cette fois-ci c'est celle du retour dans nos foyers. À 10 heures et demie, notre Lieutenant vient nous la souhaiter à son tour. C'est bien triste quand même de ne pouvoir encore le faire en famille. Heureusement que la libération s'annonce. À déjeuner nous buvons le champagne. Le tantôt nous faisons un grand tour dans la campagne et allons jusqu'au pays voisin. Le soir nous faisons une manille au café. Je me couche à 10 heures.

2 Janvier 1919

Levé à 8 heures. Je bibelotte toute la matinée. Le tantôt je vais un peu au parc. Le soir je lis et j'écris et me couche à 10 heures.

3 Janvier 1919

Levé à 8 heures. Je m'occupe de ma voiture. À une heure et demie nous partons à Duttlenheim chercher le courrier puis nous allons ensuite faire un tour à Duppigheim. Par la pluie battante nous rentrons à 6 heures et quart. Je dîne. J'écris et me couche à 10 heures.

4 Janvier 1919

Levé à 9 heures. Je suis un peu fatigué par un gros rhume. Le matin je reste à me reposer. Le tantôt à 2 heures mon Lieutenant vient me trouver et nous allons voir le château de Hohkönigsburg. Pour y aller la promenade est superbe et d'en haut surtout l'on a un point de vue merveilleux. Nous restons là-haut pendant une heure. Nous redescendons et rentrons à 4 heures. Après le dîner j'écris et me couche à 10 heures.

5 Janvier 1919

Levé à 9 heures et demie. Je fais un peu de toilette. Le tantôt j'écris au coin du feu lorsqu'à 3 heures mon Lieutenant vient me trouver pour aller à Duttlenheim. Nous partons. Passé Epfig nous croisons les officiers que nous allions voir. Nous retournons sur nos pas et je rentre. Après la soupe j'écris et me couche à 10 heures.

6 Janvier 1919

Levé à 8 heures. À 9 heures je pars avec mon Lieutenant à Duttlenheim où il espère obtenir une permission. Je déjeune là-bas. Après le déjeuner mon Lieutenant est tout penaud car il n'a pas pu obtenir satisfaction. Nous repartons à 2 heures. Il n'a pas vu le capitaine mais il ne se tient pas pour battu et nous retournerons demain. Je rentre à 3 heures. Le soir j'écris et me couche à 10 heures et demi.

7 Janvier 1919

Levé à 7 heures et demie. À 9 heures nous partons à Duttlenheim. À 2 heures mon Lieutenant m'informe qu'il à sa permission. Nous repartons pour Schlestadt où nous arrivons à 3 heures. À 5 heures nous en repartons et je le mène à Strasbourg où nous arrivons à 6 heures. Comme il faut que demain je ramène le Lieutenant Lautier qui le remplace, je rentre coucher à Duttlenheim chez des amis où des camarades me font place. Après le dîner nous allons au café et je me couche à 11 heures.

8 Janvier 1919

Levé à è heures et demie. Je vais faire mon plein d'essence. À 9 heures et demie je pars avec le Lieutenant Lautier à Schlestadt où nous arrivons à 10 heures. Après le déjeuner à 2 heures nous partons à Strasbourg et y sommes à 3 heures. Nous allons à la CRA où nous laissons la voiture puis nous faisons un tour en ville. Ensuite nous retournons à Duttlenheim puis en repartons pour Schlestadt où nous arrivons à 6 heures. Je dîne. J'écris et me couche à 10 et demie.

9 Janvier 1919

Levé à 8 heures et demie. Je m'occupe de ma toilette car je ne sors pas aujourd'hui. Le tantôt je bricole un peu. Le soir après la soupe je fais un grand courrier et me couche à 11 heures.

10 Janvier 1919

Levé à 8 heures. À 9 heures je vais à Strasbourg où je reste pour déjeuner. Le tantôt nous passons à Duttlenheim où je fais faire une réparation d'une heure à ma voiture. Je rentre à 5 heures. Le soir je lis un peu et me couche à 10 heures et demie.

11 Janvier 1919

Levé à 8 heures. À 9 heures je pars avec le Lieutenant Lautier et un de ses camarades à Hohkönigsburg. Nous faisons une belle promenade et rentrons à 11 heures. À une heure et demie je repars avec les mêmes plus un de mes camarades au monastère de Sainte Odile. Route superbe et point de vue merveilleux.

En cours de route j'ai presque un accident. Une voiture attelée d'un cheval qui prend peur vient se jeter sur moi. Pour éviter un accident je n'hésite pas à me jeter avec ma voiture et mes voyageurs dans un fossé plein d'eau. Nous n'avons de mal personne mais nous mettons Trois quarts d'heure à nous tirer de là avec des cries. Puis nous repartons comme si rien n'était arrivé. je rentre à 5 heures. Le soir après la soupe j'écris un peu et me couche à 11 heures.

12 Janvier 1919

Levé à 8 heures et demie je fais une grande toilette; le tantôt comme il ne fait pas beau je vais avec un camarade et pour mes vingt sous passer l'après-midi au kinéma. Je vois un film boche auquel je ne comprends rien et un film français très bien. En sortant nous achetons des gâteaux que nous mangeons en rentrant. Le soir après dîner nous allons faire une manille dans un café où il y a un concert donné par un piano et un accordéon. C'est très bien. Je me couche à 11 heures.

13 Janvier 1919

Levé à 7 heures et demie. Pendant que je fais ma toilette notre hôte M. Spritz vient me trouver et me demande à ce que J'aille chez lui ce soir avec mes camarades passer un moment. Je le lui promets. Le tantôt je bricole un peu. Le soir à 8 heures et demie nous allons chez M. Spritz. Nous sommes fort bien reçus par sa femme et lui. Ils nous offrent des sandwichs au jambon et au beurre des grimaces des biscuits au pain d'épice et du vin d'alsace. Nous nous quittons à minuit. Je me couche à minuit et demi.

14 Janvier 1919

Je fais un peu de toilette. Le tantôt à midi et demie je prends ma voiture et avec trois de mes camarades nous nous échappons jusqu'au Hohkönigsburg. Nous faisons une belle promenade mais un peu rapide par crainte d'être pris. Nous rentrons à 2 heures. Le tantôt je bricole un peu. Le soir après dîner je lis et j'écris et me couche à 10 heures et demie.

15 Janvier 1919

Levé à 8 heures. Je bibelotte toute la matinée. Le tantôt pour nous occuper nous nous amusons à casser tout un tas de bois pour Monsieur Spritz. À 2 heures sa femme nous envoie à chacun un verre de kirsch. Puis à 5 heures elle nous renvoie un grand pot de confitures. Le soir après dîner nous allons au café faire une manille. Je me couche à 11 heures.

16 Janvier 1919

Levé à 8 heures. À une heure et demie je pars avec mon Lieutenant et deux camarades pour nous promener à Colmar. J'en suis fort heureux car je vais voir là un de mes amis Charles Judlin qui tient une épicerie en gros et avec qui j'étais à Saint Michel à faire mes études et que je n'ai pas vu depuis 1906 époque à laquelle je voyageais dans cette contrée. Il met deux bonnes minutes à me reconnaitre puis se dispose à me sauter au cou lors qu'apercevant ses employés il s'arrête. J'apprends une chose qui me navre un peu. À la déclaration de la guerre il a été pris par les Boches et forcé de servir pour eux sur le front Russe. Pendant ce temps son frère Albert qui était à Paris s'est engagé dans l'armée française et est encore aujourd'hui Lieutenant chez nous. Aussi les deux frères ont dû malgré eux lutter l'un contre l'autre. N'est-ce pas navrant et n'est-il pas ignoble que deux frères risquent ainsi s'entretuer sans avoir jamais eu la moindre discussion entre eux. Nous allons ensemble prendre un bock au café. Puis il me raccompagne à ma voiture. À 5 heures nous repartons et sommes de retour à 5 heures et demie. Le soir nous faisons une manille au café. J'écris et me couche à 10 heures.

17 Janvier 1919

Levé à 8 heures. Je vais au parc car aujourd'hui nous avons 15 camions boches à livrer. Cela nous passe une partie de la journée. Tout l'après-midi se passe à aider ceux qui viennent les chercher. Nous finissons à 4 heures. Le soir je lis et j'écris et me couche à 11 heures.

18 Janvier 1919

Levé à 7 heures et demie. Je m'occupe de ma voiture car je dois à une heure et quart aller à Strasbourg. À midi il y a contre-ordre. Un autre Lieutenant dont j'ignore le nom vient pour remplacer le Lieutenant Lautier. Celui-ci est très gentil. Il me parle longtemps d'une façon très agréable après m'avoir très gentiment serré la main. Le soir nous allons au café fêter le départ en permission de deux camarades. Là nous trouvons notre hôte Monsieur Spritz qui boit avec nous. À la fin de la fête tout le monde est un peu ému et Monsieur Spritz est fort heureux de nous avoir pour le rentrer chez lui. Il nous a fait bien rire. En rentrant j'écris vivement et me couche à 11 heures.

19 Janvier 1919

Levé à 8 heures. J'ai un fort mal de tête. Je vais à la gare pour envoyer chez moi ma cantine avec mes affaires personnelles. Cela ne va pas plus vite qu'en France et j'en ai pour une heure. De là je vais au bureau du parc pour établir mes feuilles de recensement en vue de ma démobilisation car la libération approche enfin. Le tantôt j'ai tellement mal à la tête que je ne sors pas et reste allongé sur mon lit tout l'après-midi. Le soir cela va mieux aussi nous allons un moment au café. Je me couche à 11 heures.

20 Janvier 1919

Levé à 8 heures. À 10 heures je vais au bureau remettre mes papiers en vue de ma démobilisation. Il paraît qu'il manque certaines pièces. J'en fais de suite part au Lieutenant qui va faire le nécessaire pour les faire venir. Il m'emmène dans sa chambre et pendant qu'il écrit il m'offre un paquet de cigarettes algériennes. Le temps a changé et il gèle très fort aussi par précaution je vide mon radiateur. Le soir nous allons au café, puis j'écris et me couche à 11 heures.

21 Janvier 1919

Levé à 7 heures et demie. Nous allons au parc pour faire l'inventaire des camions qui doivent partir. Le tantôt nous y retournons pour donner un coup de main à ceux qui doivent les emmener. Le soir un tour au café et je me couche à 10 heures.

22 Janvier 1919

Levé à 8 heures. Nous allons voir les camions qui doivent partir demain. N'ayant pas encore reçu satisfaction pour mes papiers le Lieutenant décide d'aller à Strasbourg demain. Il veut d'abord y aller par le train mais le tantôt il me dit de préparer la voiture pour demain matin. Le soir nous allons au café. Puis je rentre. J'écris et me couche à 10 heures et demie.

23 Janvier 1919

Levé à 7 heures et demie. Il neige. Aussi avant de préparer ma voiture je vais voir mon Lieutenant. Vu le temps il préfère aller à Strasbourg par le train. Je le laisse donc faire. Ma journée se passe à s'occuper de moi. Le soir un tour au café puis je rentre. Au moment de me coucher, mon Lieutenant vient me voir dans ma chambre. Il m'informe qu'il a les papiers nécessaires à ma démobilisation mais qu'il faut que nous partions demain matin à 6 heures et demie pour Strasbourg pour y chercher des remplaçants. Je lui dis que je serai prêt et le remercie de ce qu'il a fait pour moi. Je me couche à 10 heures et demie.

24 Janvier 1919

Impossible de partir à 6 heures et demie car je me réveille à 6 heures quarante-cinq seulement. Le Lieutenant n'en dit rien. Nous partons à è7 heures et demie. À 8 heures et demie nous arrivons à Strasbourg. Je fais mon plein d'essence et le Lieutenant faire ses affaires pendant ce temps-là. Nous repartons à 10 heures quarante-cinq. Je gaze un peu et nous sommes de retour à 11 heures et demie. À une heure je vais au-devant des camions qui nous ont suivis. Je les trouve à l'entrée de la ville. Je les amène au point voulu puis je rentre. Le soir un petit tour au café et je me couche à 10 heures et demie.

25 Janvier 1919

Levé à 7 heures. À 8 heures je vais au bureau pour me faire démobiliser. Je passe à l'habillement puis au bureau des fiches et enfin à la caisse. Je ressors de là à 10 heures et demie. je suis libre pour l'après-midi. J'en profite pour faire une toilette à fond. Le soir nous allons au café faire une petite libation avec les camarades qui restent. je me couche à 11 heures et demie.

26 Janvier 1919

Levé à 7 heures. Le grand jour est arrivé. Enfin je quitte l'armée et cette fois-ci pour de bon. Je vais à la cuisine toucher un repas froid puis au bureau signer une dernière pièce puis c'es adieu aux copains – et a ma voiture. C'est bête mais je suis bougrement ému. Ce qui me console c'est au je suis loin d'être le seul dans mon genre. À midi et demie nous

nous rassemblons et l'on nous donne nos papiers. On sert des mains pour la dernière fois et en route pour la gare. Que ce jour est donc beau, joli, merveilleux. À une heure quarante-cinq, nous montons dans le train. Une dernière poignée de mains un dernier regard à Schlestadt où l'on n'était pas malheureux et en route pour Haguenau centre du rassemblement. Nous voyageons en wagons à bestiaux naturellement.

À 5 heures nous arrivons à Haguenau. Comme un troupeau de moutons nous nous dirigeons vers la caserne. Là encore une formalité. Deux fiches à remettre dans un bureau. On nous indique une chambre pour coucher dans le bâtiment D. Au milieu de la nuit nous suivons des couloirs à tâtons. Nous finissons par trouver une paillasse pour nous et aller dans un coin et y passer la nuit. Nous mangeons un morceau sur nos genoux comme des malheureux que nous sommes vraiment. Enfin nous nous rentrons sur nos paillasses. Il est 9 heures.

27 Janvier 1919

Levé à 7 heures. J'ai très mal aux reins d'avoir ainsi couché sur la dure. À 10 heures on nous fait aller au réfectoire pour y manger un morceau. Plus de 2000 personnes. Impossible de se faire servir si bien que nous ne mangeons rien. À midi on nous rassemble tous dans la cour. Là appel par lettre alphabétique. Puis on attend ainsi jusqu'à 2 heures sous la neige qui tombe. Enfin à 2 heures et demie, nous quittons la caserne pour aller à la gare conduits en tête par un commandant à cheval.

Arrivés au lieu d'embarquement il y en a pour un moment. Enfin on embarque dans des wagons à bestiaux boches à raison de 32 hommes par wagon. On nous distribue 4 jours de vivres ce qui consiste en deux boules de pain deux boîtes de singe et deux litres de vin. Combien de temps mettons-nous à voyager – personne ne peut nous le dire.

À 4 heures 20, le train s'ébranle lentement et marche tout le temps à petite allure. On mange un peu. On cause ensuite puis l'on cherche à dormir. . . . 6 heures du matin j'ai les reins cassés et horreur!! Nous constatons que dans toute la nuit nous n'avons pas fait plus de cinquante kilomètres. Combien de temps nous faudra-t-il pour aller jusqu'à Paris – problème. Toute la journée se passe à deviser, puis à nouveau la nuit vient. Chacun de son côté fait un somme.

28 Janvier 1919

8 heures du matin nous sommes à Marles. C'est dire que nous approchons de Paris et si tout marche bien nous devons y arriver peu après midi. Je ne me tiens plus de fatigue. Deux jours et deux nuits dans ces compartiments chauffés avec des bottes de paille. Si ce n'est pas se fiche du monde jusqu'au bout. Oh!! belle armée – toi et tes chefs comme je vous haie.

On parle de nous débarquer à Vaugirard et de là à l'école militaire. Tout à coup nous passons à Est-Ceinture où le train stoppe un moment. Je n'y tiens plus. Je saute en bas du train et je cours à la ceinture en prendre un autre qui m'amène à l'Avenue de Vincennes. Je descends sans qui que ce soit me demande seulement d'ou je viens et dix minutes après je suis à la maison – enfin!! Me voilà libre et me voici chez moi. Je mange un morceau puis Oh bonheur !! Je m'habille en civil et cette fois-ci pour toujours.

Je vais voir ma mère et mes sœurs et à 5 heures et demie je vais chercher ma femme à mon bureau. Quel bonheur de se retrouver pour toujours et intacts. Je terminerai bien par quelques considérations personnelles mais il me reste encore à me faire déshabiller et régler mon livret. Il paraît que ce sont encore certaines formalités et je veux en parler ici. Aussi cela sera pour un peu plus tard.

29 Janvier 1919

Levé de bonne heure. Je vais à l'école militaire caserne Fontenoy pour me faire déshabiller. Je trouve là dans la cour environ 1500 types venus pour faire comme moi. Je me renseigne. Il paraît qu'il faudra plusieurs jours pour nous déshabiller tous mais il faut être présent pour répondre à l'appel de son nom.

Ce coup-ci c'en est trop. La guerre est finie et bien finie et je n'entends pas que le Galon se fiche ainsi de moi. Je préviens que je reviendrai lorsque je serai mieux disposé et je rentre chez moi.

5 Février 1919

Mon beau frère Edmond est arrivé ici hier. Il me dit je ferais bien de m'occuper de mon déshabillement et il me propose de venir avec moi. Nous partons de suite pour la Caserne Fontenoy. La cour est vide. Deux soldats seulement auprès d'un planton. je me renseigne. Il me dit que je suis en retard de quelques jours (ce dont je ne doute pas), et qu'il faut attendre d'être six pour passer au bureau. Je questionne les deux types. Il y a à près d'une heure qu'ils sont là. Avec moi cela fait trois et il faut attendre d'être six – cela jamais. La rage m'empoigne. Je les amène avec moi et je frappe au premier bureau qui se présente. Heureusement c'est le bon. Naturellement je commence par me faire engueuler de la belle façon mais je ne suis pas emprunté pour répondre. On nous fait passer par sept bureaux exactement.

Au déshabillement c'est tordant. Je remets mes effets militaires et contre cela on me propose un costume civil ou la somme de 52 francs. Histoire de rigoler. Je demande à voir le costume civil. On m'apporte une cotte bleue, un pantalon de velours et à côtes genre des pantalons de charpentier et un chapeau de paille. Le troufion à soin de me dire que c'est tout ce qu'il reste. Sans blague lui dis-je à cette époque ceux de Nice ou de Cannes vont surement toucher des pagnes. Naturellement je touche sans hésitation les 52 francs.

Arrivé au paiement du prêt le sergent-major me le paye jusqu'à aujourd'hui bien que je sois libérable du 29 Janvier et simplement parce que cela va simplifier ses écritures. Et haie – donc voyez bénéfice pour l'armée.

Enfin après deux heures de temps je suis dehors et avec Edmond nous allons prendre l'apéritif sur les boulevards . . . me voici rentré chez moi et pour toujours cette fois. Que nous réserve l'avenir. Rien de plus mauvais certainement que ce que nous avons passé pendant ces 54 mois. Et puis d'abord les Boches paieront la casse cela ne fait pas de doute. Ensuite il y a tout à refaire et par conséquent du travail pour tout le monde.

Bien qu'épuisé je n'aspire qu'à une chose – travailler le plus possible pour réparer le passé.

Dieu veuille m'y aider et – Vive La France

René Besnard

Brancardiers (René sur la droite)

La baignade - Saint Martin sur Vezouze. (René sur la droite)

La pêche à Saint-Martin-Sur-Vezouze

Fabrique de bagues en aluminium

Reillon

Un abri de secours (René sur la droite)

Dans une nouvelle tranchée (René sur la gauche)

Début d'une tranchée

Abri sous bois (René sur la droite)

Les cagnas de la Rognelle

Vého

Intérier de l'eglise de Vého (René sur la droite)

Embarquement
d'un blessé

Un enterrement à Bélmery

Corvée de Prisonniers

Fabrique de cercueils

Cuisine roulante

Made in the USA
Charleston, SC
23 April 2015